IP

专利运营实战解码丛书：
专利保护

陈际红　王桂香　主编

ZHUANLI YUNYING SHIZHAN JIEMA CONGSHU:
ZHUANLI BAOHU

知识产权出版社

全国百佳图书出版单位

图书在版编目（CIP）数据

专利保护／陈际红，王桂香主编 . —北京：知识产权出版社，2018. 8
（专利运营实战解码丛书）
ISBN 978-7-5130-5645-8

Ⅰ.①专… Ⅱ.①陈…②王… Ⅲ.①专利权法—研究 Ⅳ.①D913. 04

中国版本图书馆 CIP 数据核字（2018）第 136840 号

责任编辑：刘 睿 刘 江　　　　　　**责任校对：**潘凤越

文字编辑：刘 江　　　　　　　　　　**责任印制：**刘译文

专利运营实战解码丛书

专利保护

陈际红 　王桂香　 主编

出版发行：知识产权出版社 有限责任公司		**网　　址：**http：//www.ipph.cn	
社　　址：北京市海淀区气象路 50 号院		**邮　　编：**100081	
责编电话：010-82000860 转 8344		**责编邮箱：**liujiang@cnipr.com	
发行电话：010-82000860 转 8101/8102		**发行传真：**010-82000893/82005070/82000270	
印　　刷：北京嘉恒彩色印刷有限责任公司		**经　　销：**各大网上书店、新华书店及相关专业书店	
开　　本：720mm×960mm　1/16		**印　　张：**19.5	
版　　次：2018 年 8 月第 1 版		**印　　次：**2018 年 8 月第 1 次印刷	
字　　数：285 千字		**定　　价：**70.00 元	
ISBN 978-7-5130-5645-8			

编委会

序　　一

在近几年的律师执业中，我深切感受到知识产权尤其是专利领域的趋势性变化。

一是专利争议呈现爆发式增长。最高人民法院发布的《知识产权侵权司法大数据专题报告》显示，2016年全国知识产权侵权案件数量比2015年同比上升41.34%。与此相反，基于普华永道（PwC）发布的《2016专利诉讼研究：我们是否正处于拐点?》显示，美国专利诉讼案件总量连续第二年下降。作为后发国家，中国经济在转型中仍保持一个相对高速的增长率，因此，中国在专利领域的活跃度可能还要保持一个较长的周期。

在专利案件爆发增长的同时，我们还观察到一些有趣的现象：（1）国际公司开始考虑把中国作为它们全球专利争议的管辖地，比如高通和苹果间关于SEP的许可纠纷就在中国打响。究其原因，一是国际公司对中国的司法系统开始建立信心，二是中国是它们产品重要的供应链、生产和消费区域，中国的判决（例如禁令）是决定全球争议成败的关键。同时，一些国际NPE也在蠢蠢欲动，试探在中国进行专利行权的可能性。最近美国最高法院作出的TC Heartland LLC v. Kraft Foods GroupBrands LLC案的判决，也限制了NPE在美国进行诉讼的积极性。尽管中国目前NPE诉讼案件数量还比较少，但基于中国专利制度对专利权人的友好态度，以及高效的审判程序、相对低廉的诉讼成本，中国有可能成为世界上NPE诉讼的重要区域。（2）在涉外的专利争议中，近几年，国内权利人的专利组合数量和质量、驾驭复杂诉讼的能力都有质的提高，不再是单纯被动挨打的局面，开始变得势均力敌，甚至有些企业还具备主动进攻的能力，例如，华为公司

2016 年在美国和中国多地法院分别提起对三星的知识产权侵权诉讼。

二是高新技术领域是专利争议的热点。专利争议是产业竞争的延伸，没有无缘无故的"恨"，专利诉讼的背后大都是市场业者产品和市场的竞争。毫无疑问，信息技术领域的专利争议是国内的热点，这与信息产业的高速发展和激烈竞争的态势相关。比如在《中国知识产权报》评出的"2016 知识产权十大热点案件"中，信息领域技术相关的就有 6 件，既包括国内企业搜狗和百度的输入法专利争议、奇虎 360 和江民关于 GUI 的外观设计专利纠纷，也包括涉外的高通和魅族、华为和三星的专利争议等。信息技术和高新技术领域将是未来一段时间内专利争议的热点领域。

三是企业的知识产权保护意识已经向业务前端延伸。企业要得到有效的专利保护，必须以拥有丰富的专利组合为前提。例如，国际大企业间很少发生专利纠纷，即使有纠纷，也大多通过交叉许可等方式和解，因各家都有很强的专利组织，互相构成威胁，这是各方避免专利战或能够和解的基础。因此，企业重视专利保护，就必须重视技术研发、专利发掘和专利申请，打造一个强的专利组合。我们也观察到近些年中国企业的进步，例如，现在中国企业到国外并购，往往并购的主要标的是知识产权而非有形的资产；企业也乐意更多地请律师帮助企业做专利战略和管理制度的咨询；在企业推出新产品之前，也会请律师进行法律风险的评估，进入国外市场时，还会考虑请律师准备 FTO 意见。

由律师作为作者主体来编写一本专利保护的书籍，当然有其独特的意义。法律的生命在于实践，专利法更是如此。律师的工作就是帮助客户代理案件，在对专利法的理解和适用上具有最鲜活的经验。一个好的律师，必然是能够深入到客户的业务，能够了解其存在的主要问题和核心需求。律师的经验加上其与企业的天然联系，他们的视角和见解具有独特的价值。律师不是轻松的职业，越是"大律师"可能越忙，沉下心写一本像样的书也不是容易的事。本书各章节的作者大多是合伙人或资深律师，能够接下任务，准备高质量的文稿，确实是下了功夫。我总是觉得，律师执业到一定阶段，回过头，把经验或教训写出来，无论是对自己还是对作为读者的年轻律师而言，都大有裨益。

中伦知识产权部有一个蒸蒸日上的团队，以高效、专业和"一站式"的服务受到客户的广泛好评，并在各权威法律评级机构的排名中持续获得推荐。例如，在《钱伯斯亚太指南（2017）》榜单中，中伦的知识产权（诉讼和非诉讼）业务及 5 位合伙人获得重点推荐；在 Legal 500 公布的 2017 年度亚太地区律所排名榜单中，中伦在知识产权业务领域获选"顶级律所"（TOP-TIER FIRM）称号；在《亚洲法律杂志》（ALB）公布的"2016 年中国知识产权排名"中，中伦入选为 2016 年中国知识产权律所。在诉讼领域，中伦代理了知产宝评选的"2016 年十大热点 IP 案例"中的 4 件，北京知识产权法院列举的"引发广泛社会关注的十大案件"中的 5 件有中伦参与，该比例在国内律所中都名列前茅。

在中伦知识产权团队多位律师的共同努力下，本书终于得以付梓，以上文字试图帮助读者了解一些背景，是为序。

陈际红

2017 年岁末

序 二

终于，这本书可以和读者见面了。仍清晰记得 2017 年年初时，知识产权出版社刘睿主任提出《专利运营实战解码丛书》的想法，并把丛书之一《专利保护》交由北京市中伦律师事务所知识产权团队撰写。紧接着，中伦陈际红律师指导我们完成本书的整体设计，中伦知识产权团队的部分律师积极参与，在繁忙的工作中挤出时间完成写作，从实务角度与读者分享专利保护的知识和经验。

该套丛书涉及专利运营的各个方面，本书的任务就是介绍实现专利运营过程中必然会涉及的专利保护，包括通过司法、行政、自力救济等各种途径的保护。我们理解，专利运营是结果，专利保护是过程；专利运营是目的，专利保护是手段。因此，专利保护是实现专利运营蓝图的必要技能。根据丛书的设计，本书轻理论，重实务，用案例来阐述和总结经验，因此，由在专利保护前线的主要工作群体之一——律师来完成撰写。

本书对于专利保护进行全面、分层次的阐述，包括专利保护的途径、专利保护的策略、专利司法保护的基本问题和热点问题。其中，专利保护的途径介绍司法、行政、自力救济各种途径的较为优化的推进方式和注意事项；专利保护的策略回答专利保护和其他知识产权类型保护的选择问题、专利不同保护途径的选择问题，同时介绍专利文本撰写，以及审查和无效中的修改对专利保护的影响；专利司法保护的基本问题则是将专利保护的常见、重点方式——司法保护的最基本问题逐一介绍。由于受篇幅限制，本书着重阐述当前的主流观点和典型案例，对于有分歧的问题不展开描述。通过上述的结构安排和内容设计，帮助读者在专利保护中形成清晰的思路，对专利司法保护的基本问题形成整体了解和把握。因此，该书适合有志于或初事专利保护工作的律师、企业法务、学生、专利代理人等阅读。

本书写作安排如下：第一章、第二章、第四章第二节，王桂香；第三章第一节（一），余逸超、王永红；第三章第一节（二）、第三章第四节（一）、第四章第三节，闫春辉；第三章第二节、第三章第四节（二），马远超；第三章第三节，蔡鹏；第三章第四节（三），程芳、王广巍、章舒燨；第三章第五节（一）、第四章第一节，贾媛媛；第三章第五节（二），孙志敞；最后由陈际红律师审阅定稿。在本书架构设计过程中，还得到张雪松律师的指导和建议，在此一并致谢！

其实，这本书也凝聚着我个人特别的情感。我于2017年4月不舍地告别中伦和团队的伙伴们，因此，我将创作这本书视为自己中伦职业生涯的一个注脚和纪念。在该书和读者见面的时候，我非常想再次向中伦知识产权团队的各位作者，以及对本书创作给予帮助和支持的各位律师道谢，谢谢大家的努力和支持，帮助我在中伦的最后一项工作画上圆满的句号，也让我有幸在职业生涯中有与中伦这个优秀的知识产权团队共同创作的美好经历。

王桂香

2017 年 12 月

目　　录

第一章 专利保护概述

国家知识产权局在部署专利运营试点企业工作时，给出的专利运营的定义是："专利运营指以实现专利经济价值为直接目的的、促成专利流通和利用的商业活动行为。具体模式包括专利的许可、转让、融资、产业化、作价入股、专利池集成运作、专利标准化等，涵盖专利价值评估和交易经纪，以及基于特定专利运用目标的专利分析服务"。

本书提及的"专利保护"是指专利权人或利害关系人为保护其对授权专利享有的合法权益，针对潜在侵权人合法采取的法律行动。其中，利害关系人包括专利被许可人以及专利权人的合法继承人；合法手段主要包括发送律师函、提起民事诉讼、请求启动行政执法等。由于利害关系人专利保护与专利权人专利保护在保护方式与途径方面相同，因此，为描述简洁，本书统一简称专利权人的专利保护。

从上述介绍不难看出，为了实现专利运营，有时需要通过专利保护的方式来促成和实现，因此，专利保护的知识和技能对于专利运营是不可或缺的。这也是我们将专利保护作为本丛书之一与读者进行分享的原因所在。理论状态下，专利保护都应围绕专利运营的目的，有规划、系统性地进行。实践中，有些专利保护行动貌似与专利运营无关，可能的原因是采取保护行动时专利权人尚未对专利运营整体有非常清晰、完整、长远的认识。

本书将介绍专利保护的几种途径、专利保护现状和趋势、专利保护的策略选择，希望帮助读者对专利保护有整体、全面的认识，能够更全面、更科学、更有效地策划专利保护行动。同时本书对专利司法保护的基本问题和热点问题进行详细介绍，希望帮助读者对专利司法保护的要点有全面认识，对典型司法案例有所了解，建立基本的专利司法保护的知识体系，同时对热点问题有所了解和认识。限于篇幅以及服务于为专利权人专利保护行动提供指导的目的，本书主要从专利权人角度撰写，对于专利保护行动中的涉嫌侵权方如何应对很少展开描述。

第一节　专利保护的具体途径

在我国现行法律框架内，专利权人可以通过多种途径保护其享有的专利权。本节将对所有合法的专利保护途径逐一介绍，为读者全面、完整地展示各种可选择的途径。不同专利保护途径的对比以及如何选择，笔者将会在第二章"专利保护策略"中详细介绍。

一、自力救济

多数专利权人在专利权受到侵害时，往往首先想到是否提出侵权诉讼。其实，在考虑专利侵权诉讼这一专利司法保护途径之前，专利权人可以考虑在该特定情形下自力救济是否能更有利地实现专利保护，因为自力救济途径可以避免漫长的专利诉讼司法程序和大量人力、财力的投入。

本书专利保护中的自力救济采用广义解释，不仅包括通过发函或其他方式与潜在侵权方接洽、谈判，实现专利保护，以及通过第三方平台实现专利保护，还延及更前端的专利权人日常专利管理中的侵权监控工作，以及经营中的专利相关合同管理工作。

（一）侵权监控

专利权人保护专利的前提是获知专利权被侵犯的信息，因此，如何更早地、准确地发现该类信息是实现专利保护必须思考的问题。为了尽早发现侵权，专利权人需要在日常的专利管理、市场情报收集中开展侵权监控的工作。

目前，国内企业开展较多的专利工作是专利挖掘、专利申请、专利维持等，这些工作主要由专利主管部门和研发部门共同参与完成，相比之下，国内企业很少开展专利侵权监控工作。究其原因，一方面是有些专利权人对专利保护的需求不大，或者专利权人没有意识到潜在的较大需求，相比之下，U盘专利持有者朗科因为有明确强烈的维权需求，必然对专利侵权监控工作非常关注，毕竟其专利维权收入已经成为企业的主要收入之一；另一方面，与专利侵权的发现难度较高、维权成本较高、赔偿额较低有关，这些因素导致专利权人主动监控侵权的积极性不高。从长远来看，企业还是有必要在合理、全面分析自身需求的基础上，不同程度地完善侵权监控工作，避免忽略市场侵权，导致市场被蚕食，或者有维权需要时临阵磨枪，准备不充分。由于专利侵权的信息和线索来源于市场，因此，专利侵权工作更大程度需要企业的市场部门、销售部门，甚至供应链部门，与专利主管部门共同完成。

具体来说，企业如何开展侵权监控工作呢？

首先，需要企业专利主管部门完成基础准备工作，将专利资产进行梳理，从技术、市场、法律三个维度分析专利的重要性和维权的可行性，具体包括技术的领先性、技术的可替代性、在市场上的应用状况或前景、市场影响力、该专利技术潜在使用者、专利侵权可视度、专利稳定性、维权难易程度等，筛选整理出适于维权的重点专利。当然，企业可以视自身资源和需要情况确定各个维度的分析深度，并不是都要做到理想状态。例如专利稳定性，若希望得出非常可靠的分析结论，则不亚于做一项专利无效的工作量，在筛选维权专利阶段建议仅作初步判断，待后续确定采取维权行动时再酌情深入完成稳定性分析。

其次，初步梳理和筛选适合维权的专利之后，专利主管部门需要对市场部门、销售部门等开展相应的培训，介绍筛选的专利，包括专利技术方案的简单描述、应用产品、潜在使用者，并与市场部门、销售部门，乃至研发部门讨论确定后续重点关注的、可能性高的侵权目标、侵权产品、侵权地域、侵权发现机会等。

再次，请市场部门、销售部门在日常工作中留意观察侵权线索，在展会、投标竞标、常规市场宣传等活动中关注疑似侵权行为，并将线索提供给专利主管部门。

复次，专利主管部门得到专利侵权线索时，需要进一步做法律分析和核实，包括完成初步的侵权对照分析和专利有效性分析，然后综合法律分析结果以及侵权行为严重程度等，给出是否有必要进行进一步维权行动的分析报告。这个阶段的侵权报告，分析的深入程度是需要考量和关注的问题。当前阶段，分析的重点在于依据有限信息判断侵犯专利的可能性大小，以及侵权证据获取的可能性。

最后，初步分析报告完成后，负责专利工作的部门应向公司管理层进行汇报，介绍背景信息、前期工作、初步分析报告结论、可选择的行动方案，然后请公司管理层做出决策，包括是否开展后续工作，如持续监控，视未来侵权行为发展再决定深入调查和取证、完善初步分析；或立即采取维权行动，启动证据收集工作。当然，维权行动的途径也需要进行讨论，如发函、向第三方投诉、请求专利执法部门行政执法或向法院起诉。若企业管理层决定采取维权行动，专利主管部门则需要启动专项保护行动，对已有的各项初步分析进行完善，并制订周详可行的行动方案。

关于上述步骤是否可以省略，笔者认为，为了实现有效的侵权监控，筛选专利、培训最可能发现侵权线索的部门人员等准备是必不可少的，否则侵权监控无法落地；对于侵权线索的分析也是后续维权的必选动作。相信有些专利从业者会有这样的经历：一份维权计划提交公司管理层后，被问及很多问题时无法给出满意解答，主要原因就是没有做好前期的准备。因此，上述步骤本身是基本的要求，而专利侵权分析、专利稳定性分析的深度方面，可以根据资源配置、投入产出比的预期以及诉讼策略目的来斟酌选择。从上述介绍可以发现，一项专利业务最终发挥作用是需要有合理、科学、有效的流程支撑的，专利权人需要通过合理健全的机制和流程保障业务的可操作性。

（二）侵权警告

专利权人决定采取维权行动时，可以考虑是否适合通过主动洽谈、双方协商的方式解决潜在的纠纷。启动接洽的方式通常是发送函件，可以由专利权人发出，也可以聘请律师发出律师函。

发出函件的工作包括前期的初步分析、函件起草和发出。前期的初步分析基本上与侵权监控工作最后阶段的详细分析一致。若企业内部有专业人员可以做出较可靠的分析结论，并起草内容合理、措辞恰当的函件，企业就可以自行完成相关工作，否则建议聘请专业律师主导或参与分析工作，起草和/或审核函件。函件是由专利权人直接发出，还是聘请律师发出，需要综合考虑侵权行为严重程度、维权的紧迫程度、预期效果、专利权人的维权习惯、后续跟进方便以及对对方情况的了解等。例如，若专利权人希望传递较为温和、友好的信号，或者主要是为了启动许可谈判，可优选由专利权人发出；若专利权人希望表明重视的态度或严重程度，或者希望达到立即停止侵权的目标，则通过律师发出函件更为合适。当然，函件本身措辞的严厉程度也要与之相匹配。

一般来说，如果企业内部没有专业人员或者涉及重大的专利保护行动，建议企业引入外部专业律师参与，共同完成分析和函件起草工作，否则极可能会因缺乏专业性或考虑欠周详而无法实现发函目的，甚至带来后续风险或陷入被动的局面。

律师函的实体内容通常包括专利权利基础、专利侵权行为介绍以及专利权人的主张，并附加必要的附件。在专利权利基础中至少给出专利号、专利权人、法律状态信息，向收函方明确展示发函方的权利基础；在专利侵权行为介绍中，需要介绍侵权具体行为、侵权产品等；在专利权人的主张中则建议明确是要求停止侵权，还是可以授予许可，要求的反馈方式和时间等。如果函件涉及重大专利侵权行为，则需要更审慎的措辞，对于是否提供专利侵权对照表，是否提供相应的证据，这一点需要视发函的具体背景而定。比如，个案中收函方对专利侵权的重视程度以及判断专利侵权风险的能力是不同的，重视程度高或判断分析能力强的收函方，即使函件中提供信息有限，收函方也会比较重视，通过初步信息会自行安排分析并做出回应；反之，重视程度低或判断分析能力弱的收函方，通常会忽视函件，若函件信息翔实利于增加其重视程度。当然，通常来说专利权人在函件中提供的信息充分、准确，都会有助于提升收函方的重视程度。如果专利权人给众多侵权人同时发出律师函希望启动许可的，此时建议发函时给出明确的侵权损害赔偿或者许可的条件，进而减少交流的成本，降低收函方因函件内容过于简单不易判断严重性或发函人意图而拖延协商进程的风险。

鉴于专利侵权判定存在很大的不确定性，因此，专利权人在起草和发送律师函时应尽到审慎的注意义务，对函件内容、函件发送对象都需慎重考虑，否则将会给权利人带来法律风险。特别是当专利权人为实现打击某一专利侵权者的目的，而向目标企业的众多下游客户发送函件时，更需要谨慎。

在石家庄双环汽车股份有限公司（以下简称双环股份公司）与本田技研工业株式会社（以下简称本田株式会社）确认不侵害专利权、损害赔偿纠纷二审案❶中，最高人民法院对此作了深入、详细的论述。在该案中，根据法院查明事实，本田株式会社在 2003 年 9 月 18 日~10 月 8 日向双环股份公司涉案汽车的经销商发送侵权警告信，之后，双环股份公司主动与本田株式会社进行沟通协商，并在 2003 年 10 月 16 日提起确认不侵害涉案专利权的诉讼，本田株式会社也于 2003 年 11 月 24 日提起侵害涉案专利权的诉讼。在此特定背景下，本田株式会社仍于 2004 年 1 月 9 日，继续向涉案汽车的全国十余家销售商发送侵权警告信，扩大了被警告经销商的发送范围。而且，这些侵权警告信仅记载了涉案专利权的名称、涉嫌侵权的产品名称以及经销商涉嫌侵权的性质，没有提供主张构成侵权的具体理由或必要的侵权比对，也没有提及双方均已向法院寻求司法救济等信息，使得经销商并未获知利于其做出客观合理判断是否自行停止被警告行为的信息，进而出于较强避险意识而做出停止销售涉案汽车的决定，双环股份公司因而受到严重影响。

该案件中，最高人民法院重申发送侵权警告是专利权人的合法权利，但是也明确提出权利人的维权方式应当适当，且具体确定"权利人维权的方式是否适当并非以被警告行为是否侵权的结论为判断依据，而是以权利

---

❶ 参见最高院（2014）民三终字第 7 号。

人维权的方式是否正当，是否有违公平的竞争秩序，是否存在打击竞争对手作为衡量的标准"。"权利人发送侵权警告必须以确定的具体侵权事实为依据，在发送侵权警告时应当对所警告的行为构成侵权尽审慎注意义务，对所涉侵权的具体事实进行充分考量和论证后进行。侵权警告的内容不应空泛和笼统，对于权利人的身份、所主张的权利的有效性、权利的保护范围以及其他据以判断被警告行为涉嫌构成侵权的必要信息应当予以披露"。

根据本案的具体事实，该判决明确权利人向不同的发送对象发函时所履行的审慎注意义务是不同的，对于专利权人向销售商、进口商发函时需要有更高的注意义务。因为制造者和销售商、进口商相比，更有能力进行侵权判断，对侵权的具体情况和侵权的确定程度更了解，且更倾向于权衡和寻找适当的解决方案，如与权利人正面协商、沟通解决，销售商和进口商相应判断能力弱，避险意识强，则更容易受侵权警告的影响。而销售商、进口商做出的决定，对于制造者而言影响巨大。

最终本田株式会社因发函不当行为赔偿石家庄双环汽车股份有限公司经济损失人民币1 600万元。由以上案例的具体事实细节，可以试想，如果本田第二阶段发函发生在双方分别向法院寻求救济之前，或者在函件中的用语留有更多的余地和空间，都可能会影响法院对案件的判决。因此，专利权人在发函时需要综合考虑具体背景、发函对象、发函方式，关注函件应尽到的翔实和明确程度的义务，且在持续的一系列商业交锋中，需要关注情势变更，发出新函件时应对变化情况有所考量。

（三）第三方平台投诉

除了专利权人与侵权人直接沟通外，当侵权人通过第三方平台销售涉嫌侵犯专利权的产品时，专利权人还可以考虑向第三方平台提交投诉，通过第三方平台要求侵权人停止侵权。在电商平台上，"根据我们的委托调查，在专利权人发现权利被侵犯后，78.36%的人选择向平台投诉卖家，仅有不到15%的人试图寻求公力救济"。❶

---

❶　宁迪："互联网知识产权保护面临挑战"，载《中国青年报》2015年12月3日。

目前，为人所熟知的第三方电商平台（不包含部分平台的自营部分），如阿里一系列平台（天猫、淘宝、1688、Aliexpress、Alibaba 国际）、京东、苏宁、亚马逊等，基本都已经建立知识产权侵权投诉机制，有的搭建了专门的投诉平台，如阿里知识产权保护平台（http：//ipp. alibabagroup. com），有的提供了投诉渠道，如投诉邮箱，供投诉使用。近几年广为使用的微信平台，也制定了侵权投诉机制。尽管在这些第三方平台的侵权投诉中，商标侵权投诉较多，专利侵权投诉较少，但是实务中并不影响第三方平台投诉可以作为专利权人一个有效维权途径。因为向第三方平台投诉时，一方面，平台在收到侵权通知后，如果不进行必要、合理的处理将面临相应的法律责任，因此，平台通常会关注投诉并响应；另一方面，侵权人收到平台的通知相比直接收到专利权人的函件会更重视，因为平台往往对于被投诉人有一定的处罚机制，严重的会失去在平台的经营机会。第三方平台承担法律责任的法律依据是《侵权责任法》第36条："网络用户、网络服务提供者利用网络侵害他人民事权益的，应当承担侵权责任。网络用户利用网络服务实施侵权行为的，被侵权人有权通知网络服务提供者采取删除、屏蔽、断开链接等必要措施。网络服务提供者接到通知后未及时采取必要措施的，对损害的扩大部分与该网络用户承担连带责任。网络服务提供者知道网络用户利用其网络服务侵害他人民事权益，未采取必要措施的，与该网络用户承担连带责任。"

当向建立知识产权投诉平台的第三方投诉时，通常需要注册账户、备案知识产权，然后提交投诉。当向未建立知识产权投诉平台的第三方投诉时，需要通过第三方提供的其他投诉渠道，如邮箱，并按照要求提交相应的资料。无论何种形式，专利权人基本上都需要提供如下信息：（1）投诉人的身份证明，如个人身份证件、企业或其他主体的存续证明文件等；（2）知识产权证明文件，对专利侵权投诉通常是专利证书、证明专利仍有效的专利登记簿；（3）侵权产品信息，如侵权人名称、产品链接；（4）基本的侵权比对或说明；（5）委托他人投诉的，受托人的身份证明及授权文件。

在实践中，专利权人向第三方平台提起专利侵权的投诉时，平台有时会要求提供更详细的专利侵权分析对照表，否则视为无效投诉，认为不符合侵权责任法要求的有效通知。因此，"通知"的有效条件成为第三方平台投诉的关键问题之一，且"通知"要求的高低直接影响第三方平台投诉的可行性和便利性。

关于有效的"通知"，已经有司法案例对此做出说明。在威海嘉易烤生活家电有限公司（以下简称威海嘉易公司）诉永康市金仕德工贸有限公司、浙江天猫网络有限公司（以下简称天猫公司）侵害发明专利权纠纷案❶中，天猫公司回复威海嘉易公司告知投诉审核未通过，理由主要有两点，其中一点就是没有提供更详细的侵权分析对比表。法院判决明确"通常，'通知'内容应当包括权利人身份情况、权属凭证、证明侵权事实的初步证据以及指向明确的被诉侵权人网络地址等材料。符合上述条件的，即应视为有效通知"，进而明确天猫公司要求提供详尽的侵权分析比对表不是权利人投诉通知有效的必要条件，并不影响投诉行为的合法有效。在深圳摩炫科技有限公司（以下简称摩炫公司）、浙江淘宝网络有限公司（以下简称淘宝公司）与肇庆市衡艺实业有限公司（以下简称衡艺公司）侵害发明专利权纠纷民事案❷中，同样明确"淘宝公司通过第三方交易平台淘宝网为网络用户提供网络服务，且在接到衡艺公司律师函及一审诉讼材料，即能够证明摩炫公司涉嫌侵权的初步证明材料之后，并掌握或者能够获取摩炫公司名称、联系方式、地址、侵权产品名称（Levi 磁悬浮音箱）、侵权产品网页链接地址等（一审法院当庭登录演示，可以获知被诉侵权产品、店铺名称、网址）情况下，仍以案涉专利技术特征比对及内部结构，而律师函没有本案专利技术与被投诉商品的侵权对比信息为由，未履行诸如删除、屏蔽、断开链接以及将衡艺公司律师函转送摩炫公司等义务，客观上为摩炫公司本案侵权行为提供了帮助，致使损失进一步扩大。因此，淘宝公司应当就衡艺公司损害的扩大部分与摩炫公司承担共同侵权

---

❶　参见（2015）浙知终字第 186 号。

❷　参见（2016）粤民终 1038 号。

的法律责任"。

基于以上案例可见,司法实践中不同法院对于"通知"的有效条件是比较一致的,笔者也赞成上述案件中的标准。因此,专利权人在遇到第三方平台提出要求提供详细专利侵权对比分析,或者在平台购买记录,或者其他依平台自定规则而提出的要求,专利权人可以提出质疑。

当然,第三方平台投诉也有其局限性,即平台收到有效通知后不一定会删除、屏蔽、断开链接。因为侵权责任法规定的"必要措施"不限于上述三种,这导致"必要措施"的认定存在不确定性。目前有司法案例❶明确了将有效的投诉通知材料转达被投诉人并通知被投诉人申辩是平台应当采取的必要措施之一,也就是设置了平台最低限的必要措施,但当平台收到被投诉人的解释,尽其合理努力做出判断不做删除、屏蔽、断开链接时,平台并不一定要承担共同侵权责任。笔者认为,不将删除、屏蔽、断开涉嫌侵权产品的链接作为第三方平台履行义务的必然内容是公平合理的。因为专利侵权判定即使是在民事侵权诉讼程序中都不是一件容易的事情,第三方平台更没有这个能力进行判断。因此,第三方平台在履行"通知"义务后,如果被投诉方也反馈意见,第三方平台可以根据双方提交的资料和意见合理地进行判断,进而决定是否删除、屏蔽、断开链接。这种义务安排,笔者认为与不要求专利权人投诉时提交详尽的侵权比对文件作为有效通知要件的考虑初衷是一致的,为了发挥第三方平台快速、简易解决纠纷的功能,不给任何一方提出过于严苛的要求,第三方平台更多的是起到搭建沟通渠道的作用,因而第三方平台应可以独立做出判断。当然,在少数

---

❶ 在威海嘉易烤生活家电有限公司诉永康市金仕德工贸有限公司、浙江天猫网络有限公司侵害发明专利权纠纷案件［(2015)浙知终字第186号］中,法院判决:"天猫公司作为电子商务网络服务平台的提供者,基于其公司对于发明专利侵权判断的主观能力、侵权投诉胜诉概率以及利益平衡等因素的考量,并不必然要求天猫公司在接受投诉后对被诉商品立即采取删除和屏蔽措施,对被诉商品采取的必要措施应当秉承审慎、合理原则,以免损害被投诉人的合法权益。但是将有效的投诉通知材料转达被投诉人并通知被投诉人申辩当属天猫公司应当采取的必要措施之一。否则权利人投诉行为将失去任何意义,权利人的维权行为也将难以实现。"

侵权判断很明显的情形下，比如产品具有与所涉专利完全相同的外观或者简单结构，第三方平台若以没有义务一定删除、屏蔽、断开链接，仅仅采取"通知"被投诉人的措施，在这种情形下第三方平台抗辩不承担法律责任，笔者认为应当不予支持。第三方平台是否承担法律责任要视具体案件情形而定，因此，专利权人在与第三方平台沟通时，也需要根据具体情况来准备不同翔实程度的投诉文件，在第三方平台与专利权人观点不同时，做好进一步沟通，主动或应要求提供更详细的分析和资料，以便获得更高的成功率。

综上，从实务角度来说，尽管第三方平台投诉有局限性，它还是很有效的专利保护途径，具有成本低、快速便捷的显著优点，且可以通过平台集中投诉不同侵权人的侵权行为，特别是当侵权判断较为直接、容易时，更适于在第三方平台提交投诉。因此，专利权人在打击网络上的专利侵权行为时，可以优选向第三方平台投诉。

（四）相关合同管理

如前文对专利保护做广义解释，不限于维权环节的保护，还延伸到前期创造、管理环节的保护，具体来说，就是经营过程中与专利相关的合同管理。

在专利创造环节，企业需要关注专利权属的问题，具体包括企业和员工之间、企业与合作伙伴之间的专利权属界定。

在企业与员工之间，专利权属通常通过劳动协议、规章制度加以明确，目前企业基本可以做到对该类事项有约定，但也有不少企业的协议约定或规章制度是存在隐患的。《专利法》第 6 条❶区分了职务发明创造和非职务

---

❶ 《专利法》第 6 条　执行本单位的任务或者主要是利用本单位的物质技术条件所完成的发明创造为职务发明创造。职务发明创造申请专利的权利属于该单位；申请被批准后，该单位为专利权人。

非职务发明创造，申请专利的权利属于发明人或者设计人；申请被批准后，该发明人或者设计人为专利权人。

利用本单位的物质技术条件所完成的发明创造，单位与发明人或者设计人订有合同，对申请专利的权利和专利权的归属作出约定的，从其约定。

发明创造，前者申请专利的权利属于单位，申请被批准后单位为专利权人；后者申请专利的权利属于发明人或者设计人，申请被批准后，该发明人或者设计人为专利权人。可见，法律已经明确对职务发明的权属做出规定。而职务发明的定义是"执行本单位的任务或者主要是利用本单位的物质技术条件所完成的发明创造为职务发明创造"，对于非职务发明创造中利用（非主要利用）本单位的物质技术条件所完成的发明创造，法律上没有明确规定，需要单位与发明人或者设计人约定。没有约定的，则将由发明人或者设计人申请并在专利授权后成为专利权人。对企业来说，比较完善的方式是将职务发明创造和非职务发明创造中的部分成果约定为企业享有专利申请权，部分成果可以包括利用单位物质技术条件完成的发明创造，以及其他有必要约定的情形。因此，如果在劳动合同或者规章制度中若仅写明"职务发明创造由本单位享有""非职务发明创造由员工享有"，或类似描述，则对于利用但不是主要利用单位物质技术条件完成的发明创造以及其他有必要限定的非职务发明创造，则属于没有约定的情形，申请专利的权利属于发明人或者设计人，而不是企业。可见，此类约定条款或制度设计，仍然有些细节需要关注，以避免潜在的权属纠纷。

企业与其合作伙伴在技术合作、技术委托开发等项目中，若对项目产生的知识产权成果没有约定或者约定过于模糊，会导致权属界定不清的问题。甚至没有明确界定项目之前双方各自享有的背景知识产权与新创造的本项目知识产权，也可能使双方对于专利申请的权利或专利权属产生争议。如果约定双方共有专利权属，则需要考量是否需要对共有权利做进一步的细分。根据《专利法》第15条："没有约定的，共有人可以单独实施或者以普通许可方式许可他人实施该专利；许可他人实施该专利的，收取的使用费应当在共有人之间分配。"比如，若一方企业有能力、有规划对共有专利进行对外许可，那么应考虑在共有专利中争取更大收益权并在协议中明确，避免无详细约定情况下，导致自身付出较多资源开拓许可市场后其他共有人要求平分收益。

在专利创造环节，还需要对外部代理机构加强管理，避免技术方案泄密，甚至被不当抢先申请；也需要培训企业内部员工，建立机制，避免在专利申请日前员工不当公开专利技术方案，如专利申请前的标准提案提交、文章发表、参展等。

二、司法保护

本书的专利司法保护是指专利权人通过向法院提起民事诉讼的方式，保护专利权。鉴于第二章将专门介绍专利司法保护的策略，第三章和第四章分别对司法保护的基本问题、热点问题进行详细说明，因此，本节仅对专利权人启动和参与的专利司法保护的完整流程作简要介绍。

完整的专利民事侵权诉讼流程可以分为三个阶段：诉讼前准备阶段、诉讼程序提起和跟进阶段、执行阶段。

（一）诉讼前准备阶段

首先，专利权人需要考虑整体诉讼策略，包括诉讼的最终目标，诉讼希望起到的作用，以及具体的诉讼对象、地域、时机的选择。诉讼作为一种手段，并非都是要一份判决，相反经常是为商业目的服务，以诉施压，以诉促谈，因此，专利诉讼案件和解、调解的比例也是很高的。其次，专利权人需要依据相应的策略制订具体诉讼方案，组织收集证据，进行专利侵权分析。如果专利权人前期已开展侵权监控，则有些准备工作已经完成，可以直接参照，当然要考虑收集持续侵权的证据，纳入赔偿额计算依据，还要关注侵权的变化情况，做出适应性调整。最后，专利权人需要根据前述诉讼方案落实各项立案准备工作：准备起诉状、制作证据清单和材料，提起诉讼。由于专利侵权的专业性和复杂性，以及前期工作对案件结果的影响，如果能尽早地聘请专业律师，为前期诉讼策略和诉讼方案制订、证据收集提供专业意见，则更利于实现诉讼目标。

（二）诉讼程序提起和跟进阶段

（1）起诉和受理：专利权人向法院提起诉讼，递交诉讼文件；符合起诉条件的，法院应当在 7 日内立案，并通知当事人；不符合起诉条件的，法院应当在 7 日内作出裁定书，不予受理；原告对裁定不服的，可以提起上诉。（2）审理前准备：在立案之日起 5 日内法院会将起诉状副本发送被告，被告应当在收到之日起 15 日内提出答辩状。被告不提出答辩状的，不影响人民法院审理。法院应当在收到答辩状之日起 5 日内将答辩状副本发送原告。当事人对管辖权有异议的，应当在提交答辩状期间提出。开庭前可以调解的，采取调解方式及时解决纠纷；需要开庭的，要求当事人通过交换证据等方式，明确争议焦点。（3）开庭审理：法院应当在开庭前 3 日通知当事人和其他诉讼参与人；开庭时主要是法庭调查和法庭辩论，法庭辩论终结，各方做最后意见陈述。法庭辩论终结后，应当依法作出判决。对于判决前能够调解的，还可以进行调解，调解不成的，应当及时判决。（4）二审、再审：当事人不服地方人民法院第一审判决的，有权在判决书送达之日起 15 日内向上一级人民法院提起上诉。当事人对已经发生法律效力的判决、裁定，认为有错误的，可以申请再审。

在专利侵权民事纠纷中，在一审阶段，特别是答辩期内，被告多数情况下会到国家知识产权局复审委提起专利无效的程序。专利无效程序是否会中止民事侵权案件，则因具体情况而异。《最高人民法院关于审理侵犯专利纠纷案件适用法律问题的若干规定》（以下简称《专利权侵权司法解释》）第 8~11 条的规定如下。

（1）原则上应当中止诉讼的情形：法院受理的侵犯实用新型、外观设计专利权纠纷案件，被告在答辩期间内请求宣告该项专利权无效的，人民法院应当中止诉讼，但具备某些特定情形之一❶的除外；

（2）原则上不应当中止诉讼的情形：法院受理的侵犯实用新型、外观设计专利权纠纷案件，被告在答辩期间届满后请求宣告该项专利权无效的，法院不应当中止诉讼，但经审查认为有必要中止诉讼的除外；

---

❶ 特定情形指：

（1）原告出具的检索报告或者专利权评价报告未发现导致实用新型或者外观设计专利权无效的事由的；

（2）被告提供的证据足以证明其使用的技术已经公知的；

（3）被告请求宣告该项专利权无效所提供的证据或者依据的理由明显不充分的；

（4）人民法院认为不应当中止诉讼的其他情形。

（3）可以不中止诉讼的情形：法院受理的侵犯发明专利权纠纷案件或者经专利复审委员会审查维持专利权的侵犯实用新型、外观设计专利权纠纷案件，被告在答辩期间内请求宣告该项专利权无效的，法院可以不中止诉讼。

（三）执行阶段

当生效判决中认定被告侵权，要求被告承担侵权责任，若被告不主动履行，专利权人需要考虑申请法院强制执行。在该阶段，建议专利权人主动发现和提供执行的线索，利于成功执行。

三、行政保护

本书的专利行政保护是指管理专利工作的政府部门应专利权人的请求，处理专利侵权纠纷，进而保护专利权人合法权益。

专利行政保护与专利司法保护的双轨制，在我国首部《专利法》中就已经确立。尽管关于专利行政保护制度是去是留、削弱还是加强，一直有争论，但当前阶段，国家知识产权局对行政执法方面持续加强推进力度，因此，目前专利行政保护也是权利人在实践中应积极考虑的一种维权方式。

专利行政保护的法律依据参见《专利法》第 3 条、第 60~61 条，《专利法实施细则》第 81~82 条，以及国家知识产权局的部门规章《专利行政执法办法》，商务部、国家工商行政管理总局和国家知识产权局于 2006 年颁布的《展会知识产权保护办法》。本节将从实务角度对专利行政保护的重点问题做介绍和提示。

（一）专利行政保护概述

请求管理专利工作的部门处理专利侵权纠纷的，应当符合下列条件：请求人是专利权人或者利害关系人；有明确的被请求人；有明确的请求事项和具体事实、理由；属于受案管理专利工作的部门的受案和管辖范围；当事人没有就该专利侵权纠纷向人民法院起诉。其中的利害关系人包括专利实施许可合同的被许可人、专利权人的合法继承人。专利实施许可合同的被许可人中，独占实施许可合同的被许可人可以单独提出请求；排他实施许可合同的被许可人在专利权人不请求的情况下，可以单独提出请求；除合同另有约定外，普通实施许可合同的被许可人不能单独提出请求。专利侵权纠纷涉及实用新型或者外观设计专利的，管理专利工作的部门可以要求请求人出具由国家知识产权局作出的专利权评价报告。符合条件的请求人，可以到省、自治区、直辖市人民政府以及专利管理工作量大又有实际处理能力的设区的市人民政府设立的管理专利工作的部门请求行政执法。

行政保护的流程如下：请求人提交行政执法请求后，管理专利工作的部门审核请求是否符合受理条件，符合条件的会通知请求人，同时指定执法人员处理该专利侵权纠纷；请求不符合条件的，管理专利工作的部门会通知请求人不予受理，并说明理由。管理专利工作的部门会将请求书及其附件的副本送达被请求人，要求其在收到之日起15日内提交答辩书。被请求人逾期不提交答辩书的，不影响管理专利工作的部门进行处理。被请求人提交答辩书的，管理专利工作的部门会将答辩书副本送达请求人。管理专利工作的部门处理专利侵权纠纷案件时，可以根据当事人的意愿进行调解。双方当事人达成一致的，由管理专利工作的部门制作调解协议书。调解不成的，应做出处理决定，并制作处理决定书。管理专利工作的部门处理专利侵权纠纷，也可以根据案情需要决定是否进行口头审理。按规定，管理专利工作的部门处理专利侵权纠纷，应当自立案之日起3个月内结案。案件特别复杂需要延长期限的，应当由管理专利工作的部门负责人批准。经批准延长的期限，最多不超过1个月。在实践中，专利行政执法在受理、送达、作出决定等程序中，并没有严格执行时间要求。管理专利工作的部门做出认定专利侵权行为成立并责令被请求人立即停止侵权行为的处理决定后，被请求人不服的，可以自收到处理通知之日起15日内依照《行政诉讼法》向人民法院起诉；被请求人期满不起诉又不停止侵权行为的，管理专利工作的部门可以申请人民法院强制执行。被请求人向人民法院提起行政诉讼的，在诉讼期间不停止决定的执行。

管理专利工作的部门或者人民法院作出认定侵权成立并责令侵权人立

即停止侵权行为的处理决定或者判决之后，被请求人就同一专利权再次做出相同类型的侵权行为，专利权人或者利害关系人请求处理的，管理专利工作的部门可以直接做出责令立即停止侵权行为的处理决定。

需要注意的是，管理专利工作的部门的处理决定中会认定侵权是否成立，但是不会对侵权赔偿额做出决定。关于侵权赔偿事宜，管理专利工作的部门可以进行调解，但调解不成时，专利权人仍需要向法院提起诉讼主张赔偿。

行政保护具有以下优势：相对于司法保护的被动性、程序性和中立性，专利行政保护具有主动性、快捷性、成本低的特点，而且责令停止侵权的具体措施更细致，利于有效及时制止侵权行为。行政执法处理决定会明确地给出责令停止侵权的具体措施，分别针对使用、制造、销售、许诺销售、进口行为给出停止侵权的措施，如对进口侵权行为，侵权产品尚未入境的，可以将处理决定通知有关海关；包括司法判决停止侵权中尚存争议的措施，如明确要求销毁制造侵权产品的专用设备、模具，销毁实施专利方法的专用设备、模具；甚至当管理专利工作部门认定电子商务平台上的专利侵权行为成立，作出处理决定的，应当通知电子商务平台提供者及时对专利侵权产品或者依照专利方法直接获得的侵权产品相关网页采取删除、屏蔽或者断开链接等措施。可见，行政执法在执行决定方面具有更强的可操作性。

（二）展会执法

在专利行政保护中，需要特别提及的是针对展会侵权行为而采取的保护。鉴于展会知识产权侵权较为突出，我国商务部、国家工商行政管理总局和国家知识产权局共同制定《展会知识产权保护办法》，2006 年颁布实施。近几年，展会知识产权执法数量显著增长，包括专利的执法。根据国家知识产权的统计数据，● 2016 年、2015 年全国共受理的展会专利执法案件分别为 2 860 件和 2 743 件。2017 年 5 月 5 日闭幕的第 121 届广交会，

● "国家知识产权局发布的知识产权白皮书（2015 年、2016 年报告）"，载 http：// www. sipo. gov. cn/gk/zscqbps/，最后访问日期：2017 年 10 月 5 日。

"本届投诉接待站共受理知识产权投诉案件476宗，595家参展企业被投诉，315家企业最终被认定涉嫌侵权"，❶ 相当于每小时处理3.5件侵权案。可见，展会知识产权维权日益受到关注，并在大型展会中发挥不小的作用，利于及时制止展会中的侵权行为，高效地保护专利权人的合法利益。

展会时间一般较短，因此，拟在展会中请求知识产权保护，提前准备是非常必要的，否则会场临时启动维权的成功率很低。因为现场准备很仓促，很可能无法提交维权需要的相关申请资料，难以被执法部门或机构受理。建议专利权人在经营中关注本行业企业通常参加的展览会，提前了解、分析和判断参展企业可能侵犯己方专利权的行为，准备好相应的文件参加展会，在展会中一旦发现侵权行为，立即投诉。有些展会进入会场要求严格，这种情况下，需要提前为企业法务人员或者受托律师办理入场手续，避免错过维权时机。专利权人应当提交的材料包括：（1）合法有效的知识产权权属证明，如专利证书和登记簿、专利公告授权文本、专利权人的身份证明、专利法律状态证明；（2）涉嫌侵权当事人的基本信息；（3）涉嫌侵权的理由和证据；（4）委托代理人投诉的，应提交授权委托书。其中的第（3）项信息，需要专利权人到被投诉人的展台进行初步证据收集后提供。同时，考虑到专利侵权认定的复杂性，展会投诉适宜采用侵权判断比较直观、清楚、争议少的专利。

展会保护的流程需根据具体情况而定。如果展会设置了展会投诉机构，专利权人可以向展会知识产权投诉机构投诉，也可直接向知识产权行政管理部门投诉。设立投诉机构的，展会举办地知识产权行政管理部门应当派员进驻，并依法对侵权案件进行处理。如果展会没有设置展会投诉机构，专利权人需要直接向知识产权行政管理部门投诉。

向展会知识产权投诉机构投诉的，该投诉机构接受投诉后，可以要求暂停涉嫌侵犯知识产权的展品在展会期间展出，并于24小时内将投诉及相关资料移交有关知识产权行政管理部门；地方知识产权行政管理部门受理

---

❶ "第121届广交会召开闭幕新闻发布会"，载http：//www. cantonfair. org. cn/html/cantonfair/cn/info/2017-05/43984. shtml，最后访问日期：2017年10月5日。

投诉或者处理请求的，可以根据展会的展期指定被投诉人或者被请求人的答辩期限，答辩期后除非有必要作进一步调查，地方知识产权行政管理部门应当及时作出决定并送交双方当事人。在该决定中，如果认定侵权行为成立，地方知识产权行政管理部门将责令侵权的参展方采取从展会上撤出侵权展品、销毁或者封存相应的宣传材料、更换或者遮盖相应的展板等撤展措施。笔者认为，即使展会期间未能做出决定，但能暂停展出，已经实现展会专利保护的目的，实践中这种操作也不鲜见。

需要注意的是，如果投诉人或者请求人已经向人民法院提起专利侵权诉讼的，专利权正处于无效宣告请求程序之中的，或专利权存在权属纠纷，正处于人民法院的审理程序或者管理专利工作部门的调解程序之中的，专利权人在展会中提交投诉，则不会被受理。因此，专利权人在提起投诉前需要核查上述信息。

总体而言，展会执法是一种高效、低成本的保护方式。除了及时制止参展方展会期间的侵权行为外，还有另一重要的作用：收集侵权证据。不得不说，对于难以收集证据的情形，展会是很好的取证机会。比如侵权产品是大型设备，难以购买取证；再如有些特定领域的侵权产品，要求买受人具有相应的行业资质，而专利权人并没有该资质，因此很难购买。除了取证的优势外，展会执法对于连续两次以上被认定侵权行为成立的参展方，展会主办方应禁止参展方参加下一届展会，专利权人可以主动向展会方提出该要求。

四、海关保护

知识产权海关保护，指海关依法禁止侵犯知识产权的货物进出口的措施，在世界贸易组织《与贸易有关的知识产权协议》（TRIPs）中被称为知识产权的边境措施。知识产权海关保护实质上也是行政保护的一个组成部分，考虑到其与管理专利工作的部门在执法机构、执法措施等方面的区别，因此单独介绍。我国知识产权海关保护的知识产权种类限于专利、商标、著作权，不包括植物新品种、集成电路布图设计等知识产权，法律依据主要体现在《海关法》《知识产权海关保护条例》及实施办法、《海关行政处罚实施条例》等。我国海关知识产权保护包括进口和出口两个环节，与其他较多国家和地区的海关知识产权保护相比，增加出口环节。

我国海关对知识产权的保护可以划分为"依申请保护"和"依职权保护"两种模式。依申请保护，是指知识产权权利人发现侵权嫌疑货物即将进出口时，向海关提出采取保护措施的申请，由海关对侵权嫌疑货物实施扣留的措施。由于海关对依申请扣留的侵权嫌疑货物不主动进行调查，知识产权权利人需要就有关侵权纠纷向人民法院起诉，海关仅在收到法院协助扣押货物通知时才会继续扣押，否则放行货物，所以依申请保护也被称作海关对知识产权的"被动保护"模式。依职权保护，是指海关在监管过程中自行发现进出口货物有侵犯在海关总署备案的知识产权的嫌疑时，主动中止货物的通关程序并通知有关知识产权权利人，然后根据知识产权权利人的申请对侵权嫌疑货物实施扣留的措施。海关还会主动对货物的侵权状况进行调查、认定和对收发货人进行处罚，即主动采取制止侵权货物进出口，所以依职权保护也被称作海关对知识产权的"主动保护"模式。当然，该种情形下，如果知识产权权利人在收到海关发现疑似侵权货物的书面通知逾期未提出申请或者未提供担保的，海关也不得扣留货物。

在两种保护模式中，"依职权保护"在实践中占比更大，应用更多。根据中国海关总署发布的 2014～2016 年《中国海关知识产权保护状况》可知，2015 年、2016 年海关依职权主动查扣的侵权嫌疑货物批次约占全年扣留批次总数的 99%，❶ 2014 年海关主动扣留的侵权嫌疑

---

❶ "2015 年中国海关知识产权保护状况"，载 http：//www.customs.gov.cn/publish/portal0/tab49564/info795840.htm，最后访问日期：2017 年 12 月 25 日；"2016年中国海关知识产权保护状况"，载 http：//www.customs.gov.cn/publish/portal0/tab49564/info846639.htm，最后访问日期：2017 年 12 月 25 日。

货物批次总署占全年扣留批次的 99.9%。❶ 之所以"依申请保护"占比很少，主要是知识产权权利人很难向海关提供准确、及时的侵权线索进而启动该程序。

专利权人若希望有机会获得"依职权保护"，首先需要向海关总署申请备案具体的专利权，建议企业积极、提前考虑专利海关知识产权备案。鉴于海关总署自收到全部申请文件之日起 30 个工作日内作出是否准予备案的决定，因此，对于有可能在进出口环节被侵犯的专利权，可以考虑在专利授权后便尽早启动知识产权海关备案，提前做好准备。备案时除提供申请备案的专利名称等基本信息外，若有已知的侵犯知识产权货物消息，例如侵权货物的制造商、进出口商、进出境关口、主要特征、价格等信息，建议一并提供给海关，这些信息可以为海关日常工作中主动发现侵权提供线索。我国海关在日常工作中，已经建立通过报关单证审核、进出口货物检验、对侵权货物的扣留和调查等方式发现侵权行为。

专利权人除了进行知识产权备案以外，为了获得更多的保护，还需要主动做如下工作：（1）向海关提供具体侵权货物的线索和信息，包括具体的进出口货物的时间，甚至集装箱号等报关信息，进而提高"依申请保护"的成功率。当然，此类信息一般需要专利权人预先进行调查方能获得。（2）争取机会向海关提供鉴别侵权货物的培训，保持与口岸海关的沟通，帮助海关查验人员熟悉希望保护的专利技术和可能的侵权产品，提高"依职权保护"的概率。

由前文介绍可知，专利权人为获得海关保护，还需要提供知识产权担保。无论是"依申请保护"还是"依职权保护"，知识产权权利人都应当向海关提供不超过拟扣押货物等值的担保，用于赔偿可能因申请不当给收货人、发货人造成的损失，以及支付货物由海关扣留后的仓储、保管和处置等费用，否则，海关不得扣留货物。由于专利侵权判定的复

---

❶ "2014 年中国海关知识产权保护状况"，载 http://www.customs.gov.cn/publish/portal0/tab2559/info739906.htm，最后访问日期：2017 年 12 月 25 日。

杂度和不确定性，涉嫌侵犯专利权货物的收货人或者发货人认为其进出口货物未侵犯专利权的，可以在向海关提供货物等值的担保金后，请求海关放行其货物，这一点完全不同于扣留疑似侵犯商标权、著作权的货物的情形。因此，专利权人应在得知涉嫌侵权货物被海关查扣后，尽早与海关交流，获得海关同意后尽早查看有关货物，收集基本证据，避免在收货人或发货人提供担保金进而货物放行后错失证据收集机会。当然，海关放行货物会书面通知专利权人，专利权人若能够在海关书面通知送达之日起30个工作日内向海关提交向人民法院提起诉讼且人民法院受理案件通知书的复印件，那么，海关不会退还收发货人的担保金，而是根据法院的判决结果处理收发货人提交的担保金。这样，专利权人若得到有利判决，还可以直接执行担保金。

对于海关保护的结果，下面区分两种保护模式进行介绍。（1）在"依申请保护"中，海关不会主动调查和做出决定，专利权人可以就被扣留的侵权嫌疑货物向人民法院申请采取责令停止侵权行为或者财产保全的措施。自海关扣留之日起20个工作日内，海关收到人民法院有关责令停止侵权行为或者财产保全的协助执行通知的，应当予以协助；反之，海关将放行被扣留的侵权嫌疑货物。（2）在"依职权保护"中，海关应当自扣留之日起30个工作日内对被扣留的侵权嫌疑货物是否侵犯知识产权进行调查、认定。认定侵权的，海关没收侵权货物；不能认定侵权的，海关应当立即书面通知知识产权权利人，权利人应考虑向人民法院申请采取责令停止侵权行为或者财产保全的措施。若自扣留之日起50个工作日内海关未收到人民法院协助执行通知，海关将放行货物。上述处理方式再次体现，在"依职权保护"中，海关会更主动地进行调查、侵权认定。

海关保护虽然仅适用于进出口货物的情形，但是因海关可以采取强制措施、提供现场查看机会，因此，是一种非常有力的保护措施，特别是对于主要涉及进出口、侵权认定相对直观、潜在侵权目标比较清晰或集中、进出口口岸比较明确或集中的情况下，非常适合专利权人采用。即使对于较难判定侵权的情形，海关保护也是一种有效的取证方式，值得专利权人在复杂的专利维权行动中综合运用。当然，在海关保护中，如果海关已经扣留货物，专利权人应按照海关保护的流程和时限按期推进保护工作，特别关注导致海关放行货物的几种情形，❶避免因为不熟悉程序失去利用海关保护的有利机会。

第二节　专利保护的现状和趋势

在详细介绍各种专利保护途径后，本节将简单介绍几种途径下专利保护的现状和趋势，以有利于专利权人预估未来保护力度，为专利权人的专利保护规划提供帮助。

总体来看，随着我国知识产权战略的深入推进，创新与知识产权保护带动经济长远、健康发展的需求日益增强，我国知识产权保护方面取得很多成绩，专利保护也呈现良好的态势，在司法保护、行政保护、海关知识产权保护三个方面都有显著成果。

---

❶ 《中华人民共和国知识产权海关保护条例》第24条　有下列情形之一的，海关应当放行被扣留的侵权嫌疑货物：

（一）海关依照本条例第十五条的规定扣留侵权嫌疑货物，自扣留之日起20个工作日内未收到人民法院协助执行通知的；

（二）海关依照本条例第十六条的规定扣留侵权嫌疑货物，自扣留之日起50个工作日内未收到人民法院协助执行通知，并且经调查不能认定被扣留的侵权嫌疑物侵犯知识产权的；

（三）涉嫌侵犯专利权货物的收货人或者发货人在向海关提供与货物等值的担保金后，请求海关放行其货物的；

（四）海关认为收货人或者发货人有充分的证据证明其货物未侵犯知识产权权利人的知识产权的；

（五）在海关认定被扣留的侵权嫌疑货物为侵权货物之前，知识产权权利人撤回扣留侵权嫌疑货物的申请的。

一、专利司法保护的现状和趋势

根据国家知识产权局发布的 2007~2016 年中国知识产权保护状况白皮书,❶ 笔者将 2007~2016 年的全国法院新收一审知识产权案件、新收一审专利案件的统计信息用图 1-1 展示。从图 1-1 可以看出,全国法院新收一审知识产权案件增长迅速,十年间增长 6 倍多,其中新收一审专利案件增长 2 倍多。虽然专利案件增幅低于整体知识产权案件增幅,专利一审民事案件数量本身也是有明显上升,尤其 2009~2012 年专利一审民事案件呈现稳步、较快增长,年均增长率超过 30%,此后 2013~2014 年收案数量保持稳定,2015~2016 年又有较大增幅。从数据来看,我国专利民事案件数量已经突破万件,增长到一个较高水平。随着我国经济增长方式的改变,创新体系的建立及司法保护力度的增强,可以预见未来专利民事案件收案数量仍会有较大增长。

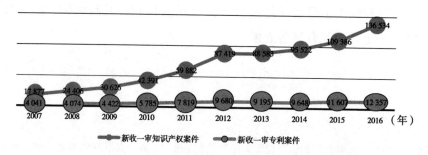

图 1-1　2007~2016 年全国法院新收一审知识产权及专利案（件）

当然,专利民事案件中包括较多类型,除了占比最高的专利侵权纠纷外,还有专利权属纠纷、专利合同纠纷、确认不侵犯专利权纠纷。

专利侵权案件具有技术性强、举证难度大、周期长、赔偿额有限的特点。专利侵权案件是典型的法律与技术相结合的案件,多涉及各个领域的科学技术,因此,多数案件不可避免地涉及对技术问题的查明,增加了案

---

❶　国家知识产权局:"中国知识产权保护状况（2007~2016）",载 http://www.sipo.gov.cn/gk/zscqbps/,最后访问日期: 2017 年 12 月 25 日。

件的技术难度。专业性强、涉及面广、审理难度大，是法官对知识产权案件的基本评价。举证难度大与侵权行为证据、赔偿证据难于获得有关，也与当前专利权人普遍收集证据的投入和能力有限有关。周期长与专利侵权案件多数伴随专利无效宣告程序及司法鉴定程序有关，有时法院基于专利无效宣告程序而中止诉讼，因此，案件审理两三年也是较常见的。赔偿额有限与专利权人损害赔偿举证不到位、法定赔偿数额不高以及专利市场价值不明确等有关。

为了更加有效地保护专利权，近年来我国立法、司法、执法领域都在做出努力，技术查明难、举证难、周期长、赔偿低的问题也得到一定的改善，特别是北京、上海、广州三家知识产权法院的各项尝试，引领知识产权案件审判的发展。对于专利案件技术难题，知识产权法院逐步通过构建多元化的技术事实查明体系加以解决，设立技术调查室，聘任技术调查官，形成技术调查与专家辅助、司法鉴定、专家咨询有效衔接的多元化技术事实查明机制。在举证方面，法院通过充分发挥行为保全、证据保全等诉讼措施效用，提高知识产权司法救济的及时性、便利性和有效性，起到及时遏制侵权行为，固定关键证据，查明案件事实的作用。法院也在适当降低举证难度，灵活运用举证转移、举证妨害等证据规则，避免机械适用"谁主张、谁举证"原则，切实减轻当事人举证负担。法院在现有程序法框架下探索并鼓励双方在律师的帮助和指导下进行证据开示，赋予当事人披露相关事实和证据的义务。在赔偿方面，法院逐步探索将市场价值作为知识产权赔偿数额计算的参考，依法加大对关键核心技术的保护力度。通过对律师费等诉讼合理支出在赔偿额中单独计算和推进适用惩罚性赔偿等措施，使赔偿数额与知识产权市场价值相适应。2015 年北京知识产权法院的知识产权侵权案件平均判赔数额达 45 万元，2016 年北京知识产权法院据不完全统计，专利侵权案件平均赔偿数额为 141 万元。❶以上数据充分显示出北京知识产权法院持续加大知识产权司法保护力度的坚定决心。"以充分实现

---

❶　"北京知识产权法院两周年工作情况通报"，载 http：//www.chinaiprlaw.cn/in-dex.php？id=4592，最后访问日期：2017 年 11 月 13 日。

知识产权的市场价值为指引，进一步加大损害赔偿力度"❶已经明确列为"十三五"国家知识产权保护和运用规划重点任务，可以预见，未来知识产权侵权损害赔偿将会更体现知识产权的市场价值。

综上所述，专利侵权司法保护的力度在加大，保护过程中的技术难以查明、举证难、周期长、赔偿低等问题有所改善，各地法院审判尺度不一的问题随着知识产权法院试点的不断推广，知识产权案例指导机制的不断完善，必将有长足进步。因此，未来专利司法保护将更加值得期待。

二、专利行政保护的现状和趋势

根据国家知识产权局发布的 2007~2016 年中国知识产权保护状况白皮书，❷专利行政执法中对于涉及侵权问题的专利权纠纷执法案件数量变化趋势如图 1-2 所示。2007~2010 年均 1 000 件左右，2011 年报告中没有提供该项数据，自 2012 年开始专利权纠纷执法案件快速增长，到 2016 年已达 2 万余件。该组数据反映出我国专利行政执法的法律定位逐步清晰、投入逐步增加的变化，也反映出专利权人维权选择多元化的变化。

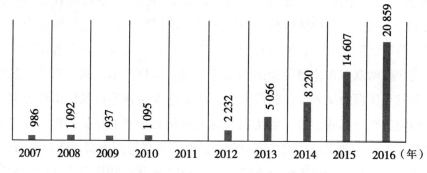

图 1-2　2007~2016 年专利权纠纷执法案（件）

---

❶ "国务院知识产权战略实施工作部际联席会议办公室关于印发《'十三五'国家知识产权保护和运用规划重点任务分工方案》的通知"，载 http：//www.gov.cn/xinwen/2017-08/24/content_ 5220034.htm，最后访问日期：2017 年 8 月 24 日。

❷ 国家知识产权局："中国知识产权保护状况白皮书（2007~2016）"，载 http：//www.sipo.gov.cn/gk/zscqbps/，最后访问日期：2017 年 12 月 25 日。

当然，专利行政保护目前还面临执法资源不足、执法力度不足、跨区域执法有待完善、执法透明度不高的问题。同时，也应看到国家知识产权局加大专利行政执法的决心和努力，因此，未来随着专利权人维权需求的增加、维权技能的增强，以及国家对专利行政执法的投入，专利执法案件会有更显著的增长，专利行政保护会成为专利保护的一个重要手段。

三、专利海关保护的现状和趋势

根据国家知识产权局发布的 2007~2016 年中国知识产权保护状况白皮书，[1] 笔者制作了 2007~2016 年海关受理知识产权备案申请和核准知识产权备案变化趋势图，图 1-3 显示出海关知识产权备案的数量在稳步增长，且 2016 年的年备案受理数量超过 1 万件，不难看出海关知识产权保护日益受到知识产权权利人的关注和重视。此外，自 2012 年起海关总署给出受理知识产权备案的数量，与核准的备案数量有一定的差额，这也提示知识产权权利人需要注意知识产权海关备案的完备性。

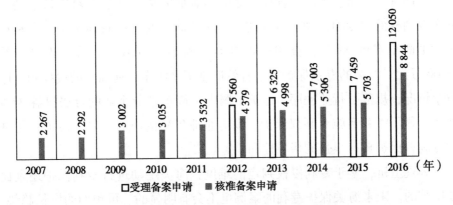

图 1-3　2007~2016 年海关知识产权备案受理和核准数量（件）

从当前数据无法看到专利备案的数量，但是可以据此合理估计：专利备案占比较小，也会有与整体数量同步的增长趋势。值得注意的另一点是：

---

[1]　国家知识产权局："中国知识产权保护状况"，载 http://www.sipo.gov.cn/gk/zsc-qbps/，最后访问日期：2017 年 12 月 25 日。

备案人多是外资企业或国外企业，国内企业较少，近两年国内企业的备案才逐步增多。据统计，2015 年海关在线受理备案申请 7 500 余项，审核通过 5 600 余项，其中核准国内权利人备案 2 878 项，约占总量的 50%。❶可见，国内企业在知识产权海关保护方面还处于起步阶段，无论是备案，还是实际保护，有效运用该保护方式的国内企业还很少，需要向这方面做得好的国外企业取经。比如优质品牌保护委员会的主要外资企业，在海关保护方面积累了大量经验，建立了与海关沟通的长效机制，值得国内企业学习。为鼓励企业加强海关知识产权保护，海关总署也一直在努力：自 2015 年 11 月 1 日起，暂停收取知识产权海关保护备案费，减轻企业负担；海关总署做出准予备案决定的时间，根据最新统计数据，❷ 2016 年海关知识产权备案的审核周期平均为 22.5 个工作日，有所加快；海关总署近几年开展的多次专项行动，加大保护力度。

2016 年 11 月 15 日~12 月 31 日，海关总署为深入推进中国制造海外形象维护"清风"行动，支持我国知识产权优势企业"走出去"，组织天津、上海、南京、杭州、宁波、青岛、深圳和黄埔海关，开展针对出口电动平衡车专利权保护专项行动。行动期间，相关海关共计查获涉嫌侵犯专利权电动平衡车案件 28 起，查扣侵权电动平衡车 12 766 台，价值人民币约 1 300 万元。海关的专项保护行动有效遏制了平衡车行业面临的侵权和无序竞争情况，规范了行业秩序，保护了国内平衡车产业企业的合法权益。❸该案例彰显了海关实施专利权保护、助力企业创新的决心，对于海关系统强化专利权保护具有很强的指导性和借鉴意义。

客观上讲，鉴于专利侵权判定的难度，海关主动进行专利保护还是比较困难的。未来海关保护专利的案例也不会有明显的、可预期的增长趋势，

---

❶ "2015 年中国海关知识产权保护状况"，载 http：//www. customs. gov. cn/publish/portal0/tab49564/info795840. htm，最后访问日期：2017 年 12 月 25 日。

❷ 国家知识产权局："2016 年中国知识产权保护状况"，载 http：//www. sipo. gov. cn/gk/zscqbps/，最后访问日期：2017 年 12 月 25 日。

❸ "2016 年中国海关知识产权保护典型案例"，载 http：//www. customs. gov. cn/publish/portal121/tab62075/info846727. htm，最后访问日期：2017 年 4 月 21 日。

更多的是随机变化。由于通过海关知识产权保护途径保护专利的案件总量小，没有形成明确的变化趋势；且能够成功的案例往往是预先策划和部署的结果，如上述平衡车案例，进而专利海关保护案例具有数量上和结果上的不确定性。因此，建议专利权人根据所处行业特点、侵权行为特点，合理运用海关知识产权保护方式，而且利用该保护方式之前，需要多做、做好准备工作，包括收集疑似侵权进出口货物线索、提供侵权分析以及与海关的充分、深入沟通。做好这些基础工作，才可能在专利保护中有效地运用海关知识产权保护，实现保护目的。

从前文所述的专利保护途径和保护趋势不难看出，我国专利保护途径很全面，权利人的维权意识在提高，行政、司法的保护力度在不断加强，这也是我国知识产权保护环境逐步发展和完善的丰硕果实。2017 年，国家层面再次明确深入实施国家知识产权战略加快建设知识产权强国推进计划的基调，并提出严格保护知识产权的要求，因此专利保护环境将逐步完善，权利人维权的难度也会逐步下降。在知识产权加强保护的大环境下，权利人可以通过灵活、综合运用前文提及的各种专利保护途径，及时了解和运用行政机关、司法机关为便于权利人维权而提供的新举措，制定专业可行的保护策略和方法，进而提高专利保护的效率，实现专利保护应有的效果。专利权得到有效保护，技术创新者的投入将得到保护，最终国家技术创新和发展得以促进，国家整体的经济竞争力方能得到提升。

第二章　专利保护策略

在介绍我国当前专利保护的几种途径之后，下面将与读者全方位、分层次地分享专利保护的策略。这里的策略，包括专利与其他类型知识产权保护策略的选择与配合，包括第一章介绍的不同专利保护途径之间的选择，还包括专利司法保护的具体策略。除此以外，笔者还希望与读者分享专利储备、布局与专利保护的关系，特别是专利撰写时如何为未来专利保护奠定基础。

第一节　专利保护与其他类型知识产权保护的选择

一、不同类型知识产权保护的选择和利弊

保护技术成果的方式包括专利、商业秘密，有的还体现为软件，为了在源头选择适当的保护类型，下面简单介绍几种保护方式的应用以及利弊。

一项技术是采用专利还是商业秘密来保护，是企业经常遇到的问题，也已经有很成熟的操作建议：针对不同技术内容，采用专利和商业秘密组合的方式进行保护。对于其他人经过少量研发可以得到的技术方案，本领域基础性的技术框架，或者公开使用后即可为他人获知的技术方案，建议采用专利保护，限制可以获知该技术的后来者；其他不是很容易被知悉的技术，显著提升技术效果的优选参数、配方、工艺流程等技术细节，或者软件代码，在有相应保密措施的前提下适合优选作为商业秘密来保护。对于计算机软件技术，可以考虑通过专利、软件著作权、商业秘密多重方式

进行保护。如软件算法可以通过适当的撰写方式申请专利，用户界面也可以申请外观设计专利，软件代码及相关文档的表达部分通过著作权保护，源代码也可以作为商业秘密保护。

下面对比一下各种类型知识产权保护的利弊。以专利形式保护的优势在于专利属于强保护，专利权人在权利要求的保护范围内限制他人未经许可的使用，缺点在于需要用公开换保护，发明专利的实质审查和专利无效程序的考验可能导致公开的方案最终得不到任何保护，即使专利维持有效，其保护范围仍需要通过对权利要求的解释来界定，存在范围的不确定性。同时，专利保护是有时间限制的。以商业秘密形式保护的优势在于可以不公开技术，能够保持一定时间的技术领先优势，但面临的问题是能否保持秘密状态，一旦被公开就不再受保护，且不能限制他人合法获得后的使用。通常而言，商业秘密保护中权利人的举证比专利侵权、软件著作权侵权都要困难，因为在商业秘密案件中，权利人的权利基础证明很复杂、很困难，首先需要界定所主张的秘密点并证明其符合秘密性、保密性和价值性的法定构成要件。对于专利侵权和软件著作权侵权而言，权利基础的证明简单得多，通常是提供专利权登记簿或软件著作权登记证书，或者软件开发证明，不需要证明技术方案符合秘密性、保密性。在侵权判定环节，三者各有难点。商业秘密案件中，通常从涉嫌侵犯商业秘密的产品表面无法判断是否使用某项技术秘密，因此，一般都需要同一性鉴定，然后通过"实质性相似+接触"原则来判定，并考虑被诉侵权方是否有合法来源。专利侵权案件仅部分案件需要鉴定，但由于涉及专利保护范围的界定，侵权判定的原则相比商业秘密侵权判定要更复杂。软件著作权侵权和软件商业秘密侵权判定的方式和难易度基本相同，都要通过"实质性相似+接触"原则来判定，并考虑被诉侵权方是否有合法来源。

二、不同类型知识产权保护的组合运用

在专利保护中，专利权人需要结合具体情况，根据可以主张的权利基础、举证难度等因素，组合运用不同类型的知识产权实现保护目的，如采

用专利与商业秘密组合、专利与计算机软件组合，乃至三者组合的方式进行保护。

在提起诉讼前，如果权利人能够取得涉嫌侵权产品，且分析后可以判断是侵犯了自己的专利权，那么，专利侵权可以作为一个选择。如果同时存在其他情形，如侵权方存在窃取商业秘密的情形，可以考虑是否同时提出商业秘密侵权，再如权利人认为侵权方采用了相同或实质相似的软件，且存在接触权利人软件代码的可能，则可以考虑同时提出计算机软件侵权。当然，如果几种途径都可以选择，权利人也可以根据胜诉把握、取证难度、资源投入等因素选择具体推进方式。例如，若权利人认为专利稳定性较弱，担忧被诉侵权方提起无效后结果不利，那么，可以考虑放弃专利侵权诉讼这一途径。

在提起诉讼前，如果权利人不能取得涉嫌侵权产品，如购买涉嫌侵权产品需要符合特定资质条件等，权利人也就无法在诉讼前明确判断是否侵犯其知识产权以及侵犯何种知识产权。因此，在该种情形下，取得涉嫌侵权产品是首先要解决的问题。此时，权利人可以向法院提起诉前证据保全，也可以依据不同权利基础，在符合执法的基本条件下选择通过专利行政执法、商业秘密工商执法、版权局执法等形式，取得一定证据。当然，这种情况下，通常执法机构因为侵权判定复杂，仅凭初步查看涉嫌侵权产品难以认定侵权，进而无法作出执法决定。这时，权利人需要考虑向法院申请保全执法中获得的证据，然后进入司法保护中的证据开示程序。这种情况下，证据开示之前权利人仍然不能确定涉嫌侵犯的具体知识产权类型，建议权利人可以考虑对可能受侵犯的知识产权类型都提出诉讼，待证据开示后根据获得的翔实信息再做取舍。当然，权利人也可以选择先提出一种知识产权侵权诉讼，待证据开示后再做补充。不过，后一种方式存在一定弊端，如果仅就特定一种知识产权提出侵权诉讼，证据开示中将会把该知识产权作为重点，可能不会去关注和获得其他类型知识产权的侵权证据。

在 2017 年清华大学和同方威视技术股份有限公司对北京君和信达科技

有限公司、西安优派电子科技有限公司提起的诉前证据保全案❶中，申请人提出其研发的集装箱/车辆检查系统包括专利技术、计算机软件和多项技术秘密，被申请人窃取并在其系统中使用，申请法院保全操作系统、设计源代码、设计图纸和技术文档等证据，获得法院支持。证据保全后，清华大学和同方威视技术股份有限公司由于尚无法确定具体侵犯的是专利权、商业秘密还是软件著作权，因此，针对涉嫌侵权行为同时在不同案件中提起专利侵权、商业秘密侵权和著作权侵权。这样，在证据开示中会全面关注各类知识产权侵权证据，在证据开示后可以根据证据情况有所侧重地推进具体的侵权案件。

第二节　专利保护具体途径选择策略

前文详细介绍了专利保护的几种途径：自力救济、司法保护、行政保护、海关知识产权保护，下面将对专利权人在维权时如何选择具体途径和组合运用进行介绍。

自力救济中的对外主张权利的方式包括侵权警告和第三方平台投诉，这两种方式相对节约成本、耗时短，当然效果具有不确定性，特别是侵权警告发函方式。

尽管如此，笔者仍建议专利权人在决定提起民事诉讼或行政执法之前，在做好必要证据的固定工作之后，考虑发函，因为侵权警告函至少可以起到警示作用，并能用于证明收函方的侵权故意。通常，若收函方是规范的、有专利风险意识的企业，例如外企、上市公司，那么，发函更是值得考虑的，因为这些企业通常很重视专利权人的函件。若专利权人主张的权利基础清晰，专利稳定性高，侵权事实和证据比较齐备，侵权分析判断比较直接，那么，收函方会更认真对待，倾向愿意与专利权人接洽，沟通专利侵权分析判断以及处理方式，利于实现维权的预期效果。若这些收函方主体

---

❶ 参见（2017）京 73 证保 1 号。

或客观事实不具备上述条件，发函方式则很难实现停止侵权、要求赔偿的目的。当收函方是专利权人竞争对手时，情况会更复杂，通常发函基本无法彻底解决问题，需要进一步的法律行动。当收函方是涉嫌侵权产品制造商的经销商、客户时，发函行为会有利于对侵权产品制造商产生更多的压力传递效果。但如前文所述，该情况下函件的内容和发函时机、范围需要谨慎考量。

第三方平台投诉特别适合侵权者众多、单体侵权量较小，或者需要快速维权的情形。对于向第三方平台投诉，笔者认为，专利权人可以不必过多考虑和事先固定证据，可以直接提出，除非专利权人希望对第三方平台上个别的涉嫌侵权目标采取额外的、专门的维权行动，避免平台投诉打草惊蛇。在此，笔者希望提示的是，对于在电商中出现侵权产品较多的情形，第三方平台投诉可以作为专利权人专利保护的日常工作，定期检索平台侵权状况，精细做好侵权监控、梳理工作，例如对重复侵权行为做好记录，需要时升级为更严厉的保护行动，与第三方平台建立顺畅、持续的沟通渠道。

当侵权警告函和第三方平台投诉（若适用）没有解决问题时，专利权人可以考虑提起民事侵权诉讼，即通过司法保护途径，或者请求行政执法，即通过行政保护途径。这两种方式选择时的考量因素主要包括维权目的、侵权判定难易度、取证需求。对于维权目的，如果专利权人除停止侵权，还将侵权损害赔偿列为重要目的之一，那么，可以优选提起侵权诉讼，因为行政执法不能解决赔偿问题，最终仍需要到法院主张侵权损害赔偿责任。对于侵权判定难易度，笔者建议，如果侵权判定不是很直接或清楚，相对复杂、困难，则尽量避免行政执法。有经验的知识产权法官判定专利侵权尚且不容易，那么，专利执法人员在侵权判定经验较为欠缺的情况下做侵权判定会更困难，很难切实推进执法工作。取证需求是指如果专利权人在取证方面遇到困难，没有申请到证据保全时可以考虑通过行政执法获得初步证据，特别是展会执法。此外，在选择司法保护和行政保护两种方式时，还需要考虑专利权人维权的时机、法院管辖地的选择是否理想、具体执法人员水平和积极性等因素。例如在专利行政执法专项行动期间，专利执法会更高效。再如专利权人认为专利侵权诉讼有管辖权的法院不是很理想，可能存在地方保护，那么也可以考虑寻找其他机会进行行政执法。

海关知识产权保护也是一项专利保护的日常工作，至少首先要做知识产权海关备案。对于进一步的保护行动，取决于专利权人的维权需求、维权可行性、维权效果。如果涉嫌侵权产品很少在国内销售，主要用于出口，那么海关知识产权保护的必要性会大幅提升。如果有途径调查涉嫌侵权货物的进出口信息，进而为海关查扣提供有力线索，则应充分利用海关知识产权保护这一方式。如果扣押涉嫌侵权货物一段时间对发货人或收货人影响很大，能够实现专利权人的商业目的，例如季节性或时效性强的产品，那么就很适合采取海关知识产权保护。当然，如前文提到的，海关知识产权保护也可以作为取证的一种选择，因为货物扣押后，在经海关同意后，专利权人可以查看被扣货物。

由以上介绍可以看出，综合、适当地运用专利保护的各种途径，专利保护会更有效。因此，笔者建议企业根据本行业特点、专利特点、资源情况、维权需求等，系统规划、综合考量，科学有效地组合运用不同保护途径。

第三节　专利司法保护的策略

各种专利保护途径都需要考虑推进的策略，专利司法保护途径中，策略的必要性是最强的，也是最丰富的，因此，本节介绍专利司法保护的策略。

为方便描述，将专利司法保护策略按照诉讼阶段分为诉前策略和诉中策略两个部分。诉前策略包括诉讼时机、诉讼对象、诉讼地点、诉讼专利的选择，以及诉前保全的运用等。诉中策略包括诉讼节奏的把握、辅助行动的设计，以及诉中保全的运用。

一、诉前策略

（一）诉讼时机的选择

在诉讼时效期间诉讼时机的选择，与诉讼目标和专利的性质密切相关。如果诉讼目标就是要求及时制止侵权，则适宜尽早准备并及时提起诉讼，避免随时间推移导致对市场的更大冲击。如果诉讼目标是获得高额赔偿，则倾向在诉讼时效期间择机诉讼。例如，专利权人若是专利经营公司，自己没有直接的产品，不存在市场份额被削弱的风险，那么，出于获得更大收益的考虑，他们在发现专利侵权后并不急于起诉，往往采取"放水养鱼"的方式，待侵权企业发展到较大规模后才提起诉讼，进而获得更多的赔偿。如果诉讼的目的是让被诉企业接受许可，则通常在发函沟通无果的情况下尽早提起诉讼，避免后续要求许可谈判时收函方可能提起确认不侵权之诉。如果专利权人希望给被诉企业以沉重打击，或者迫使被诉企业迅速作出妥协，往往会选择在一些关键节点提起诉讼。比如，在被诉企业准备上市之前提起专利侵权诉讼，使其上市受阻；在重大招投标项目、影响较大的展会开幕前、新产品发布前夕，提起专利侵权诉讼，直接影响交易的达成。如 2017 年 4 月引起关注的共享单车专利案件，专利权人顾某某以永安行侵犯其持有的专利为由，分别向苏州市中级人民法院和南京市中级人民法院提起诉讼，直接导致永安行暂缓上市路演。顾某某单独指向永安行，而没有针对摩拜或 ofo，最大可能就是永安行当时正在筹备上市。

如果起诉时选择的专利是标准必要专利，且专利权人有遵从公平、合理无歧视的 FRAND 原则的许可义务时，则需要先进行专利许可谈判，在专利权人提出的许可条件符合 FRAND 原则而对方采取故意拖延等方式拒绝达成许可协议时，才适宜提起诉讼，否则会被认为违反 FRAND 原则。

在涉外专利纠纷中，有些案件的背景是当事人一方或双方为了配合其在海外的专利纠纷，也就是说，国内的专利诉讼是双方全球性专利大战的一个组成部分。通常来说，中国企业在海外遭遇外国公司专利诉讼狙击时，会考虑对有较大国内市场的外国公司在国内提起专利诉讼。这种情况下，外国公司会慎重权衡中国市场在其全球市场中的地位，若中国市场筹码足够大，外国公司很可能会对国内外诉讼达成一揽子和解方案。显然，这种方式是国内企业的一个制衡筹码。当然，具有全球化市场的中国企业之间，也会发生在全球诉讼的情况，如华为和中兴近几年的专利战，战场延及欧洲、中国。

（二）诉讼对象的选择

诉讼对象需要选择是因为多数情况下专利侵权诉讼可以提起诉讼的对象有多个，选择不同的诉讼对象对诉讼的难易程度和结果有直接影响，因此，必须慎重考虑诉讼对象的选择问题。

在专利侵权人中，有制造商、销售商、使用者、进口商等不同主体。从不同主体侵权行为角度选择，需要考虑哪种行为举证更容易、哪种行为可以获得更多赔偿、哪个环节具有更大的杀伤力，以及行为主体是否也是专利权人的客户。从不同主体的性质和规模角度选择，需要考虑诉讼对象的影响力、反制手段以及侵权赔偿能力。常见的选择方式是以中型的、民营的企业作为诉讼对象，尽量避免选择大型的国有企业，也需要尽量避免同时起诉多家企业。大型国有企业影响力较大，会使得案件更复杂。同时起诉多家企业很可能促成行业联手反击，被诉企业形成联盟，通过舆论或行业协会等强调乃至夸大对整个产业的影响，这很可能会对司法审判和专利无效产生影响。起诉小型企业，如果仅以停止侵权为目标是可行的，但如果要求赔偿，则很难执行判决。如果需要起诉多个诉讼对象时，专利权人不适宜拉长战线、分散力量，可以评估侵权行为对专利权人利益损害的程度，综合上述考量因素确定起诉的优先顺序，逐一出击，最好在得到一个有利判决后再提起其他诉讼，以影响后续的侵权诉讼案件。

当专利权人提起诉讼的对象也拥有专利，且可能被专利权人实施时，这意味着对方也会提起相应的诉讼，专利权人需要提前做好应对。当国内的专利权人起诉外国企业侵权时，难度会更大，这时候需要做好各项诉讼准备工作，包括预先充分评估专利稳定性，聘请专业律师团队，因为外国企业通常会投入大量资源聘请知名律所的团队应对专利诉讼。

在笔者代理的广东新岸线计算机系统芯片有限公司诉宁波奥克斯空调有限公司等侵害发明专利权纠纷案❶中，新岸线公司诉讼基于其从美国 Interdigital 公司购买的 WCDMA 技术相关专利（原告主张是标准必要专利）起诉奥克斯，并另案起诉深圳市金立通信设备有限公司。❷ 新岸线公司购买专利的最终目的应当是向国内手机厂商展开许可，为了顺利、快速推进许可，其希望有成功的判决来助力许可，因此，选择手机销量并不高、手机专利实力一般的两家企业。该案件中，新岸线公司在诉讼对象选择方面的思路是值得借鉴的。

（三）诉讼地点的选择

诉讼地点的选择，主要需要考虑法院专利案件审判经验和水平、判赔力度、是否有干扰因素、便利程度等因素。专利侵权纠纷案件无疑属于复杂、难度大的案件，如果管辖法院的法官很少审理此类案件，那么法院在这方面的资源配置也是较弱的，审判结果也很难谈得上专业。在这方面，北京、上海、广州三地的知识产权法院通常是首选，不仅法官的审判经验丰富，法院资源丰富，如引入技术调查官，而且赔偿额更高一些。干扰因素通常是地方保护，这不仅对国外当事人，对国内当事人也同样重要，因为不仅在涉外专利纠纷里，而且在仅涉及国内当事人的案件中也存在该现象。在被告的住所地起诉，现实中往往会受到地方保护主义的干扰。因此，专利权人应尽力通过侵权行为地来改变管辖地。便利程度不难理解，考虑案件人力、时间成本，选择方便的管辖地会更利于后续的案件处理工作，当然这个因素相比前面三个是较次要的因素。

（四）诉讼专利的选择

诉讼专利的选择相对较为简单，需要综合考虑类型、侵权判定难易程度及稳定性等因素。以前专利权人提起诉讼倾向使用创新程度高的发明专利；现在专利权人在维权时，会更拓宽思路，适当地选择专利类型，有时

---

❶ （2014）京知民初字第 152 号。

❷ （2014）京知民初字第 154 号。

实用新型和外观设计专利会对案件的成功起到一些意想不到的效果。实用新型和外观设计的专利侵权判定难易程度通常要比发明低一些，特别是必须通过鉴定才能判定的发明专利。即使同样需要鉴定，有些发明专利的技术对鉴定环境、条件或设备有很高的要求，导致鉴定很难完成，或者成本过高，或者鉴定后可信度低。因此，专利权人在选择专利时应提前和鉴定机构沟通，了解鉴定的可行性与难度。稳定性的考虑，无须过多解释，因为专利权人不会希望在诉讼过程中，最后以专利无效收场。因此，专利侵权诉讼之前，很有必要对专利稳定性进行评估。

（五）诉前保全

在专利司法保护中，专利权人根据需要可以在诉讼前提起证据保全、财产保全和行为保全（又称诉前禁令）。其中，证据保全、财产保全是较常见的，近几年知识产权的行为保全运用有所增加，不过在专利案件中诉前禁令仍然数量有限，有专利侵权纠纷案件管辖权的法院对于诉前禁令仍持谨慎态度。2016 年 6 月 23 日，广州知识产权法院作出了该院成立以来第一份诉前禁令，❶ 这也是中国知识产权法院成立后在专利侵权纠纷中作出的第一件诉前禁令案件。专利权人在提起专利侵权诉讼前，如果认为有充分理由证明不及时制止侵权，将会对专利权人的合法权益造成难以弥补的损害，那么可以尝试提起诉前行为保全。如果能够获得法院支持，诉前禁令对被诉侵权人是有效的威慑。

二、诉中策略

专利权人提起专利侵权诉讼之后，需要在清晰、全面认识诉讼的进程、关键节点的基础上把握节奏，同时考虑在需要时采取其他维权行动，配合诉讼行动。

诉讼只是手段而不是目的。专利权人提起专利诉讼是为了实现特定的商业目的，实现的方式可能是得到一个有利判决，也可能是达成和解或调

---

❶ （2016）粤 73 行保 1 号、2 号、3 号。

解。能否在诉讼过程中按希望的时间点达成和解或调解，因案件中被诉侵权人和具体案情而异。在专利侵权诉讼过程中，不同被告的应对态度和方式也是不同的：有的在诉前收到警告信后仍然侵权，但在收到专利权人起诉信息就会主动提出和解；有的则会选择在诉讼中观望，视专利权人的举证、专利无效进展等判断案件走势，在适当时候提出和解或同意调解，或者坚持诉讼到底。因此，在专利侵权诉讼中，双方的"谈"和"打"是交织在一起的，为此专利权人需要时刻观察，敏锐地把握合适的时间窗口把被告拉到谈判桌。一般来说，任何一种保全获得法院支持时、复审委作出专利维持有效决定时、质证中证据明显占优势时，都是专利权人向被诉侵权方施加压力的有利时机。因此，如果专利权人希望案件节奏快些，就要加快推进上述工作；反之，则可以考虑放慢速度。虽然案件审判和无效的时间主要由法院或复审委来决定，专利权人仍可以做些努力，在可能的范围内调整进展。比如共享单车专利案，其中一个专利侵权案件不足 3 个月就一审宣判。专利权人顾某某在 2017 年 4 月 17 日向苏州市中级人民法院提起针对永安行的专利侵权诉讼，6 月苏州中院做出永安行胜诉的判决结果。如此快速审理，与被告侵权方永安行正处于上市进程有关，当然也与该专利保护范围和其决定的侵权判定难度不大有关。可见，根据具体案情的需要，诉讼程序进展是可以加快的。

在双方专利诉讼包括多个相互起诉的案件时，很有可能在各个诉讼案件进展到一定阶段时，达成一揽子解决协议，例如苏泊尔公司和九阳公司的专利大战。作为国内炊具和厨房小家电行业两大领导品牌，自 2011 年起，苏泊尔公司和九阳公司先后在北京、山东、浙江等地展开专利侵权、专利无效的民事、行政诉讼大战。仅 2014 年以来，浙江省杭州和绍兴两地法院审理的双方专利侵权诉讼案就达 26 件，涉案总标的高达 5 250 万元，其中 5 起案件已上诉至浙江省高级人民法院。2015 年，在浙江省高级人民法院主持下，两家公司就 26 件专利侵权诉讼及 11 件专利无效行政诉讼达成一揽子和解协议。双方在尊重对方专利权的基础上，停止生产部分被诉侵权产品并清理库存产品，约定以交叉许可或支付许可费的方式进行后续合作，并建立纠纷友好协商解决机制。这种处理结果有其内在和外在的原因：内因在于双方互诉侵权、互有输赢时，需要寻找一种更有效的整体解决方案，从根本上解决问题，也避免诉累；外因在于需要有法院愿意也便于整体协调案件。在苏泊尔公司和九阳公司的案件中，浙江省高级人民法院民三庭对此高度重视，通过仔细分析案情、约谈当事人，厘清双方诉讼成因与目的，制定了通盘考虑、整体处理的调解思路，引导当事人一揽子化解全部纠纷。法官多次组织当事人磋商，对于有争议的问题，耐心细致调解，寻找利益契合点与共赢点，最终才达成搁置争议、和谐发展的共识。

专利权人提起民事侵权诉讼后，有时不能很快实现预期的威慑效果，被诉侵权方很可能仍在继续侵权，特别是诉讼周期较长时，被诉侵权方的压力感随时间推移会减轻。为此，专利权人需要考虑采取组合拳，让被诉侵权方持续感受到较强压力，进而迫使其解决问题。例如提起一项专利诉讼后，可以考虑向被诉侵权人的客户发函，告知侵权行为的存在，通过其客户施压；可以通过海关知识产权保护，查扣涉嫌侵权货物，也会使得被诉侵权方陷入被动；可以提起诉中行为保全，增加被诉侵权方的义务，诉中财产保全，影响被诉侵权方的财务运作；还可以提起其他专利诉讼。

第四节　专利布局与专利保护

在专利保护中，专利授权文本所能支撑的权利要求保护范围是保护的基础，也是保护的关键。在实践中，专利授权文本质量不高导致专利保护失败的情形屡见不鲜。很多专利权人在经历侵权诉讼后才深刻意识到专利撰写和答复的重要性和专业性。一个原本可以有力打击竞争对手的技术方案在转化为专利的过程中，威力减弱甚至丧失，是一件很遗憾的事情。因此，在专利保护中，专利权人首先应从源头抓起，夯实专利撰写基础，撰写和答复时除了考虑实现授权，还需考虑便于维权，力争一项好的技术方案在撰写、审查等加工过程中没有价值减损，甚至还可以增值，最终成为更有价值的专利。

本节将通过专利司法保护案例来分析专利撰写、答复对专利保护的影响，进而提出完善建议。

通过案例研究，笔者总结出导致撰写、答复等给后续专利保护带来负面影响的如下几个主要原因，建议重视和关注。

（一）专利撰写时缺乏基本的经验或责任心，导致后续维权失败

在有些专利保护案件中，专利权人因专利撰写的明显缺陷导致维权失败，不禁令人惋惜和慨叹：如果撰写人员具有基本的专利撰写技能和基本的责任心，应当就可以避免这些明显缺陷。不得不承认，有些专利进入诉讼环节，代理律师再专业也无力回天。这类瑕疵对专利保护范围会产生致命影响，极可能导致适用《专利侵权司法解释》第 5 条所规定的捐献原则。

在银川东方京宁建材科技有限公司、张某某与天津保兴建材工贸有限公司侵害实用新型专利纠纷最高人民法院再审案件❶中，涉案专利是名称为"具有多种截面形状用于混凝土中的轻质多孔材料填充体"、专利号为 ZL02293406.5 的实用新型专利。涉案专利权利要求内容如下：

> 1. 具有多种截面形状用于混凝土中的轻质多孔材料填充体，其特征在于该填充体由轻质多孔材料（1）、隔离层（2）、加强层（3）组成。
>
> 2. 根据权利要求 1 所述的具有多种截面形状用于混凝土中的轻质多孔材料填充体，其特征在于在轻质多孔材料外是隔离层（2）；隔离层的做法是涂刷或缠绕一层或数层隔离材料。
>
> 3. 根据权利要求 1 所述的轻质多孔材料填充体，其特征在于在隔离层外周圈再安装加强层（3）。加强层由钢筋构成，形式有螺旋箍筋加强或钢筋笼加强。

---

❶ （2014）民提字第 89 号。

即使不阅读说明书，仅从上述权利要求专业人士也不难发现权利要求存在明显问题：权利要求 1 中，"加强层（3）"作为具有多种截面形状用于混凝土中的轻质多孔材料填充体的组成部分之一，但是权利要求 3 中提到"在隔离层外周圈再安装加强层（3）"，将"加强层（3）"作为附加组成部分，其本身是自相矛盾的。而涉案专利说明书中明确提到"当轻质多孔材料强度较高或者施工现场能对填充管采取良好的保护措施时，加强层可以取消"。由此可见，发明人的技术方案是很清晰的，"加强层（3）"并非必要技术特征，那么，撰写权利要求时将其写入权利要求 1 显然是低级错误。

该错误在涉案专利保护中也带来致命的影响，该案件经过一审、二审、最高人民法院提审，最终最高人民法院将"加强层（3）"解释为必要技术特征之一，并依此判定专利权人的侵权主张不成立。最高人民法院在判决中给出具体分析内容如下：

《最高人民法院关于审理侵犯专利权纠纷案件应用法律若干问题的解释》（法释〔2009〕21 号）第五条规定："对于仅在说明书或者附图中描述而在权利要求中未记载的技术方案，权利人在侵犯专利权纠纷案件中将其纳入专利权保护范围的，人民法院不予支持。"本案中，涉案专利说明书中提到"当轻质多孔材料强度较高或者施工现场能对填充管采取良好的保护措施时，加强层可以取消"，而在涉案专利权利要求 1 中明确记载"填充体由轻质多孔材料（1）、隔离层（2）、加强层（3）组成"，可见，涉案专利权利要求中并未包括说明书中描述的可以取消加强层的技术方案。根据上述规定，取消加强层的技术方案不属于涉案专利的保护范围，加强层是确定涉案专利保护范围必须考虑的技术特征之一。

本案中，保兴公司制造和销售的被诉填充体本身缺少涉案专利权利要求 1 中记载的加强层，对此双方均无争议，因此被诉填充体本身没有落入涉案专利的保护范围。

以上案例中，虽然不清楚涉案专利撰写明显错误的具体产生过程和背景，但是可以确认的是该瑕疵并不难发现，在撰写中稍加留意就可以避免。

（二）专利撰写时缺乏对细节的关注和敏感度，导致后续维权失败

有些撰写缺陷并不明显，但是如果撰写人员经验更丰富，或者进行必要的审核，仍是比较容易避免的。如余某某与梁某某侵害实用新型专利纠纷二审民事案件❶中反映的就是权利要求撰写时，没有充分关注与说明书附图的一致性，导致权利要求的保护范围不包括附图显示的技术方案，进而不能对附图的技术方案主张纳入专利保护范围。

在余某某与梁某某侵害实用新型专利权纠纷二审民事案件中，涉案专利是专利号为 ZL201420061918.2，名称为"一种筷子自动生产机"的实用新型专利，权利要求 1 记载的技术方案为筷子自动生产机包括机架，其特征在于所述的机架由多组机体组成，每组机体由进料系统、传料系统、锯料机构以及出料系统组成，其中进料系统由上料格和推料机构组成，出料系统由料槽、料斗、汽缸推料板以及废料输出机构组成。涉案说明书"具体实施方式"记载的优先实施例的文字与权利要求 1 记载的文字含义上相同，即每组机体由进料系统、传料系统、锯料机构以及出料系统组成，进料系统由上料格和推料机构组成，出料系统由料斗和废料输出机构组成。但是说明书的附图 1 显示的是，并非每一组机体均包含进料系统、进料系统中的上料格和出料系统中的废料输出机构。

专利权人主张被诉侵权产品的全部技术特征与其专利保护范围的全部技术特征构成文字含义相同，但本案事实表明，被诉侵权产品并非每一组机体均有上料格和废料输出机构，不符合权利要求 1 文字描述的技术特征，被诉侵权产品的技术方案与附图显示的实施例相同。最终，广东省高院认定：根据《专利侵权司法解释》第 5 条"对于仅在说明书或者附图中描述而在权利要求中未记载的技术方案，权利人在侵犯专利权纠纷案件中将其

❶　参见（2015）粤高法民三终字第 499 号。

纳入专利权保护范围的，人民法院不予支持"的规定，因附图描述的技术方案并未在权利要求中予以记载，即使被诉侵权产品的技术方案与附图的技术方案相同，被诉侵权产品亦未落入涉案专利的保护范围。

此类撰写问题，虽然避免的难度不大，但在实践中并不少见。撰写过程中，发明人因为没有专利专业知识，并不会想到检查附图的方案是否与说明书描述完全一致，是否涵盖在权利要求中，特别是附图中标记较多的时候；企业内部的专利工程师、外部专利代理人，虽有相关专利知识，但有些由于撰写经验不足、敏感度不够，或者其他原因，对这些细节可能忽视。撰写不到位直接导致专利权人维权时的被动，甚至失败，专利权人最终还是要为撰写的不足而买单。因此，建议在前期的专利撰写中，对撰写人的经验设置一定的门槛要求，可以减少一些因经验不足造成的错误；同时考虑建立审核机制，设定合理、必要的撰写审核要求和审核明细，尽早发现并解决一些撰写细节问题。如果专利权人没有人力或能力做该项工作，则需要在选择代理机构和代理人时多考察和筛选，并给出精细化撰写要求和不合规时的违约责任。

（三）专利撰写时对技术理解不到位，导致后续维权失败

在专利侵权判定时字面相同侵权不成立时需要适用等同原则判断，在这种情况下撰写的细节会影响等同原则的判断，其中有些撰写细节的失误是由于发明人员或撰写人员对技术理解有限所导致的。

在大连仁达新型墙体建材厂与大连新益建材有限公司专利侵权纠纷案❶中，涉案专利为 ZL98231113.3 涉及一种混泥土薄壁筒体构件，该专利的权利要求 1 内容为："一种混泥土薄壁筒体构件，它由筒管和封闭筒管两端管口的筒底组成，其特征在于所述筒底以至少二层以上的玻璃纤维布叠合而成，各层玻璃纤维布之间由一层硫铝酸盐水泥无机胶凝材料或铁铝酸盐水泥无机胶凝材料粘接……"被控侵权产品与涉案专利相比，被控侵权产品的筒管部分少一层玻璃纤维布，筒底部分没有玻璃纤维布。对于被控

---

❶ 参见（2005）民三提字第 1 号。

侵权筒管部分在水泥无机胶凝材料中有一层玻璃纤维布是否属于与专利相应技术特征的等同特征，最高人民法院认为：

> 根据《中华人民共和国专利法》第 56 条第 1 款的规定，发明或者实用新型专利权的保护范围以其权利要求的内容为准，说明书及附图可以用于解释权利要求。由于本案专利权利要求书在叙述玻璃纤维布层数时，明确使用了"至少二层以上"这种界限非常清楚的限定词，说明书亦明确记载玻璃纤维布筒的套叠层"可以少到仅两层"，故在解释权利要求时，不应突破这一明确的限定条件。应当认为，本领域的普通技术人员通过阅读权利要求书和说明书，无法联想到仅含有一层玻璃纤维布或者不含玻璃纤维布仍然可以实现发明目的，故仅含有一层玻璃纤维布或者不含有玻璃纤维布的结构应被排除在专利权保护范围之外。否则，就等于从独立权利要求中删去了"至少二层以上"，导致专利权保护范围不合理地扩大，有损社会公众的利益。

该案例中，如果撰写人员在技术方面了解得更深入和全面，知道一层玻璃纤维布或者不含玻璃纤维布也可以实现发明目的，则可以考虑不将其列为必要技术特征。当然，缺少该技术特征后的权利要求新颖性、创造性是另一个需要考虑的问题。当考虑如何平衡新颖性、创造性与保护范围时，笔者建议优选的方式是分层次设计发明目的、技术效果，进而设计不同层次的权利要求，即在独立权利要求中列入尽可能少的技术特征，解决一个基本的技术问题，达到对应的或基本的效果，在从属权利要求中逐步增加技术特征，解决进一步的技术问题，达到更多或更好的效果。此类权利要求的安排，使得权利人有可进可退的空间，如果直接获得授权则保护范围较大，如果独立权利要求有新颖性、创造性问题，也可以通过修改获得授权。

（四）审查过程、无效过程中的意见陈述，可能会导致后续专利保护的被动

这方面主要涉及专利侵权中的禁止反悔原则，具体而言就是：专利申

请人或者专利权人在专利授权或者无效宣告程序中，通过对权利要求、说明书的修改或者意见陈述而放弃的技术方案，在专利侵权纠纷中不能将其纳入专利权的保护范围。因此，在答复审查过程中、无效过程中，专利申请人或专利权人需要认真考虑，是否放弃了将来侵权诉讼中被告可能用到的方案，或者可能被认定等同侵权的技术方案。

在湖北午时药业股份有限公司与澳诺（中国）制药有限公司、王某某侵犯发明专利权纠纷案❶中，涉案专利是专利号为 ZL95117811.3，名称为"一种防治钙质缺损的药物及其制备方法"的发明专利。涉案专利权利要求 1 中记载的特征是"活性钙"，被诉侵权产品的相应技术特征为"葡萄糖酸钙"，因此，活性钙是否包含葡萄糖酸钙，或者说活性钙和葡萄糖酸钙是否等同，是本案判定侵权的关键问题之一。专利权人主张构成等同，但是涉案专利申请公开文本权利要求 2 以及说明书明确记载，可溶性钙剂是"葡萄糖酸钙、氯化钙、乳酸钙、碳酸钙或活性钙"，且说明书给出分别以葡萄糖酸钙作为原料、以活性钙作为原料的两个实施例。可见，在专利申请公开文本中，葡萄糖酸钙与活性钙是并列的两种可溶性钙剂。在专利授权程序中专利权人对权利要求 1 进行的修改，放弃了包含"葡萄糖酸钙"技术特征的技术方案。因此，法院最终适用禁止反悔原则，认为被诉侵权产品的相应技术特征葡萄糖酸钙，属于专利权人在专利授权程序中放弃的技术方案，不应当认为其与权利要求 1 中记载的"活性钙"技术特征等同而将其纳入专利权的保护范围。

值得提及的是，该案一审法院、二审法院均以涉案专利的申请人对权利要求书进行的修改只是为了使其权利要求得到说明书的支持，并非因此而使其申请的专利具有新颖性或创造性，故此修改不产生禁止反悔的效果。但最高人民法院并没有区分修改的目的和作用，而是在满足专利申请人自行放弃的条件下则适用禁止反悔。笔者也赞同最高人民法院对禁止反悔原则适用的判断，无须判断专利申请人的修改出于何种目的，只要是自行作

---

❶ （2009）民提字第 20 号。

出的选择和放弃即可在侵权诉讼中适用禁止反悔原则。因此，专利申请人在答复审查的过程中、专利权人在无效过程中，需要谨慎措辞，争取授权或维持有效的同时，尽力避免对技术方案的放弃。

与本案技术类似情形的专利，较为适合的撰写方式是：在独立权利要求中给出上位概念，然后从属权利要求中并列或分别提及几个下位概念。在撰写说明书时，为了支持权利要求的保护范围，往往会在说明书中撰写多种实施方式。但是，撰写权利要求时，为了控制权利要求的数量，权利要求（通常是从属权利要求）中往往只记载发明人认为重要的技术方案。需要提示的是，这种撰写方式，在适用等同原则时，很容易导致在说明书中描述而在权利要求中没有记载的技术方案被视为捐献，无法纳入保护范围。

（五）对侵权判定原则不了解，导致专利保护受限

目前，专利撰写的从业人员，包括企业内部的专利工程师和外部的专利代理人，通常对专利撰写的要求很熟悉，但是对专利侵权判定相对陌生，导致很难在撰写时考虑减少侵权判定中的被动。

在王某某与董某某侵害发明专利权纠纷案❶中，法院基于权利人披露等同方案却没有将其写入权利要求的事实推定权利人明知等同方案的存在却依然选择放弃该方案，因而适用捐献原则。该案其中一项涉案专利是专利号为 ZL201120536441.5、名称为"一种海藻类物料加工设备及其出料装置"的实用新型专利。根据该涉案专利权利要求 10 的记载，"所述取饼构件安装在所述第一层架组件上并可随所述第一层架组件一起移动，所述取饼构件具有至少两个爪腿"，即该专利权利要求保护的是至少有 2 个爪腿的取饼机构，而被控侵权技术方案的对应特征为带有多个刺针的取饼机构，故两者为不相同的技术特征。权利人主张刺针与爪腿所起的功能、效果是一样的，且为本领域常见手段的简单替换，因而两者为相等同的技术特征。与权利要求撰写不同的是，涉案专利说明书记载："根据本实用新型的加

---

❶　（2014）闽民终字第 407 号。

工设备利用成段分布在输送链上的承接件组合段或带空档的输送带配合刺针或爪式取饼机构完成对干燥后的成品料饼从料盘内抓取并输送至机外的作业。"可见，说明书已经清楚介绍取饼机构可分为刺针和爪式取饼机构，刺针取饼机构和爪式取饼机构为解决技术问题的两种不同方案，只是权利要求中没有提到刺针结构。专利权利要求中不仅没有根据多种选择方案进行上位，也没提及并列可选的技术方案，直接导致专利权人败诉。法院认为：由于在取饼机构中采用刺针构件为常见的手段，普通技术人员根据权利要求书及说明书的记载能够得出采用刺针构件与其他专利技术特征组合形成新技术方案的技术启示，该技术启示即为涉案专利的权利人对社会公众的捐献。基于以上分析，权利人在该案中关于爪式构件与刺针构件构成等同替换与前述司法解释的规定不符，不予支持。如果在撰写时，权利要求能对刺针和爪式取饼机构进行上位概括，或并列提及，则可以避免侵权中被适用捐献原则。

撰写时通常对专利主体名称没有过多关注，但是如果撰写人清楚在侵权判定中主题名称在一定条件下对专利权保护范围会有限定作用，则会更为谨慎地撰写主题名称。例如，根据再审申请人星河公司与被申请人润德公司侵害发明专利权纠纷案❶中，"虽然在确定并列独立权利要求的保护范围时，被引用的独立权利要求的特征均应当予以考虑，但其对该并列独立权利要求并不必然具有限定作用，其实际的限定作用应当根据其对该并列独立权利要求的技术方案或保护主题是否有实质性影响来确定"。查明事实后，最高人民法院认为："根据涉案专利权利要求1记载的产品技术特征，可以推定权利要求6记载的复合装置必然具备生成上述区别技术特征的部件。可见，权利要求1记载的技术特征对于权利要求2和权利要求6产生了实质性的影响，具有限定作用。被诉侵权产品没有通孔或纹路和凸起，星河公司亦未举证证明被诉侵权的装置具备生成上述特征的部件，因此，可以推定被诉侵权的装置不同于权利要求6

---

❶ （2013）民申字第 790 号。

所记载的装置，也未使用被诉侵权的方法。"试想，如果专利权人在并列独立权利要求 6 主题名称中不提及权利要求 1，则在权利要求 1 中记载的通孔或纹路和凸起这些技术特征不会被解读到权利要求 6 中，案件的结果就会有实质变化。

撰写方法权利要求时，步骤之间的顺序如果可以调换，且调换时产生技术效果的实质性改变，则需要考虑撰写不同的独立权利要求，因为改变方法专利的步骤顺序不一定能够被认定构成等同侵权。在再审申请人乐雪儿公司与被申请人陈某某等侵害发明专利权纠纷案❶中，被诉侵权方法与涉案专利权利要求 1 方法相比有两处调换步骤，但认定结果不同：调换后的步骤与涉案专利权利要求 1 的第 6 步、第 7 步属于相等同的技术特征，调换后的步骤与涉案专利权利要求 1 的第 10 步、第 11 步不构成等同技术特征。最高人民法院给出的分析依据是：方法专利的步骤顺序是否对专利权的保护范围起到限定作用，从而导致发生步骤顺序改变时限制等同原则的适用，关键在于所涉步骤是否必须以特定的顺序实施以及这种顺序改变是否会带来技术功能或者技术效果上的实质性差异。尽管专利权人在说明书中未记载步骤 6、步骤 7 可以调换，记载了步骤 10、步骤 11 可以调换，但是最终判决结果并不是依据说明书的记载而定，而是结合技术方案、技术问题和效果做了深入分析。这势必对方法权利要求保护范围的确定带来不确定性，撰写阶段能够做的就是在说明书中写明可以调换的步骤，并对有实质性技术效果和技术功能的调换步骤，撰写不同组的权利要求。

以上案例反映出部分专利撰写、答复不当影响后续专利保护的情况，有的属于比较基础的撰写问题，如上文提到的问题 1~4，主要体现在独立权利要求必要技术特征的确定、并列技术方案的概括或全面囊括、答复审查的谨慎处理，通常专利权人在撰写、答复审查环节时做出一定努力是可以避免上述问题的，代理人负责任地撰写、答复也应可以避免；有的问题，

---

❶ （2013）民提字第 225 号。

如问题 5, 则有些难度, 需要有一定专利侵权判定知识和经验才能克服。因此, 笔者建议对于重要程度不同的技术方案, 在撰写时应配备不同的撰写资源, 对重要技术给予更多关注, 保障撰写投入和技术重要度相匹配。同时, 建议专利权人在有条件的情况下考虑在内部建立专利审核机制, 或者要求代理机构内部有审核机制, 避免单一人员出现工作盲区或疏忽。此外, 专利撰写人员对专利侵权诉讼案件应给予关注, 及时了解专利侵权判定规则的动态, 深入理解专利侵权判定的规则和尺度, 用这些理解反馈并指导专利撰写和答复审查。

此外, 在上述探讨具体权利要求撰写的基础上, 专利权人还需要考虑整体权利要求的布局, 构造不同层次的保护范围, 为审查过程中、无效程序中提供空间和机会, 也为授权后维权提供空间。同时, 随着技术的发展, 各行业各领域产业链的分工细化, 为了能够在专利保护时精准打击竞争对手, 撰写方面还需要关注更多的针对性撰写问题, 这必将面临更高的挑战。对此不再展开描述, 但是有必要再次提示前期撰写、答复的专业性和重要性不容忽视, 否则专利授权也无法达成预期目的。

第三章　专利司法保护的基本问题

第一节　专利保护范围的确定

一、发明和实用新型专利权利要求解释

（一）权利要求解释的概念及必要性

专利权作为一种无形财产权，其保护客体是发明创造，属于智力活动成果，由于其具有无形性，因此需要在法律上对其保护范围进行界定。判断他人的行为是否构成侵犯专利权的行为，需要判断其行为客体是否落入其专利权的保护范围，这与一般有形财产权的保护明显不同。❶ 同时，专利作为专利权人的独占性利益，其保护范围的大小也直接关系到专利权人因专利技术而获得利益多寡和社会公众对该专利技术的使用，体现了专利制度在寻求专利权人个人私益与社会公众利益之间的平衡。所以，必须要有一种方式，使公众能够以足够确定的程度知道什么是受到专利保护的技术，而权利要求即是这种方式的具体表现。

专利权利要求是专利申请人在申请文件之一的权利要求书中记载的请求事项，其独立权利要求的文字记载应反映发明或实用新型为解决其技术问题不可缺少的必要技术特征，而从属权利要求的记载则用附加技术特征对所引用的权利要求做进一步的限定，❷ 并且权利要求应当以说明书为依

---

❶　尹新天：《中国专利法详解》，知识产权出版社 2012 年版。

❷　《专利法实施细则》第 20 条。

据，说明申请人请求保护的范围。可见，专利权利要求在法律上的第一含义是向社会公开了该发明或实用新型的技术方案是什么，由哪些可分解的技术特征构成。按首创职权分开原则的德国的解释论，专利审批过程中形成的专利权利要求范围是对世的绝对权利范围，除非依特定特效程序，其他任何机关不得触及其有效性。

专利权的保护范围是指专利排他性请求权效力所及的客观范围。就我国专利制度而言，我国《专利法》第 59 条直接表述了权利要求和保护范围的关系，即"发明或实用新型专利权的保护范围以其权利要求的内容为准，说明书和附图可以用于解释权利要求"。换言之，专利的保护范围是通过对权利要求解释后形成的，是满足一个权利要求的内容和在说明书及附图中所有公开这两个要件所及的范围。正如法条所述，保护范围不以权利要求的文字记载为准，而以权利要求的内容为准，这为解释留下了空间。

专利权利要求解释，是指对发明和实用新型的权利要求进行说明，明确专利权利要求的真实含义，以合理界定其保护范围的过程。可以说，权利要求的解释是整个专利制度的核心。因此，有学者称，"专利是权利要求的游戏"。❶ 美国联邦巡回上诉法院曾经对专利权利要求解释作出如下概括："专利权利要求解释只是一种对原始简单书写的权利要求进行详细叙述的方式，目的在于理解和解释权利要求的范围，而不是改变权利要求的范围。" ❷

在专利侵权诉讼中，首要问题便是明确涉案专利的权利要求，通过一定的解释方法来界定涉案专利的权利保护范围，并将被控侵权的产品或方法与专利产品或方法一一进行技术比对，从而判定被控侵权的产品或方法是否落入专利权保护的范围。解释专利权利要求的过程并不是一蹴而就的，首先需要解释主体对涉案专利的权利要求有一个正确的认知，全面了解专利的性质，并对专利说明书、附图甚至摘要进行全面细致的解读，在此基

---

❶ 闫文军：《专利权的保护范围——权利要求解释和等同原则的适用》，知识产权出版社 2007 年版，第 1 页（前言）。

❷ 同上书，第 31 页。

础上还需要遵循各项解释规则再进行权利要求的解释。

（二）权利要求解释的原则

发明或者实用新型的专利文件均包括说明书、权利要求书、附图以及说明书摘要等，尽管各国专利法一般都规定专利权的保护范围以其权利要求的内容为准，但是在对权利要求本身的解释上存在适用不同原则的问题。综观各国的司法实践和理论研究，主要有三种权利要求解释原则：中心限定解释原则、周边限定解释原则和折中解释原则。

1. 中心限定解释原则

中心限定解释原则主张"权利要求的文字所表达的范围仅仅是专利权保护的最小范围，可以以权利要求书记载的技术方案为中心，通过说明书及其附图的内容全面理解发明创造的整体构思，将保护范围扩大到四周的一定范围"。❶根据中心限定解释原则，专利权的保护范围一般可以分为三个部分：（1）由专利权利要求书中语言文字记载所表达的技术方案；（2）与专利权利要求书中文字记载所表达技术方案相同的技术方案；（3）通过结合其他专利文件所展现的整体发明构思。

中心限定解释原则的优点是将发明创造的整体构思纳入专利权保护范围，将权利保护范围扩展到专利权利要求中语言文字记载的含义之外。这往往突破了专利权利要求所记载的范围边界，能为专利权人提供全面的保护，有利激发发明人进行发明创造的积极性。同时，中心限定解释原则也存在明显的缺陷。在专利侵权诉讼中适用中心限定解释原则，法院需要花费大量的精力和资源去探究发明人对社会的真正贡献，甚至有时需要推断发明人的意图。因此，法院做出的结论往往带有强烈的主观色彩，具有较强的不确定性，致使专利权利边界模糊不清，公众难以知晓专利权的确切保护范围。中心限定解释原则在保护专利权人利益、促进技术创新方面具有积极作用，但由于对权利要求的解释并不严格遵循权利要求书的文字表述，导致专利权的保护范围对社会公众而言显得并不确定，一定程度上损

---

❶ 国家知识产权局条法司：《新专利法详解》，知识产权出版社 2001 年版，第 310 页。

害了社会公众的利益，导致利益失衡。

2. 周边限定解释原则

周边限定解释原则是指在对专利权利要求进行解释时，要严格依照权利要求书中记载的语言文字进行解释，不得超越语言文字记载所表达的范围，是一种保守和谨慎的解释方式。依照此原则，专利权保护的最大范围就是权利要求文字记载的范围，但在实际情况中，专利权获得的保护范围往往要小于权利要求书中语言文字所表达的范围。周边限定解释原则最大的优点在于专利权利保护范围的相对确定，在专利授权程序、确权程序以及侵权诉讼程序中针对权利要求进行解释所得出的结论基本一致，同时可以将专利权的最大保护范围清楚展现。但是这种严格、刻板的解释方法对专利权人非常不利，因为只要他人在分析其专利权利要求之后，对专利权利要求书中记载的技术特征稍加改动，与专利权利要求在语言文字表达上出现少许差异，就往往被法院认定为不落入专利权的保护范围。且在实践中，严格、谨慎的字面解释往往大大限缩了专利权的实际保护范围。

在周边限定解释原则下，一方面，相对狭窄的专利权保护范围不能满足对专利权人的充分保护，也不利于激发和鼓励发明人进行技术创新的积极性。另一方面，也迫使专利权人撰写出更严谨、更冗长的权利要求书，不利于对专利权进行灵活、高效的保护。因此，在适用周边限定解释原则时，常常配套适用等同原则，以弥补周边限定解释原则的固有缺陷。

3. 折中解释原则

由于中心限定解释原则和周边限定解释原则都存在较大缺陷，在司法实践中又逐步发展出一种新的解释原则，即对中心限定解释原则和周边限定解释原则进行折中处理，在对专利权利要求进行解释时，以专利权利要求书中记载的文字内容为基本依据，但不拘泥于权利要求书的文字或措辞，而是结合说明书和附图对权利要求书进行补充解释，划定专利权的保护范围。

采取折中解释原则，专利权保护范围一般被分为两大部分：（1）由专利权利要求书中语言文字记载的技术方案内容；（2）与专利权利要求书中语言文字记载的技术方案相等同的内容。折中解释原则的优点在于其既不像中心限定解释原则那样，以总的发明构思来任意扩展专利权保护范围，又不像周边限定解释原则刻板地将专利权保护范围局限于语言文字所表达的范围。在专利侵权诉讼中，当发现权利要求记载的技术方案含义不清时，法院可以通过说明书及附图对其进行补充解释，以使其清晰、明确；当发现虽然权利要求记载的技术方案清楚明确，但专利权保护范围过宽时，法院可以通过说明书及附图来进行适当地限缩解释；反之，当发现虽然权利要求记载的技术方案清楚明确，但专利权保护范围过窄时，则通过说明书及附图进行适当地扩张解释。当然，"在解释权利要求时，不能只是在个别情况下根据说明书界定权利要求的含义，而是在任何时候都根据说明书阅读权利要求书，将权利要求书与说明书结合起来确定权利要求的含义"。❶在采用折中解释原则的情况下，说明书和附图在对专利权利要求进行解释时往往具有重要作用，只有合理地运用说明书和附图进行补充解释，才能更准确地把握专利权的保护范围。

正是由于折中解释原则存在上述优势，因此，"在实行专利制度的过程中，不同国家在不同历史时期的确尝试过不同的做法，有的比较偏向周边限定论，有的比较偏向中心限定论，但是从发展的趋势来看，都多多少少走向了两者的折中"。❷但折中解释原则也存在着不足，其最大缺陷在于难以认定等同范围。这是由于专利权利要求书中，文字记载技术方案的含义基本确定，而在具体专利侵权诉讼中，等同范围的认定则会因为不同的判断标准导致出现不同的保护范围。因此，在具体的个案时，需要根据案件情况进行具体分析，灵活运用不同的解释规则，以确保准确界定专利权的保护范围。

（三）权利要求解释的依据

如前所述，我国《专利法》第 59 条第 1 款的规定给专利权利要求的解

---

❶　闫文军：《专利权的保护范围——权利要求解释和等同原则适用》，法律出版社 2007 年版，第 88 页。

❷　国家知识产权局条法司：《新专利法详解》，知识产权出版社 2001 年版，第 310 页。

释留下空间，同时"发明或者实用新型专利权的保护范围以权利要求的内容为准"也说明解释权利要求的首要资料是权利要求书本身，权利要求书对于确定其中术语的含义可以提供实质性的指导。但这并不意味着在解释权利要求确定专利权保护范围时只需要依据权利要求书的内容。权利要求是确定专利权保护范围的依据，但仅仅通过阅读权利要求书是难以确定所要保护的技术方案的准确含义的。

《最高人民法院关于审理侵犯专利权纠纷案件应用法律若干问题的解释》第2条规定："人民法院应当根据权利要求的记载，结合本领域普通技术人员阅读说明书及附图后对权利要求的理解，确定专利法第五十九条第一款规定的权利要求的内容。"第3条规定："人民法院对于权利要求，可以运用说明书及附图、权利要求书中的相关权利要求、专利审查档案进行解释。说明书对权利要求用语有特别界定的，从其特别界定。以上述方法仍不能明确权利要求含义的，可以结合工具书、教科书等公知文献以及本领域普通技术人员的通常理解进行解释。"

《最高人民法院关于审理侵犯专利权纠纷案件应用法律若干问题的解释（二）》（以下简称《专利侵权司法解释二》）第3条规定："因明显违反专利法第二十六条第三款、第四款导致说明书无法用于解释权利要求，且不属于本解释第四条规定的情形，专利权因此被请求宣告无效的，审理侵犯专利权纠纷案件的人民法院一般应当裁定中止诉讼；在合理期限内专利权未被请求宣告无效的，人民法院可以根据权利要求的记载确定专利权的保护范围。"第4条规定："权利要求书、说明书及附图中的语法、文字、标点、图形、符号等存在歧义，但本领域普通技术人员通过阅读权利要求书、说明书及附图可以得出唯一理解的，人民法院应当根据该唯一理解予以认定。"第6条规定："人民法院可以运用与涉案专利存在分案申请关系的其他专利及其专利审查档案、生效的专利授权确权裁判文书解释涉案专利的权利要求。专利审查档案，包括专利审查、复审、无效程序中专利申请人或者专利权人提交的书面材料，国务院专利行政部门及其专利复审委员会制作的审查意见通知书、会晤记录、口头审理记录、生效的专利复审请求审查决定书和专利权无效宣告请求审查决定书等。"

依据上述司法解释的规定，除了权利要求书本身以外，对专利权利要求进行解释时还需要借助内部证据和外部证据，这样才能准确地界定权利保护范围。所谓"内部证据"，包括说明书及附图、专利审查档案，以及涉案专利存在分案申请关系的其他专利及其专利审查档案、生效的专利授权确权裁判文书。其中，说明书包括专利的所有信息，例如，发明目的、现有技术、对发明所解决的问题的描述等。附图的功能主要体现在理解权利要求书中的技术方案上，但一般来说对专利保护范围没有限定作用。说明书和附图对于确定权利要求中的用语的含义以及帮助本领域技术人员理解权利要求书具有重要意义，是解释权利要求的重要参考资料。专利审查档案是申请人在专利审查过程中提交给专利审查机构的资料和陈述材料，包括申请人与审查员之间就专利申请问题交换意见的材料，如申请人对审查员意见的陈述，对权利要求作出的补正等。专利审查档案虽不是专利授权文件，但是公众可以到专利行政管理机构查阅其内容，公众可以借助审查档案理解发明创造的内容，进而更为合理地对权利要求进行解释。所谓"外部证据"，指的是与专利有关的除了内部证据以外的所有证据，通常包括工具书、教科书、技术手册、技术辞典等公知常识性证据以及本领域普通技术人员的通常理解。但权利要求的含义不能脱离内部证据的上下文语境而只依赖外部证据进行解释。将解释权利要求的依据分为内部证据和外部证据，目的在于使专利权利要求解释更客观。在授予专利后，公众可以在专利局的档案中查询内部证据，并且其内容在专利授权后以及在诉讼发生时都不会变化，公众可以通过内部证据变化了解到权利要求范围的变化并进而合理界定权利要求保护范围，还可以依赖这些证据进行回避专利设计，比如采用该过程中被专利申请人或专利权人放弃的或被排除的技术方案。外部证据的主要作用是用来帮助法官了解相关领域的专业知识，以及在专利申请文件和专利审查记录中相关词汇的含义，但是对于权利要求的解释，原则上要优先考虑内部证据，只有在利用内部证据仍不能明确权利要求含义时，才需要考虑外部证据，否则可能会损害权利要求向社会公示的职能。

（四）权利要求解释的"时机"

有观点认为，对于专利权利要求保护范围的解释应该严格把握解释时机，以权利要求不清楚或者没有明确的唯一含义为前提，即当权利要求本身的文字含义清楚时，不能采用说明书、附图、审查历史档案等内部证据对权利要求进行解释，只有权利要求不清楚、没有明确含义时，才能运用前述内部证据对权利要求进行解释。❶ 最高人民法院在早先的判决中也表达过类似的观点，认为"在确定专利权的保护范围时，既不能将专利权保护范围仅限于权利要求书严格的字面含义上，也不能将权利要求书作为一种可以随意发挥的技术指导。确定专利权的保护范围，应当以权利要求书的实质内容为基准，在权利要求书不清楚时，可以借助说明书和附图予以澄清"；"说明书和附图只有在权利要求书记载的内容不清楚时，才能用来澄清权利要求书中的模糊不清的地方，说明书和附图不能用来限制权利要求书中已经明确无误记载的权利要求的范围"。❷

然而无论是在专利授权确权程序，还是在专利民事侵权程序中，只要涉及对权利要求含义的解释和确定，即使被请求保护的技术方案相对简单、权利要求内容看似清楚，但如果本领域普通技术人员在阅读说明书及附图之后，也可能会得出与该权利要求字面内容不同的理解。正如尹新天指出的："的确，很多人都有这样的亲身体会：仅仅阅读权利要求之后对发明创造的理解与再阅读整个专利文件之后的理解常常是很不相同的。这表明，对权利要求内容的解释十分必要，不应当将其理解为仅仅当权利要求书中存在不清楚之处，才需要进行解释，而是应当理解为在确定任何权利要求的保护范围时都需要对权利要求的含义进行解释。"❸

我国《专利法》第 26 条第 3~4 款对权利要求书和说明书之间的关系作出明确规定，要求说明书应该充分公开发明的技术方案，使得所属技术

---

❶ 刘庆辉："基于语境主义的专利权利要求解释"，载《电子知识产权》2016 年第 7 期。

❷ 最高人民法院（2001）民三提字第 1 号民事判决书。

❸ 尹新天：《中国专利法详解》，知识产权出版社 2012 年版，第 579 页。

领域的技术人员能够实现；权利要求书应当以说明书为依据，清楚、简要地限定要求专利保护的范围。因此，权利要求书与说明书之间具有不可分割的密切联系，这种认为当权利要求本身的文字含义清楚时，不需要采用说明书、附图等资料对权利要求进行解释的观点，显然割裂了权利要求书和说明书之间的关系，抛开说明书，对权利要求进行孤立的、片面的理解，违背了《专利法》第26条第3~4款关于专利说明书和权利要求书之间具有法定关系的规定。❶

经过不断的实践和总结，最高人民法院修正了先前的观点，明确指出："权利要求不可能对发明所涉及的全部问题表述无遗，需要通过说明书对要求保护的技术方案的技术领域、背景技术、发明内容、附图及具体实施方式等加以说明。为此，专利法明确规定了权利要求书和说明书之间的关系，要求说明书应该充分公开发明的技术方案，使得所属技术领域的技术人员能够实现；权利要求书应当以说明书为依据，清楚、简要地限定要求专利保护的范围。在专利法的上述法定要求下，说明书记载的上述内容对于理解权利要求含义更是不可或缺，两者具有法律意义上的密切关联性。说明书的上述内容构成权利要求所处的语境或者上下文，只有结合说明书的记载，才能正确理解权利要求书的含义。在这一意义上，说明书乃权利要求之母，不参考说明书及附图，仅仅通过阅读权利要求书即可正确理解权利要求及其用语的含义，在通常情况下是不可能的。权利要求的解释就是理解和确定权利要求含义的过程。在这个过程中，必须结合说明书及其附图才能正确解释权利要求。"❷ 最高人民法院的态度说明，无论权利要求中含有的技术方案简单抑或复杂，权利要求的含义是否清楚，对于权利要求的解释都应当结合说明和附图等内部证据进行理解。

---

❶ 刘庆辉："权利要求解释'时机论'再批判"，载知产力，www. zhichanli. com/article/3056. html，最后访问日期：2017年10月10日。

❷ 最高人民法院（2010）知行字第53-1号民事裁定书。

（五）权利要求的解释规则和方法

经过长期的研究与实践，对于在专利侵权诉讼中对专利权利要求进行具体的解释以合理确定专利权保护范围，形成一系列规则和方法。

1. 通常情况下，权利要求中的术语应理解为该术语在所属技术领域通常具有的含义

如果权利要求中所使用的术语在该专利所属的技术领域具有公认的规范含义，一般应当采用这一含义来解释该术语。按照这种方式进行的解释，符合本领域技术人员的一般理解，使得权利要求的解释更客观，权利要求的保护范围更明确。

在蓝鹰厂与罗某某侵犯实用新型专利权纠纷案❶中，罗某某是名称为"汽车方向盘锁"的实用新型专利（专利号为 ZL02231446.6）的专利权人，涉案专利权利要求中关于锁体内部结构的技术特征为："垂直大孔的两侧设有贯穿其中心的纵向孔。"被诉侵权产品锁体内部结构的技术特征为：垂直大孔两侧的纵向孔上下错位设置，分别与垂直大孔的中心相贯通，与垂直大孔形成"Z"形结构。

最高人民法院认为，"贯穿"不是一个专业技术术语，在涉案专利说明书中也没有对其含义作出特别界定，因此，应根据其通常含义进行解释。《现代汉语词典（第5版）》载明，"贯"的意思是"穿、贯通、连贯"，"贯穿"的意思是"穿过、连通"。也就是说，"垂直大孔的两侧设有贯穿其中心的纵向孔"的字面含义为两侧的纵向孔连通并且穿过垂直大孔中心。垂直大孔是立体的，其中心指的是其轴向中心线，而不是轴向中心线的中心。要实现这一点，垂直大孔两侧的纵向孔可以在一条直线上，与垂直大孔形成"十"字形结构，也可以上下错位设置，与垂直大孔形成"Z"形结构。因为垂直大孔和纵向孔都是中空的，上述两种结构均可以实现垂直大孔两侧的纵向孔连通并且穿过垂直大孔中心。根据涉案专利权利要求书和说明书的记载，垂直大孔两侧的纵向孔分别装设弹性定位掣和锁止原

---

❶ 最高人民法院（2011）民提字第 248 号民事判决书。

件，与垂直大孔中装设的转轴相配合实现锁紧和开锁，上述两种结构也均能实现这一目的。因此，关于锁体结构的技术特征，被诉侵权产品落入涉案专利权利要求的字面范围，与涉案专利相同。

最高人民法院的上述态度表明，在专利说明书对权利要求的用语无特别界定时，一般应根据本领域普通技术人员理解的通常含义进行解释，不能简单地将该用语的含义限缩为说明书给出的某一具体实施方式体现的内容。

另外，在西安秦邦公司"金属屏蔽复合带制作方法"专利侵权案❶中，最高人民法院指出，当本领域普通技术人员对权利要求相关表述的含义可以清楚确定，且说明书又未对权利要求的术语含义作特别界定时，应当以本领域普通技术人员对权利要求自身内容的理解为准，而不应当以说明书记载的内容否定权利要求的记载；但权利要求特定用语的表述存在明显错误，本领域普通技术人员能够根据说明书和附图的相应记载明确、直接、毫无疑义地修正权利要求的该特定用语的含义的，应根据修正后的含义进行解释。

2. 权利要求的术语在说明书中有明确的特定含义，应根据说明书的界定解释权利要求用语

专利权人有权选择技术术语和表达方式的自由，允许其采用的措辞的含义与通常理解不同，只要说明书满足专利法关于清楚完整的规定，使得本领域技术人员能够理解发明创造，并且确保权利要求中所使用的措辞和术语与说明书的措辞和术语一致，所以，说明书也被称为权利要求的辞典。说明书的这种解释作用最集中最典型的情形就是，说明书直接给出其所使用术语的定义，这种定义，既可以是对一个全新的、过去不曾存在过的概念的定义，也可以是对已知的概念在该专利中进行重新定义，只要这种定义不与本领域技术人员的通常理解完全相悖即可。

如在福建多棱钢公司与启东八菱钢丸公司专利侵权案❷中，对于当事

---

❶　最高人民法院（2012）民提字第 3 号民事判决书。

❷　最高人民法院（2010）民申字第 979 号民事裁定书。

人存在争议的专利权利要求的技术术语，最高人民法院认为，虽然该术语在相关行业领域并没有明确的定义，但涉案专利说明书中的记载指明其具有的特定含义，并且该界定明确了涉案独立专利权利要求的保护范围，所以，应当以说明书的界定理解权利要求用语的含义。

3. 当权利要求中的术语本身含混不清，或对权利要求的内容存在不同理解时，应根据说明书和附图进行解释

由于专利保护的对象是最新的发明创造，是现有技术中不曾有过的技术方案，因此，它常常走在已有辞典和技术专利著作的前面，也就常常导致文字表达上的困难。另外，在专利说明书或权利要求书中出现的常见的技术术语，其所表达的含义可能与该词的一般含义有所不同。同一个术语在不同的情况下其要表达的含义可能有所不同。

如前所述，说明书及附图作为最重要的内部证据，无论权利要求中的技术方案简单抑或复杂，都应通过说明书和附图对权利要求进行印证，考查两者的内容是否一致，这对正确理解权利要求，确定专利保护范围的界限非常重要。

在新绿环公司等与台山公司专利侵权案❶中，最高人民法院认为，根据《专利法》第 56 条第 1 款规定，如果对权利要求的表述内容产生不同理解，导致对权利要求保护范围产生争议，说明书及其附图可以用于解释权利要求。本案中，仅从涉案专利权利要求 1 对"竹、木、植物纤维"三者关系的文字表述看，很难判断三者是"和"还是"或"的关系。根据涉案专利说明书实施例的记载："镁质胶凝植物纤维层是由氯化镁、氧化镁和竹纤维或木糠或植物纤维制成的混合物。"由此可见，"竹、木、植物纤维"的含义应当包括选择关系，即三者具备其中之一即可。

4. 专利说明书及附图的例示性描述对权利要求解释的作用

说明书和附图是解释权利要求的重要参考依据，但对于其中的示例性描述，仅仅是作为众多方案中的有限的个别的实施方案，若以该示例性描

---

❶ 最高人民法院（2010）民申字第 871 号民事裁定书。

述对专利权保护范围进行限制，则会不当地缩小专利权的保护范围。

在徐永伟与华拓公司侵犯发明专利权纠纷案❶中，最高人民法院指出，运用说明书及附图解释权利要求时，由于实施例只是发明的例示，不应当以说明书及附图的例示性描述限制专利权的保护范围。最高人民法院认为，根据 2001 年修正的《专利法》第 56 条规定，发明或者实用新型专利权的保护范围以其权利要求的内容为准，说明书及附图可以用于解释权利要求。权利要求的作用在于界定专利权的权利边界，说明书及附图主要用于清楚、完整地描述专利技术方案，使本领域技术人员能够理解和实施该专利。而教导本领域技术人员实施专利的最好方式之一是提供实施例，但实施例只是发明的例示，因为专利法不要求、也不可能要求说明书列举实施发明的所有具体方式。因此，运用说明书及附图解释权利要求时，不应当以说明书及附图的例示性描述限制专利权的保护范围。否则，就会不合理地限制专利权的保护范围，有违鼓励发明创造的立法本意。

5. 权利要求中自行创设技术术语的解释规则

在再审申请人摩的露可厂与被申请人固坚公司侵害实用新型专利权纠纷案❷中，最高人民法院指出，由于人类语言相对于客观世界具有滞后性，其总是随着客观世界的发展、进步而不断丰富。对于一项申请日之前未出现过的新的技术方案而言，仅使用申请日之前已有的技术术语，专利申请人可能难以准确、客观地描述该技术方案相对于现有技术所作出的改进。因此，为了满足描述新的专利技术方案的客观需要，应当允许专利申请人在撰写专利申请文件时使用自行创设的技术术语。另外，由于自行创设的技术术语的含义并不为本领域普通技术人员所知悉，故专利申请人在使用自行创设的技术术语时，有义务在权利要求书或者专利说明书中对该技术术语进行清楚、准确地定义、解释或者说明，以使得本领域技术人员能够清楚地理解该技术术语在专利技术方案中的含义。

最高人民法院认为，在确定自行创设的技术术语的含义时，应当综合

---

❶　最高人民法院（2011）民提字第 64 号民事判决书。

❷　最高人民法院（2013）民提字第 113 号民事判决书。

考虑权利要求书、说明书、附图中记载的与该技术术语相关的技术内容。权利要求书、说明书中对该技术术语进行了清楚、明确的定义或者解释的，一般可依据该定义或者解释来确定其含义。权利要求书、说明书中未能对该技术术语进行清楚、明确的定义或者解释的，则应当结合说明书、附图中记载的与该技术术语有关的背景技术、技术问题、发明目的、技术方案、技术效果等内容，查明该技术术语相关的工作方式、功能、效果，以确定其在涉案专利整体技术方案中的含义。

6. 主题名称对专利权保护范围具有限定作用

在星河公司与被申请人润德公司侵害发明专利权纠纷案❶中，最高人民法院认为，根据《专利法实施细则》第21条规定，发明或者实用新型的独立权利要求应当包括前序部分和特征部分，前序部分写明要求保护的发明或者实用新型技术方案的主题名称和发明或者实用新型主题与最接近的现有技术共有的必要技术特征，特征部分写明发明或者实用新型区别于最接近的现有技术的技术特征，这些特征和前序部分写明的特征合在一起，限定发明或者实用新型要求保护的范围。因此，通常情况下，在确定权利要求的保护范围时，权利要求中记载的主题名称应当予以考虑，而实际的限定作用应当取决于该主题名称对权利要求所要保护的主题本身产生了何种影响。因此，确定权利要求2和权利要求6的保护范围时，均应当考虑其主题名称对其所要求保护的主题本身实际上所起的限定作用。

其中，双方当事人均认可润德公司的被诉侵权产品与涉案专利权利要求1相比对，缺少"钢带上有若干矩形或圆形的通孔或钢带两侧轧制有纹路"和"两个加强肋之间塑料形状具有中间凸起"两个技术特征。涉案专利独立权利要求2记载了一种制造权利要求1所述的钢带增强塑料排水管道的方法，其步骤a记载：将挤出机与复合机头成直角布置，钢带从机头一端引入复合机头，并在机头内与塑料复合，经冷却、定型、牵引后成型为钢带增强塑料复合异型带材钢带。涉案专利独立权利要求6记载了一种

---

❶ 最高人民法院（2013）民申字第790号民事裁定书。

实施权利要求 2 所述方法的制造钢带增强塑料排水管的装置，包括将钢带与塑料复合形成具有钢带加强肋的异型带材的复合装置。从涉案专利权利要求书以及说明书记载的一步复合方式来看，普通钢带在权利要求 6 记载的复合装置中，经过权利要求 2 记载的步骤 a，形成复合异型带材，即钢带上有矩形或圆形的通孔或纹路，塑料熔融后在两个加强肋之间生成中间凸起。

最高人民法院认为，虽然权利要求书和说明书对形成通孔或纹路以及凸起的装置部件未作具体的结构描述，但根据涉案专利权利要求 1 记载的产品技术特征，可以推定权利要求 6 记载的复合装置必然具备生成上述区别技术特征的部件。可见，权利要求 1 记载的技术特征对于权利要求 2 和权利要求 6 产生实质性的影响，具有限定作用。

就本案涉案专利而言，权利要求 2 是一项方法权利要求，其在主题名称部分引用了在先的产品权利要求 1 的内容，即"一种制造权利要求 1 所述的钢带增强塑料排水管道的方法"，权利要求这样撰写的目的仅在于简化权利要求的撰写形式，权利要求 2 实际上相当于"一种制造包括一个塑料管体和与管体成一体的加强肋，加强肋内复合有增强钢带，其特征在于钢带上有若干矩形或圆形通孔或钢带两侧轧制有纹路，两个加强肋之间塑料形状具有中间凸起，管体的端部具有一个连接用的承接插头，承接插头的连接部具有密封胶或橡胶圈的一种钢带增强塑料复合排水管道的方法，其特征在于……"。同理，权利要求 6 主题名称为"一种实施权利要求 2 所述方法的制造钢带增强塑料排水管的装置"，其引用了从属权利要求 2，实质上仍包含权利要求 1 的技术特征。

因此，可以看出在该案中，最高人民法院在认定中综合考虑了权利要求 2 和权利要求 6 的主题名称即其中包含的权利要求 1 技术特征的限定作用。

7. 使用环境特征的解释

使用环境特征是指权利要求中用来描述发明所使用的背景或者条件的技术特征。涉及使用环境特征认定的专利侵权案件在近年来的司法实践中多有发生，但一直缺乏较为明确的判定标准。理论界和司法实务界对此问题主要存在两种观点：一种观点是被保护的主题对象必须用于该种使用环境；另一种观点是被保护的主题对象可以用于该种使用环境即可。对此，《最高人民法院关于审理侵犯专利权纠纷案件应用法律若干问题的解释（二）》第9条对使用环境特征正式作出规定，"被诉侵权技术方案不能适用于权利要求中使用环境特征所限定的使用环境的，人民法院应当认定被诉侵权技术方案未落入专利权的保护范围"，即采纳了上述第二种观点。

此前，在株式会社岛野与日骋公司侵犯发明专利权纠纷案❶中，最高人民法院就已经对关于环境特征的解释作出论述。最高人民法院认为，已经写入权利要求的使用环境特征属于必要技术特征，对于权利要求的保护范围具有限定作用；使用环境特征对于权利要求保护范围的限定程度需要根据个案情况具体确定，一般情况下应该理解为要求被保护的主题对象可以用于该使用环境即可，而不是必须用于该使用环境，但是本领域普通技术人员在阅读专利权利要求书、说明书以及专利审查档案后可以明确而合理地得知被保护对象必须用于该使用环境的除外。

8. 独立权利要求与从属权利要求区别解释的条件

《专利法实施细则》第20条规定："权利要求书应当有独立权利要求，也可以有从属权利要求。独立权利要求应当从整体上反映发明或者实用新型的技术方案，记载解决技术问题的必要技术特征。从属权利要求应当用附加的技术特征，对引用的权利要求作进一步限定。"因此，在专利实务中，考虑到权利人撰写不同权利要求的目的，尤其是在独立权利要求的基础上撰写从属权利要求，是为了限定出不同层次的保护范围，使得专利权的保护范围更明确、全面和立体，通常情况下，在解释权利要求确定保护范围时，往往会推定不同的权利要求具有不同的保护范围。

在再审申请人自由位移公司与被申请人英才公司、健达公司侵害发明专利权纠纷案❷中，最高人民法院指出，对不同权利要求进行区别解释，

---

❶ 最高人民法院（2012）民提字第1号民事判决书。
❷ 最高人民法院（2014）民申字第497号民事判决书。

将不同的权利要求解释为具有不同的保护范围，在通常情形下是必要和合理的。然而，语言文字本身存在一词多义，也可能存在多词同义的情形。加之申请人在撰写技巧、主观认识等方面的偏差，对于同一技术方案，有可能使用不同的技术术语，以不同的表述方式进行限定，从而出现不同的权利要求的保护范围相同，或者实质相同的情形。在此种情形下，机械地进行区别解释，无疑是有悖于客观事实的。因此，如果二者的保护范围相同或实质性相同，则不能机械地对二者的保护范围作出区别性解释。

9. 对方法专利权利要求中步骤顺序的解释

方法权利要求体现的是用于解决某个技术问题的流程、步骤的技术方案。而流程或步骤的顺序对该方法专利的保护范围是否具有限定作用，往往存在较大争议。

在 OBE 公司与康华公司专利侵权案❶中，最高人民法院认为，对于存在步骤顺序的方法发明，步骤本身以及步骤之间的顺序均应对专利权的保护范围起到限定作用。由于现行法律没有对是否应当在方法权利要求中限定各步骤的实施顺序进行规定，在权利要求没有对各步骤的实施顺序进行限定时，国务院专利行政部门在专利授权、确权程序中一般即根据各步骤在权利要求中记载的顺序对权利要求进行审查，而不会将权利要求的保护范围解释为能够以任意顺序实施各步骤。因此，在侵权诉讼中，不应以权利要求没有对步骤顺序进行限定为由，不考虑步骤顺序对权利要求的限定作用，而是应当结合说明书和附图、审查档案、权利要求记载的整体技术方案以及各个步骤之间的逻辑关系，从本领域普通技术人员的角度出发确定各步骤是否应当按照特定的顺序实施。

涉案专利的权利要求 1 为"一种制造弹簧铰链的方法。该铰链由至少一个外壳、一个铰接件和一个弹簧构成，其特征是该方法包括下述步骤：提供一用于形成铰接件的金属带；切割出大致与铰接件外形一致的区域；通过冲压形成一圆形部分以形成铰接件的凸肩；冲出铰接件的铰

---

❶ 最高人民法院（2008）民申字第 980 号民事判决书。

接孔"。根据涉案专利权利要求 1 记载的四个步骤，首先，供料步骤的作用在于为其他的步骤提供加工材料，因此，供料步骤必须在其他步骤之前实施。其次，切割步骤的作用是从金属带上切割出大致与铰接件外形一致的区域，根据说明书及附图，所述区域包括"用于形成凸肩 9 的基本形状"和"以后具有铰链孔范围 497 的至少一部分"，由于冲压步骤是对由切割步骤制成的"用于形成凸肩 9 的基本形状"进行冲压，冲孔步骤是在由切割步骤制成的"范围 497"内制作铰接孔，并且说明书中没有记载可以在切割步骤之前实施冲孔步骤或冲压步骤的技术内容，也没有给出相关的技术启示，本领域普通技术人员也难以预见到在切割步骤之前实施冲孔步骤或冲压步骤，也能够实现涉案专利的发明目的，达到相同的技术效果，因此，权利要求 1 中的切割步骤应当在冲压步骤和冲孔步骤之前实施。从说明书记载的内容看，虽然冲压步骤与冲孔步骤的顺序是可以调换的，但是，在实际加工过程中，一旦确定了二者的顺序，就只能依次进行。因此，最高人民法院认为，权利要求 1 中的四个步骤应当按照供料步骤、切割步骤、冲压步骤或冲孔步骤的顺序依次实施，各个步骤之间具有特定的实施顺序。

10. 母案申请对解释分案申请授权专利权利要求的作用

分案申请是一类特殊的专利申请，是为了保证专利申请人的正当利益不受损害，允许专利申请人将其在申请日提交的母案申请文件中已经披露，但因单一性等原因不能在母案中获得保护的发明创造另行提出专利申请，同时保留原申请日的一种制度。该制度在保护专利申请人利益的同时，为了平衡社会公众的利益，要求分案申请不得超出母案申请文件公开的范围，即不得在分案申请中补充母案申请文件未曾记载的新内容，以避免专利申请人将申请日后完成的发明创造通过分案申请抢占在先的申请日。因此，分案申请要受到母案申请文件的约束。

在邱某某与山东鲁班公司侵犯专利权纠纷案❶中，最高人民法院认为，

---

❶ 最高人民法院（2011）民申字第 1309 号民事裁定书。

母案申请构成分案申请的特殊的专利审查档案，在确定分案申请授权专利的权利要求保护范围时，超出母案申请公开范围的内容不能作为解释分案申请授权专利的权利要求的依据。

11. 关于封闭式权利要求的解释

关于封闭式权利要求及其解释规则，我国专利法及专利法实施细则没有明确规定，相关规定最早体现于国家知识产权局制定的 1993 年版《审查指南》。《审查指南》之所以将权利要求划分为开放式和封闭式两种表达方式，并总结了这两种权利要求所使用的不同措辞，是为了满足专利申请人申请专利时通过使用不同含义的措辞界定专利权保护范围的现实需求。一般来说，在机械领域发明或者实用新型技术方案中增加一个结构技术特征，并不会破坏原技术方案的发明目的，因此，机械领域发明或者实用新型专利申请文件中权利要求的撰写较多采用开放式表达方式，除非在要素省略发明等少数情况下可能采取封闭式表达方式，从而将被省略的要素排除在专利权保护范围之外。相反，由于化学组分的相互影响，在化学领域发明技术方案中增加一个组分，往往会影响原技术方案的发明目的的实现。因此，化学领域发明专利申请文件中权利要求的撰写有采用封闭式表达方式的较大需求。

根据《审查指南》中有关开放式、封闭式权利要求的具体规定可知，这两种权利要求由于使用措辞的含义不同，其保护范围也不同，由此也决定了在实质审查中获得授权难度的不同。开放式权利要求的保护范围较大，但在实质审查中更容易受到有关"新颖性""创造性"或者"权利要求得不到说明书的支持"等方面的质疑，增加了获得授权的难度；与此相反，封闭式权利要求更容易通过实质审查获得授权，但其授权后的保护范围较相应的开放式权利要求小。

在胡某某"注射用三磷酸腺苷二钠氯化镁"专利侵权案[1]中，最高人民法院就指出，对于封闭式权利要求，一般应当解释为不含有该权利要求

---

[1] 最高人民法院（2012）民提字第 10 号民事判决书。

所述以外的结构组成部分或者方法步骤；对于组合物封闭式权利要求，一般应当解释为组合物中仅包括所指出的组分而排除所有其他的组分，但是可以包含通常含量的杂质，辅料并不属于杂质。

在该案中，涉案专利属于化学领域的组合物专利，权利要求 2 为"一种注射用三磷酸腺苷二钠氯化镁冻干粉针剂，其特征是：由三磷酸腺苷二钠与氯化镁组成，二者的重量比为 100 毫克比 32 毫克"，采用"由……组成"这一措辞对组合物的组分进行限定。参照 2001 年版《审查指南》第二部分第十章"关于化学领域发明专利申请审查的若干规定"第 3.2.1 节的规定，涉案专利权利要求 2 属于组合物封闭式权利要求。在专利侵权诉讼程序中确定组合物封闭式权利要求的保护范围时，应当参照《审查指南》的相关规定，即组合物封闭式权利要求表示要求保护的组合物仅由权利要求所限定的组分组成，没有别的组分，但可以带有杂质，该杂质只允许以通常的含量存在。因此，涉案专利权利要求 2 要求保护的注射用三磷酸腺苷二钠氯化镁冻干粉针剂中，仅由三磷酸腺苷二钠与氯化镁组成，除可能具有通常含量的杂质外，别无其他组分。

最高人民法院认为，涉案专利权利要求 2 明确采用了《审查指南》规定的"由……组成"的封闭式表达方式，属于封闭式权利要求，其保护范围应当按照对封闭式权利要求的一般解释予以确定，即涉案专利权利要求 2 要求保护的注射用三磷酸腺苷二钠氯化镁冻干粉针剂仅由三磷酸腺苷二钠与氯化镁组成，除可能具有通常含量的杂质外，别无其他组分。辅料并不属于杂质，辅料也在涉案专利权利要求 2 的排除范围之内。

（六）专利授权确权程序及专利民事侵权程序中权利要求解释原则的差异

无论是授权确权程序中权利要求的解释，还是侵权判定程序中权利要求的解释，目的都在于澄清权利要求的模糊之处，合理界定权利要求的保护范围。因此，从理论上讲，在授权确权和侵权程序中，对权利要求保护范围的解释标准应当是一致的，这样才能最大限度地确保"专利权人和社会公众对于专利权的保护范围建立统一的预期，从而保障社会公众的可期待利益"。❶ 在实践中，由于授权确权程序和民事侵权程序的性质和任务不同，权利要求的解释规则可以存在一定的差异。

正如最高人民法院在再审申请人精工爱普生与被申请人专利复审委员会等发明专利权无效行政纠纷案中所指出的，无论是在专利民事侵权程序中，还是在专利授权确权程序中，解释权利要求所遵循基本原则应该是一致的，例如均应遵循说明书及附图、专利审查档案等内部证据优先、专利申请人自己的解释优先等解释规则。但是，由于专利民事侵权程序与专利授权确权程序中解释权利要求的目的不同，因此，在某些情形下又会存在一些差异。

最高人民法院认为，在专利授权确权程序中，解释权利要求的目的在于通过明确权利要求的含义及其保护范围，对专利权利要求是否符合专利授权条件或其效力如何作出判断。基于此目的，在解释权利要求用语的含义时，必须顾及专利法关于说明书应该充分公开发明的技术方案、权利要求书应当得到说明书的支持、专利申请文件的修改不得超出原说明书和权利要求书记载的范围等法定要求。若说明书对该用语的含义未作特别界定，原则上应采取本领域普通技术人员在阅读权利要求书、说明书和附图之后对该术语所能理解的通常含义，尽量避免利用说明书或者审查档案对该术语作不适当的限制，以便对权利要求是否符合授权条件和效力问题作出更清晰的结论，从而促使申请人修改和完善专利申请文件，提高专利授权确权质量。

同时，最高人民法院指出，专利权利要求的解释方法在专利授权确权程序与专利民事侵权程序中既有根本的一致性，又在特殊场合下体现出一定的差异性，其差异突出体现在当事人意见陈述的作用上；在专利授权确权程序中，申请人在审查档案中的意见陈述原则上只能作为理解说明书以及权利要求书含义的参考，而不是决定性依据。因此，在专利授权确权程序中，申请人在审查档案中的意见陈述在通常情况下只能作为理解说明书

---

❶ 张鹏："再论权利要求保护范围解释的时机"，载国家知识产权局《审查业务通讯》第 17 卷第 4 期。

以及权利要求书含义的参考，而不是决定性依据。在专利民事侵权程序中解释权利要求的保护范围时，只有当事人在专利申请或者授权程序中通过意见陈述放弃了某个技术方案，一般情况下应该根据当事人的意见陈述对专利保护范围进行限缩解释。❶

总之，授权确权和侵权判定程序的性质和任务不同，权利要求的解释可以存在一定的差异，但无论是在专利授权确权程序中的最广义的合理解释，还是民事侵权程序中的合理解释，都是出于各自程序的目的。这种基于目的的差异并不会损害权利要求的公示作用，相反，通过两个不同的程序协同对权利要求的解释进行规范，将有利于最终界定权利要求的保护范围。

权利要求解释作为确定专利保护范围的关键环节，是专利权制度的核心所在，同时也是专利权人利益和社会公众利益的平衡点，只有客观地解读权利要求的含义，才能准确界定专利权的保护范围，为处理专利侵权纠纷案件和专利授权确权案件打下基础。

二、外观设计专利保护范围的确定

(一) 外观设计专利保护范围简述

确定外观设计专利权的保护范围，实际上就是根据外观设计专利所公开的内容确定该外观设计专利权在何种程度上可以具有排他性的垄断权。从目的来看，确定外观设计专利的保护范围是外观设计专利权保护的前提条件。

我国现行专利法制度对外观设计专利保护范围确定的基本规则在于《专利法》第 59 条第 2 款：

> 外观设计专利权的保护范围以表示在图片或者照片中的该产品的外观设计为准，简要说明可以用于解释图片或者照片所表示的该产品

---

❶ 最高人民法院（2010）知行字第 53-1 号民事判决书。

的外观设计。

这一看似简单的规定，在应用于实际案例确定外观设计专利的保护范围时却涉及复杂的确定因素。在《专利权侵权司法解释》、北京市高级人民法院《专利侵权判定指南（2017）》等法律文件中也包括确定外观设计专利保护范围的内容。

需要注意的是，外观设计的实际保护范围并不限于"表示在图片或者照片中的该产品的外观设计"。专利权的本质在于排除他人使用，因此，专利行权的最主要表现形式在于排除他人的使用，即制止他人对专利权的侵犯。

《专利权侵权司法解释》第 8 条规定：

> 在与外观设计专利产品相同或者相近种类产品上，采用与授权外观设计相同或者近似的外观设计的，人民法院应当认定被诉侵权设计落入《专利法》第五十九条第二款规定的外观设计专利权的保护范围。

可见，外观设计专利侵权判定过程中，需要判断被诉侵权设计与授权外观设计是否构成在相同或者相近种类产品上采用的相同或者近似的外观设计，如果构成，被诉侵权设计将落入该外观设计专利权的保护范围。因此，在外观设计专利侵权判定过程中，也可以一窥外观设计专利究竟有怎样的保护范围。下文将结合当前的司法实践，阐述确定外观设计的保护范围这个看似简单但实际复杂的过程。

（二）确定外观设计专利保护范围的一般规则

我国现行专利相关法律法规中，确定外观设计专利保护范围的一般规则体现在《专利法》第 59 条第 2 款及《专利权侵权司法解释》第 8 条，具体则包括关于外观设计专利产品种类的确定、图片或者照片、简要说明、设计特征、色彩设计、产品实物等的规定。

1. 确定外观设计专利产品的种类

根据目前我国外观设计的法律法规和主流观点，外观设计专利所保护的是产品的新设计，外观设计不能脱离产品而获得专利权的保护。出于公共福祉与私权的博弈，外观设计专利的排他垄断，只限于与该外观设计产品相同或相近种类的产品范围之内。于是，确定该外观设计的产品种类是确定该外观设计专利保护范围的前提和基础。

关于如何确定产品种类，根据《专利权侵权司法解释》第 9 条，确定外观设计产品种类的根本依据是外观设计产品的用途，外观设计的简要说明、国际外观设计分类表、产品的功能以及产品销售、实际使用的情况等因素都是确定产品用途的参考因素。可见，确定产品的用途和种类是综合考虑相关参考因素的过程。此外，北京市高级人民法院《专利侵权判定指南（2017）》第 78 条规定，认定产品种类是否相同或者相近，应当以外观设计产品的功能、用途、使用环境为依据，即不仅依据外观设计产品的用途，还依据外观设计产品的功能和使用环境。

在弓箭国际与兰之韵玻璃工艺品厂侵犯外观设计专利权纠纷案❶中，弓箭国际公司是一家来自法国的主要生产和销售水晶、玻璃器皿用品的公司。弓箭国际公司在我国申请并获得授权多项有关"餐具用贴纸"的外观设计专利。本案所涉的两件专利分别为 ZL200430104787.3 号外观设计专利及 ZL200330100096.1 号外观设计专利。

弓箭国际认为，义乌兰之韵玻璃工艺品厂在其生产的玻璃器具中使用了上述涉案外观设计专利的图案，侵犯了其所持有的外观设计专利。两级法院在审理后均认为被诉侵权产品未落入弓箭国际外观设计专利权的保护范围。

弓箭国际向最高人民法院申请再审，最高人民法院审查再审申请后，首先强调了外观设计必须附着在一定的产品上，不能脱离产品载体而独立存在。在本案中，涉案专利产品的类别是餐具用贴纸，用途是美化和装饰

---

❶ 参见（2012）民申字第 41 号、（2012）民申字第 54 号判决书。

餐具，因此，涉案专利的保护范围应当限定于与该类别相同或近似的产品种类。被诉侵权产品的类别是玻璃杯，用途是存放饮料和食物，虽然被诉产品上印刷有与涉案外观设计相近似的图案，但被诉侵权产品与涉案专利产品的用途等存在不同，故产品种类不相同也不相近，被诉侵权产品的外观设计未落入涉案外观设计专利权的保护范围。

2. 外观设计专利保护范围的核心：授权公告上的图片或者照片

外观设计专利授权公告上的图片或者照片是确定外观设计专利保护范围的最重要的依据。《专利法》第 59 条第 2 款的"为准"是指外观设计专利的保护范围不能脱离其授权公告文件中所记载的图片或者照片。如前所述，现代专利制度的价值基础在于以公开换保护。故任何一种专利原则上不能获得大于其所公开的内容的保护范围。不同于发明及实用新型专利以权利要求划定边界，外观专利是以图片及照片表现其内容。外观设计专利授权公告中的图片或者照片所公开的产品外观设计，即该外观设计所公开的内容。与授权外观设计完全相同的产品设计当然落入该外观设计的保护范围。但是，如果将外观设计专利的保护范围仅限于完全相同的设计，而排除实质上无视觉差异的相似设计，则会使得外观设计专利轻而易举被规避，这又将与专利制度保护创新的初衷相违背，因此，外观设计的保护范围还包括近似设计。可见，无论是相同设计还是近似设计，表示在图片或者照片中的该产品的外观设计是确定外观设计专利保护范围的核心。

需要注意的是，《专利法》第 59 条第 2 款的"图片或者照片"是指授权公告上记载的图片或者照片，有可能与申请过程时提交图片或者照片不同。如果最终授权公告上的图片或者照片与申请人最初申请时提交的图片或者照片相比存在区别的，应以授权公告上的图片或者照片为准。

另外，《专利审查指南 2010》还对外观设计专利图片或者照片等文件提出形式上的要求，因此，《专利审查指南 2010》的这些要求在一定情况下也是在个案中确定外观设计专利保护范围的依据。

（1）以图片或照片为准——包括全部设计要素所构成的完整的设计内容。

"以图片或照片为准"原则表明，图片或照片所表现的产品设计的整体通常都是该外观设计专利的需要保护的对象。在很大程度上，也正是基于这个原因，无论在外观专利授权确权程序中还是在侵权诉讼中，对比外观设计是否相似采用的基本方法都是"整体观察、综合判断"。❶

北京市高级人民法院发布的《专利侵权判定指南（2017）》第66条指出：

> 在确定外观设计保护范围时，应当综合考虑授权公告中表示该外观设计的图片或者照片所显示的形状、图案、色彩等全部设计要素所构成的完整的设计内容，图片或者照片中每个视图所显示的所有设计特征均应予以考虑，不能仅考虑部分设计特征而忽略其他设计特征。

但是，在确定外观设计保护范围时综合考虑全部设计要素也不能当然意味着不区分各设计要素对于确定外观设计保护范围时的作用。换句话说，对于外观设计的整体而言，也有层次和重点之分，对整体视觉效果有显著影响的设计要素、要求保护色彩时的色彩要素等，在确定外观设计保护范围时，就需要重点关注及重点考虑。

①产品正常使用时容易被直接观察到的部位。

根据《专利权侵权司法解释》第11条第2款第（1）～（2）项的规定，产品正常使用时容易被直接观察到的部位相较于产品的其他部位，在该产品的外观设计专利保护范围的确定中需要给予更多的关注。

在本田技研工业株式会社与石家庄双环汽车股份有限公司等单位外观设计专利权纠纷系列案❷中，最高人民法院认为：

---

❶ 有关"整体观察，综合判断"比较原则，详见《专利权侵权司法解释》第11条及《专利审查指南2010》第二部分第三章外观设计初步审查第9.1.2条。

❷ 参见（2014）民三终字第8号民事判决书。

产品使用时容易看到的部位的设计变化相对于不容易看到或者看不到的部位的设计变化，通常对整体视觉效果更具有显著影响。本案中，汽车的机仓、座仓以及货仓的布局、前、后保险杠以及汽车前脸、尾部和顶部均为容易被直接观察到的部位……

在该案中，最高人民法院进而对上述几个部位进行重点比对，即在最高人民法院看来，汽车上述能直接观察的部位，在确定本田汽车的该外观设计保护范围时应予以重点考察，是该外观设计保护范围中需要重点保护的内容。

②外观设计专利的设计特征与设计要点。

根据《专利权侵权司法解释》第 11 条第 2 款第（2）项的规定，授权外观设计区别于现有设计的设计特征相对于授权外观设计的其他设计特征，在该外观设计专利保护范围的确定中需要给予更多的关注。

所谓设计特征，是指具有相对独立的视觉效果，具有完整性和可识别性的产品的形状、图案及其结合，以及色彩与形状、图案的结合，即产品的某一部分的设计。

通常而言，一项外观设计专利的全部设计特征都属于该外观设计专利的保护范围，但是根据《专利权侵权司法解释》第 11 条第 2 款第（2）项的表述，授权外观设计的设计特征可被分为"区别于现有设计的设计特征"和"其他设计特征"。前者在一定程度上也可称为"设计要点"，是确定外观设计保护范围时的重点关注因素。根据《专利侵权判定指南（2017）》第 67 条第 2 款，所谓设计要点，是外观设计区别于现有设计、能够对一般消费者产生显著视觉影响的设计特征。外观设计专利制度的立法目的在于保护具有美感的创新性工业设计方案，一项外观设计应当具有区别于现有设计的可识别性创新设计才能获得专利授权，设计要点体现了外观设计专利相比于现有设计的创新点，也是外观设计专利能够获得专利权保护的根本基础。

一般来说，专利权人可能将设计要点记载在简要说明中，也可能会在专利授权确权或者侵权程序中对设计要点作出相应陈述，也可能并未对设计特征作出任何陈述。需要说明的是，专利权人主张的"设计要点"并不当然是授权外观设计实际的设计要点，因为专利权人基于申请时增加获得授权的可能性、对现有设计不够了解等原因，其在简要说明、相关程序的陈述中描述的设计要点很可能与其实际的创新高度存在偏差。如果专利权人主张的设计要点并不能使产品外观设计整体上明显区别于现有设计或现有设计特征的组合，则其不应当获得专利权保护。

在司法实践中，设计要点的确定往往是一个双方当事人不断举证证明与反证明的过程。《专利侵权判定指南（2017）》第 67 条第 1 款指出：

> 权利人可以提交书面材料说明外观设计专利的设计要点，说明外观设计的创新部位及其设计内容。简要说明中记载设计要点的，可用于参考。

在浙江健龙卫浴有限公司（以下简称健龙公司）与高仪股份公司（以下简称高仪公司）侵害外观设计专利权纠纷再审案❶中，高仪公司认为健龙公司生产、销售和许诺销售的 gl062、s8008 等型号的丽雅系列卫浴产品，与其所有的专利号为 ZL200930193487.X 的"手持淋浴喷头（No. A4284410 X2）"外观设计专利产品相同或近似，侵犯了其专利权。

涉案专利的主要视图如图 3-1 所示。

最高人民法院认为：

> 根据"谁主张谁举证"的证据规则，专利权人应当对其所主张的设计特征进行举证。另外，授权确权程序的目的在于对外观设计是否具有专利性进行审查，因此，该过程中有关审查文档的相关记载对确定设计特征有着重要的参考意义。理想状态下，对外观设计专利的授

---

❶ 参见（2015）民提字第 23 号民事判决书。

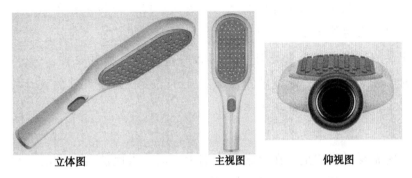

立体图　　　　　主视图　　　　仰视图

图 3-1　ZL200930193487. X 外观设计专利立体图、主视图及仰视图

权确权，应当是在对整个现有设计检索后的基础上确定对比设计来评判其专利性，但是，由于检索数据库的限制、无效宣告请求人检索能力的局限等原因，授权确权程序中有关审查文档所确定的设计特征可能不是在穷尽整个现有设计的检索基础上得出的，因此，无论是专利权人举证证明的设计特征，还是通过授权确权有关审查文档记载确定的设计特征，如果第三人提出异议，都应当允许其提供反证予以推翻。人民法院在听取各方当事人质证意见的基础上，对证据进行充分审查，依法确定授权外观设计的设计特征。

本案中，专利权人高仪公司主张跑道状的出水面为涉案授权外观设计的设计特征，健龙公司对此不予认可。对此，本院认为，首先，涉案授权外观设计没有简要说明记载其设计特征，高仪公司在二审诉讼中提交了 12 份淋浴喷头产品的外观设计专利文件，其中 7 份记载的公告日早于涉案专利的申请日，其所附图片表示的外观设计均未采用跑道状的出水面。在针对涉案授权外观设计的无效宣告请求审查程序中，专利复审委员会作出第 17086 号决定，认定涉案授权外观设计与最接近的对比设计证据 1 相比："从整体形状上看，与在先公开的设计相比，本专利喷头及其各面过渡的形状、喷头正面出水区域的设计以及喷头宽度与手柄直径的比例具有较大差别，上述差别均是一般消费者容易关注的设计内容"，即该决定认定喷头出水面形状的设计为涉案授权外观设计的设计特征之一。其次，健龙公司虽然不认可跑道状的出水面为涉案授权外观设计的设计特征，但是在本案一、二审诉讼中其均未提交相应证据证明跑道状的出水面为现有设计。……因此，对于健龙公司关于跑道状出水面不是涉案授权外观设计的设计特征的再审申请理由，本院不予支持。

首先需要说明的是，在该案判决书中，最高人民法院所谓的"设计特征"即上文提到的"设计要点"，均指"区别于现有设计、能够对一般消费者产生显著视觉影响的设计特征"。● 在该判决中，最高人民法院屡次强调案件当事人对上述"设计特征"的举证责任，最终判决内容也充分体现了双方当事人举证情况的重要性。关于跑道状的出水面是否属于现有设计，健龙公司主张不是现有设计，却没有提交任何相应证据，相比之下，高仪公司主动提供了多份没有采用跑道状设计的证据，并最终获得法院支持。

③有关色彩设计。

色彩设计是外观设计权利保护范围确定中较为特殊的一个因素，根据《专利法实施细则》第 27 条的规定，申请人请求保护色彩的，应当提交彩色图片或者照片。又根据《专利法实施细则》第 28 条第 2 款的规定，请求保护色彩的，应当在简要说明中写明。

《专利侵权判定指南（2017）》第 68 条规定，外观设计专利请求保护色彩的，应当将请求保护的色彩作为确定外观设计专利权保护范围的设计特征之一。可见，只有申请人明确主张保护色彩的，该色彩才属于外观设计专利的保护范围。反过来，如果简要说明中未写明请求保护特定的色彩，则外观设计专利的保护范围不限定在授权公告图片或者照片上显示的颜色

● 法院认为："一项外观设计应当具有区别于现有设计的可识别性创新设计才能获得专利授权，该创新设计即是授权外观设计的设计特征。……其体现了授权外观设计不同于现有设计的创新内容，也体现了设计人对现有设计的创造性贡献。由于设计特征的存在，一般消费者容易将授权外观设计区别于现有设计，因此，其对外观设计产品的整体视觉效果具有显著影响。"

上，即所有色彩都是该外观设计专利保护范围。需要注意的是，产品上明暗、深浅变化形成图案的，应当视为图案设计要素，不应将其归入色彩设计要素。

在马某某公司与阳江市邦立贸易有限公司、阳江市伊利达刀剪有限公司侵害外观设计专利权纠纷申请再审案❶中，最高人民法院指出：

> 关于区别特征 2。首先，正确界定外观设计专利权的保护范围，是进行外观设计专利侵权判断的基础。根据《中华人民共和国专利法》（2000 年修正）第五十六条第二款的规定，"外观设计专利权的保护范围以表示在图片或者照片中的该外观设计专利产品为准"。形状、图案、色彩是构成产品外观设计的三项基本设计要素，因此，在确定外观设计专利权的保护范围以及侵权判断时，应当以图片或者照片中的形状、图案、色彩设计要素为基本依据。其次，色彩要素不能脱离形状、图案单独存在，必须依附于产品形状、图案存在，色彩变化本身也可形成图案。根据《中华人民共和国专利法实施细则》（2002 年修订）第二十八条第二款的规定，"外观设计的简要说明应当写明使用该外观设计的产品的设计要点、请求保护色彩、省略视图等情况"。因此，简要说明中未明确请求保护色彩的，不应以图片、照片中的色彩限定外观设计专利权的保护范围，在侵权对比时应当不予考虑。但产品上明暗、深浅变化形成图案的，应当视为图案设计要素，不应将其归入色彩设计要素，涉案专利手柄上明暗不同的同心圆环属于图案设计要素……

此外，根据《专利侵权判定指南（2017）》第 69 条，如果外观设计专利权请求保护色彩的，专利权人应当提交由国务院专利行政部门出具或认可的相关证据，用以确定外观设计的保护范围。必要时，应当与国务院

---

❶ 参见（2013）民申字第 29 号民事判决书。

专利行政部门专利审查档案中的色彩进行核对。关于其中"国务院专利行政部门出具或认可的相关证据"，目前没有进一步文件解释说明此种相关证据的形式，但从司法实践来看，专利授权公告中的简要说明、专利授权程序或无效程序中所做的陈述、外观设计专利权评价报告等，都可作为认定请求保护色彩的依据。

（2）以图片或照片为准——简要说明等仅能用于补充解释和理解。

申请外观设计专利应提交简要说明，《专利法实施细则》第 28 条规定：

> 外观设计的简要说明应当写明外观设计产品的名称、用途，外观设计的设计要点，并指定一幅最能表明设计要点的图片或者照片。省略视图或者请求保护色彩的，应当在简要说明中写明。

与"以图片或者照片为准"这一原则相对应，《专利法》第 59 条第 2 款明确规定简要说明仅"可以用于解释图片或者照片所表示的该产品的外观设计"。具体而言，一方面，简要说明对外观设计专利保护范围的确定仅起到补充作用，即如果授权公告中记载的图片或者照片足以清楚地显示该外观设计的保护范围，则无须简要说明进行解释；另一方面，即使在必要时进行解释，也不能与授权公告中记载的图片或者照片内容明显不符甚至矛盾。这里所谓的解释，通常是指通过简要说明的内容（如用途、设计要点）协助说明外观设计的设计特征、设计意图等。此外，《专利侵权判定指南（2017）》第 65 条还提到，专利权人在无效程序及其诉讼程序中的意见陈述，可以用于理解外观设计专利权保护范围。其中的"用于理解"，与上述"用于解释"的含义类似，都不能喧宾夺主，背离"外观设计专利权的保护范围以表示在图片或者照片中的该产品的外观设计为准"的原则性要求。

（3）以图片或照片为准——实物可以作为参考而不能是依据。

北京市高级人民法院《专利侵权判定指南（2017）》第 65 条第 2 款指出：

当事人在诉讼中提供的专利产品实物可作为帮助理解外观设计的参考，但不能作为确定外观设计保护范围的依据。

上述条款的规定是显而易见的，外观设计专利的保护范围以图片或照片为准，该外观设计专利产品的实物仅能作为一个参考要素帮助理解该外观设计的内容，并且，当实物和图片或者照片不一致时，仍应以图片或照片上的外观设计为准。

在洛阳晨诺电气有限公司（以下简称晨诺公司）与天津威科真空开关有限公司（以下简称威科公司）、张某某、天津市智合电器有限公司（以下简称智合公司）侵害外观设计专利权纠纷再审案❶中，张某某和威科公司是专利号 ZL200930121299.6 "真空接触器（极柱式）" 外观设计专利的权利人及被许可人，该外观设计专利主要视图如图 3-2 所示。

主视图　　　　　　　　左视图　　　　　　　　立体图

图 3-2　ZL200930121299.6 外观设计专利

被诉侵权产品为晨诺公司生产、销售给智合公司用于经营和销售的真空接触器，其主要外观图片如图 3-3 所示。

晨诺公司在申请再审时主张其于该案二审结案后，在市场上购买到了

---

❶　参见（2014）民提字第 193 号民事判决书。

威科公司生产的涉案专利产品实物，并将其作为新证据。

图 3-3　（2014）民提字第 193 号案被诉侵权产品

最高人民法院审理该案后认为：

> 外观设计专利权的保护范围是以表示在图片或者照片中的该产品的外观设计为准，因此，在判断被诉侵权产品是否落入涉案专利权的保护范围时，即应将被诉侵权设计与表示在照片中的涉案专利设计进行比对，而不是与涉案专利产品实物进行比对。据此，无论晨诺公司购买的产品实物是否系威科公司生产，也无论其是否与涉案专利设计外观一致，均不能作为认定本案事实的证据使用。因此，对晨诺公司将该实物产品作为证据提交，本院不予采纳。

最高人民法院在上述说理中，十分明确地表明外观设计产品实物在确定外观设计专利保护范围中的作用，认为根据"以图片或者照片为准"原则，外观设计专利产品实物不能作为确定外观设计保护范围的依据。但是，考虑到外观设计通常是直观的视觉要素，仅依靠图片或者照片可能无法充分地反映外观设计专利的情况，因此，在司法实践中，允许将专利产品实物作为帮助理解外观设计的参考，但仅限于此。

（三）否定性因素的排除

虽然外观设计专利保护范围以公告图片或照片所表现的整体为准，但是并不意味着图片或照片上所表明的所有内容都是外观设计专利的保护范围。在确定外观设计专利保护范围时，有若干否定性因素不应当予以考虑。

1. 排除功能性设计因素

《专利权侵权司法解释》第 11 条第 1 款规定：

> 对于主要由技术功能决定的设计特征以及对整体视觉效果不产生影响的产品的材料、内部结构等特征，应当不予考虑。

外观设计专利保护的是富有美感的工业设计和对产品的视觉效果作出的具有装饰性和美学因素的设计。功能性设计特征不能成为外观设计专利区别于现有设计的设计特征。单纯的功能性而不具有美学因素的产品设计，可以通过发明或者实用新型专利权予以保护，而不属于外观设计专利的保护对象。因此，在确定外观设计的保护范围时需要将主要由技术功能决定的设计特征因素排除在考虑因素之外。

应当承认，对于一个工业产品而言，往往很难区分其中的功能性设计特征和装饰性设计特征，因为产品总是需要实现一定的功能，因此，任何设计特征都或多或少地具备一定的技术因素；反之，任何一项具有一定功能的产品设计都包含一定的设计要素。通常认为，所谓的"功能性设计特征"，是指以该外观设计的一般消费者的视角来看，仅由产品所要实现的特定功能所决定而不考虑美学因素的设计特征。对此应注意如下几点。

（1）"特定功能所决定"，是指对于该产品而言，在产品该部位既可以作出这种设计也可以作出另外一种设计，但是设计人选择采取了这种设计完全是出于满足特定技术要求、符合特定技术参数等功能因素，与美学因素的考虑无关。

在国家知识产权局专利复审委员会与张某某、慈溪市鑫隆电子有限公司外观设计专利权无效行政纠纷再审案❶中，张某某持有一件名称为"逻辑编程开关（sr14）"、专利号为 ZL200630128900.0 的外观设计专利。其主视图、俯视图及右视图如图 3-4 所示。

---

❶ 参见（2012）行提字第 14 号民事判决书。

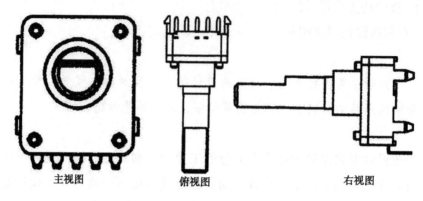

主视图　　　　　　　俯视图　　　　　　　　右视图

图 3-4　ZL200630128900.0 外观设计专利

　　慈溪市鑫隆电子有限公司认为该外观设计与在先设计近似，因此向国家知识产权局专利复审委员会提起无效宣告请求。专利复审委审查后认为，涉案专利与在先设计（ZL00302321.4 中国外观设计专利，见图 3-5）相比，区别特征有二：第一，在先设计上部的粗柱多了矩形凹槽设计；第二，涉案外观设计与在先设计下部的引脚位置不同。对于这两点区别，本专利较在先设计简化的凹槽设计相对于整体形状而言仅属于局部的细微变化，且二者引脚位置的差别属于由连接功能所限定的局部位置变化，均对二者的整体外观设计不具有显著影响，因此，涉案设计与在先设计构成相似设计，遂支持了无效请求人的主张，宣告 ZL200630128900.0 外观设计专利全部无效。

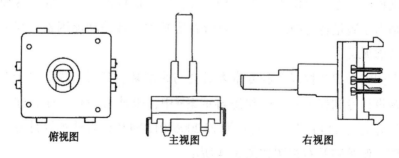

俯视图　　　　　　　主视图　　　　　　　右视图

图 3-5　ZL00302321.4 外观设计专利

专利权人张某某不服该无效决定，向北京市第一中级人民法院提起专利无效行政诉讼。北京市第一中级人民法院审理后认为，涉案专利及在先设计的产品都为电器设备元件，其相关消费者应为电器产品专业生产和采购人员。这些消费者会注意到凹槽及引脚上的差距，因此，本专利与在先设计的上述差别能够对二者的整体视觉效果产生显著影响，涉案专利未落入在先设计的保护范围。北京市高级人民法院在二审中支持了这一观点。

专利复审委不服一审、二审判决，主要认为区别特征一、特征二属于功能性设计特征，本专利和在先设计应当属于相近似的外观设计，遂向最高人民法院提起再审申请。

再审中，最高人民法院认为：

> 关于区别特征二，本专利和在先设计两者下部的引脚位置不同。本案各方当事人均确认，本专利产品涉及的编码开关的引脚数量是特定的，其分布需要与电路板节点相适配。可见，引脚的数量与位置分布是由与之相配合的电路板所决定的，以便实现与不同电路板上节点相适配。在本专利产品的一般消费者看来，无论是引脚的位置是分布在底座的一个侧面上还是分布在两个相对的侧面上，都是基于与之相配合的电路板布局的需要，以便实现两者的适配与连接，其中并不涉及对美学因素的考虑。因此，区别特征二是功能性设计特征，其对本专利产品的整体视觉效果并不产生显著影响。专利复审委员会关于区别特征二是功能性设计特征的申请再审理由成立，本院予以支持。

在该案中，对特定的编码开关而言，引脚的功能就是为了能嵌入到特定的电路节点中，因此，设计者选择其引脚分布的设计时，唯一的考量因素是为了使其和相应的电路板节点相适配，而未考虑任何美学因素。最高人民法院正是基于这一点，认定该设计特征属于功能性设计特征，对本专利产品的整体视觉效果不产生显著影响。

（2）"特定功能所决定"不等于"唯一设计"，即功能性设计特征并不意味产品的设计在技术上不具有可选择性。

在珠海格力电器股份有限公司（以下简称格力公司）与广东美的电器股份有限公司（以下简称美的公司）、国家知识产权局专利复审委员会外观设计专利权无效行政纠纷再审案❶中，涉案专利（第 ZL200630067850.X 号外观设计专利）与在先设计（第 CN02301461.X 号外观设计专利）的区别设计特征之一在于涉案专利扇叶部分的旋转方向与在先设计旋转方向相反。扇叶的功能在于旋转，为实现该功能扇叶可以按照顺时针旋转设计也可以按照逆时针旋转设计，即无论是哪一旋转方向都非实现扇叶旋转功能的唯一设计。但是到底是采取顺时针还是逆时针，则是由风轮的旋转方向所决定。即一旦风轮的旋转功能确定，风扇的旋转方向也就确定了，风扇的旋转方向是由其旋转功能所决定的，因此，该区别设计特征属于功能性特征。

对于这一问题及背后的原理，在国家知识产权局专利复审委员会与张某某、慈溪市鑫隆电子有限公司外观设计专利权无效行政纠纷再审案中，最高人民法院进行了充分论述：

> 关于功能性设计特征的区分标准。功能性设计特征是指那些在该外观设计产品的一般消费者看来，由所要实现的特定功能所唯一决定而并不考虑美学因素的设计特征。功能性设计特征与该设计特征的可选择性存在一定的关联性。如果某种设计特征是由某种特定功能所决定的唯一设计，则该种设计特征不存在考虑美学因素的空间，显然属于功能性设计特征。如果某种设计特征是实现特定功能的有限的设计方式之一，则这一事实是证明该设计特征属于功能性特征的有力证据。不过，即使某种设计特征仅仅是实现某种特定功能的多种设计方式之一，只要该设计特征仅仅由所要实现的特定功能所决定而与美学因素的考虑无关，仍可认定其属于功能性设计特征。如果把功能性设计特征仅仅理解为实现某种功能的唯一设计，则会过分限制功能性设计特

---

❶ 参见（2011）行提字第 1 号民事判决书。

征的范围，把具有两种或者两种以上替代设计的设计特征排除在外，进而使得外观设计申请人可以通过对有限的替代设计分别申请外观设计专利的方式实现对特定功能的垄断，不符合外观设计专利保护具有美感的创新性设计方案的立法目的。从这个角度而言，功能性设计特征的判断标准并不在于该设计特征是否因功能或技术条件的限制而不具有可选择性，而在于在一般消费者看来，该设计特征是否仅仅由特定功能所决定，从而不需要考虑该设计特征是否具有美感。

（3）关于功能性设计特征的主张，通常需要证明该设计特征是为了实现何种功能，并需要证明该设计特征仅仅是为了实现该功能而并没有其他的美学要素介入。

在国家知识产权局专利复审委员会与张某某、慈溪市鑫隆电子有限公司外观设计专利权无效行政纠纷再审案中，专利复审委员会虽然主张区别特征一为功能性设计特征，但是在案证据无法说明在先设计采用该特征是用于实现何种功能，因此，其关于区别特征一属于功能性设计特征的主张未获得最高人民法院的支持。[1]

（4）不能因为一个设计特征可以实现一定的功能，就当然认定其为功能性设计。

外观设计保护美感要素，但外观设计专利本质上仍属于工业产权的一种，即外观设计专利必然是应用于工业生产，保护的是工业生产产品中技术与美感相结合的部分。任何产品的外观设计都需要同时考虑功能因素与美学因素。因此在多数情况下，某个具体设计特征还可能兼顾功能性因素与装饰性因素，同时属于功能性设计与装饰性设计。此时完全区分功能性设计与装饰性设计就不大可能。而对于这种同时具备功能性与装饰性设计的因素，就不能简单将其排除在外观设计专利的保护范围之外，其中对整体视觉效果有影响的装饰性因素属于该外观设计专利的保护范围。而所谓

---

❶　参见（2012）行提字第 14 号民事判决书。

装饰性因素，可以从设计空间大小以及美学要素等方面考虑。

在晨依公司与威科公司外观设计侵权纠纷再审案中，外观设计权利人认为，涉案外观设计的产品在极柱上波纹的设计属于功能性设计，因此，在确定涉案外观设计专利的保护范围时不应当考虑该因素，该功能性设计不能对涉案外观设计专利的保护范围起到限定作用。最高人民法院认为，本案的涉案专利产品及其类似产品包括极柱式接触器和断路器。对这类产品而言，受其功能影响，极柱表面均会有凸起的波纹。尽管如此，波纹的具体形状、疏密以及波纹在极柱表面的分布并不是由该类产品的功能所唯一决定的。因此，波纹的具体设计变化并非功能性设计特征，在确定涉案专利的保护时也应予以考虑。

2. 排除对整体视觉效果不产生影响的产品的大小、材料、内部结构等因素

根据《专利权侵权司法解释》第11条第1款，以及《专利侵权判定指南（2017）》第70条的规定，对整体视觉效果不产生影响的产品的大小、材料、内部结构，应当排除在外观设计专利权的保护范围之外。

（1）关于产品的大小。由于外观设计专利保护的是附着在产品上的新设计，因此在外观相同的情况下，单纯的大小变化通常不具有设计上的新颖性以及美感要素，对外观设计专利的保护范围不产生影响。当然，这一点存在例外，如果产品大小的改变对产品的整体外观产生显著影响，此时产品大小的差异也应被视为界定外观设计专利权的保护范围要素。❶

（2）关于产品的材料。由于有关产品材料自身的特性同样不能体现设计上的新颖性以及美感要素，单纯的产品材料（花纹、质地等）通常也不属于外观设计专利的保护范围。当然，这一点也存在例外，例如，如果某种材料本身带有纹路，并且形成的图案对整体视觉效果产生影响，则该因材料特性而产生的纹路与图案也应当纳入外观设计保护范围的考虑范围。再例如，如果将产品外壳的材料由不透明的材料改为透明的材

---

❶ 北京市高级人民法院知识产权审判庭编：《北京市高级人民法院〈专利侵权判定指南〉理解与适用》，中国法制出版社2014年版，第259页。

料，将可以看到产品的内部结构，并将对外观设计保护范围和整体视觉效果产生影响。

（3）关于产品的内部结构。由于外观设计专利强调的是外观，即视觉效果，因此产品的内部结构通常不属于外观范畴，不属于外观设计专利的保护范围。但是，如果将产品外壳的材料由不透明材料改为透明材料，可见到的外壳内部结构包含装饰性设计特征，相关设计特征也将属于外观设计专利的保护范围。

在宁波亿拓光电科技有限公司与宁波亿佳电子照明有限公司（以下简称亿佳照明公司）外观设计侵权纠纷案❶中，亿佳照明公司是专利号为ZL201330038919.6，名称为"LED 灯具（LS27）"的外观设计专利权人。该外观设计主要视图如图 3-6 所示。

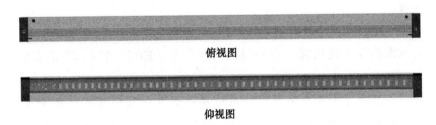

图 3-6　ZL201330038919.6 外观设计专利

可以看到涉案外观设计专利的几点主要设计特征如下：长条形柱设计；两端设置有端盖，背部设置有线条条纹；正面分为透明与非透明两部分，非透明部分内部结构不可见，透明部分内有均匀排列的一排 LED 灯，系灯具发光部分，不透明和 LED 灯之间采用了类似阶梯的设计。最终法院考虑了上诉几点设计特征对涉案外观设计专利保护范围的影响，认定被诉侵权产品落入涉案外观设计专利的保护范围。

在本案中，涉案外观设计专利的正面包括透明和非透明的部分，而通过透明部分，可以观察到涉案外观设计专利产品的内部结构上的设计。因此，涉案外观设计专利产品的内部结构特征能够对整体视觉产生影响，不

---

❶　参见（2016）浙民终 370 号民事判决书。

再属于"内部"的结构特征。故本案法院在考虑涉案专利保护范围时未将通过透明部分可以观察到的内部结构特征排除在外。

（四）特殊产品外观设计专利保护范围的确定

一般产品的外观设计专利保护范围的确定都遵循上述外观设计保护范围确定的一般规则，对于特殊类型产品，其外观设计专利的保护范围还有若干特别的规则。

1. 成套产品与相似产品的外观设计专利保护范围

《专利权侵权司法解释二》第 15 条规定：

> 对于成套产品的外观设计专利，被诉侵权设计与其一项外观设计相同或者近似的，人民法院应当认定被诉侵权设计落入专利权的保护范围。

北京市高级人民法院《专利侵权判定指南（2017）》第 72 条亦规定：

> 成套产品的整体外观设计与组成该成套产品的每一件外观设计均已显示在该外观设计专利文件的图片或者照片中的，其权利保护范围由组成该成套产品的每一件产品的外观设计分别确定。

成套产品是指由两件以上（含两件）属于同一大类、各自独立的产品组成，习惯上同时出售或者同时使用，各产品的设计构思相同，其中每一件产品具有独立的使用价值，而各件产品组合在一起又能体现出其组合使用价值的产品。我国现行专利制度允许成套产品的外观设计作为一件外观设计专利提出申请并给予专利权，在申请时，需要提交整体外观设计以及组成该成套产品的每一件产品的外观设计。因此，对于成套产品的外观设计专利而言，尽管在专利数量上只有一件，但实际上包括两项以上各自独立的外观设计。典型的成套产品如成套沙发、成套餐具等。

在卢某与佛山市南海雄邦得利家具厂外观设计专利侵权纠纷❶中，原告卢某是专利号 ZL201430315982.4、名称为"沙发（333）"的外观设计专利权人。该外观设计专利为成套沙发的外观设计专利，包含几个单独沙发产品。法院认为：对于成套产品的外观设计专利，被诉侵权设计与其一项外观设计相同或者近似的，人民法院应当认定被诉侵权设计落入专利权的保护范围。

北京市高级人民法院《专利侵权判定指南（2017）》第 71 条规定：

> 相似外观设计专利的保护范围由各个独立的外观设计分别确定。基本设计与其他各项相似设计均可以作为确定各自外观设计专利保护范围的依据。

对于相似外观设计而言，同样地，由于相似外观设计是指对同一产品的多项相似外观设计提出的一件外观设计专利申请并获得授权的外观设计专利，相似外观设计专利权的保护范围由各个独立的外观设计分别确定。并且申请人在提出相似外观设计申请时，应当在简要说明中指定一项作为基本设计。该基本设计与其他相似设计均可以作为确定各自外观设计专利保护范围的依据。

2. 组装产品的外观设计专利保护范围

《专利权侵权司法解释二》第 16 条规定：

> 对于组装关系唯一的组件产品的外观设计专利，被诉侵权设计与其组合状态下的外观设计相同或者近似的，人民法院应当认定被诉侵权设计落入专利权的保护范围。
>
> 对于各构件之间无组装关系或者组装关系不唯一的组件产品的外观设计专利，被诉侵权设计与其全部单个构件的外观设计均相同或者

---

❶ 参见（2016）粤 73 民初 770 号民事判决书。

近似的，人民法院应当认定被诉侵权设计落入专利权的保护范围；被诉侵权设计缺少其单个构件的外观设计或者与之不相同也不近似的，人民法院应当认定被诉侵权设计未落入专利权的保护范围。

组件产品是指由多个构件相结合构成的一件产品。组件产品又可以分为组装关系唯一和组装关系不唯一两种。对于组装关系唯一的组件产品，其组合状态是确定其外观设计专利保护范围的因素；对于组装关系不唯一的组件产品，即组件产品在组装后有多个最终状态，所有组件的各外观设计的整体构成该外观设计专利的保护范围，即所有组件的各外观设计都对该外观设计专利的保护范围起到限定作用，在侵权案件中，只要缺少其中的任何单一组件，就不落入该外观设计专利的保护范围。

需要注意的是，组件产品和成套产品的外观设计保护范围存在区别。对于成套产品而言，其中各自独立的产品有各自独立的设计，具有单独的保护范围，该独立部分的图片或者照片就划定了其保护范围。但是对于组件产品而言，其最后组装完成的产品才是最终独立实现其功能目的的产品，因此，组装产品的可拆卸部分并不具有单独的保护范围，组件产品的可拆卸构件部分的图片或者照片无法作为确定其保护范围的依据。在司法实践中，区分成套产品和组件产品的关键包括各个组件是否构成独立的产品、是否具有独立的使用价值、是否属于同一大的类别等。如果各产品的设计构思相同，其中每一件产品具有独立的使用价值，而各件产品属于同一大类别，组合在一起又能体现出其组合使用价值的产品，则可能属于成套产品，否则可能属于组件产品。

在上海圣路薇进出口有限公司（以下简称圣路薇公司）与国家知识产权局专利复审委员会专利行政纠纷案[1]中，圣路薇公司主张其ZL201330611796.0号专利（见图3-7）中的"两片式狗厕所"，包括组件1、组件2和"组合后的"两片式狗厕所三项设计，这三项设计的保护范围

---

[1] 参见（2016）京73行初1535号行政判决书。

分别由其"图片或者照片"来确定。

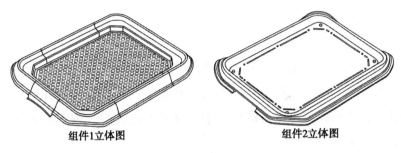

组件1立体图　　　　　　　　　组件2立体图

图 3-7　ZL201330611796.0 外观设计专利

法院认为：

本案中，本专利（ZL201330611796.0 号专利）组件 1 和组件 2 并不具有相同的设计构思，而且，根据本专利简要说明的记载，本专利产品名称为"两片式"狗厕所，其设计要点为整体造型，亦可见本专利产品由组件 1 和组件 2 相结合构成，两者系组合使用。因此，本专利并非成套产品的外观设计。……本专利产品系由组件 1 和组件 2 相结合构成的"两片式狗厕所"，故为组件产品。而且，原告当庭亦认可被告关于"涉案专利为组件产品"的认定。另外，本专利简要说明中明确记载本专利产品的设计要点为整体造型，最能表明设计要点的图片为立体图，而本专利唯一的立体图就是由组件 1 和组件 2 相结合构成的产品立体图，且该结合方式是唯一的。因此，本院认定本专利产品为组装关系唯一的组件产品。

3. 状态变化产品的外观设计专利保护范围

《专利权侵权司法解释二》第 17 条规定：

对于变化状态产品的外观设计专利，被诉侵权设计与变化状态图所示各种使用状态下的外观设计均相同或者近似的，人民法院应当认定被诉侵权设计落入专利权的保护范围；被诉侵权设计缺少其一种使用状态下的外观设计或者与之不相同也不近似的，人民法院应当认定被诉侵权设计未落入专利权的保护范围。

所谓状态变化产品，是指产品在正常使用过程中有多种可能的外观。对于状态变化产品，其保护范围由所有状态下的外观设计共同限定，在侵权案件中，若被诉侵权设计缺少其中一种状态的外观，则不落入该外观设计专利的保护范围。

在广州灵动创想文化科技有限公司（以下简称灵动公司）诉被告莫某某侵害外观设计专利权纠纷案❶中，灵动公司持有一件 ZL201330001819.6号、名称为"玩具（蛙王酷宝）"外观设计专利（见图3-8）。

主视图　　　　　　　　状态变化立体图

图3-8　ZL201330001819.6专利

法院认为，由于本案授权专利为变化状态产品的外观设计专利，其保护范围应以表示在图片中、体现该变化状态产品外观设计的10幅图为准。而被诉侵权产品仅能展示其中一种形态，因此并未落入授权外观设计专利的保护范围。

（五）小结

目前我国将外观设计置于专利制度下进行保护，因此对于外观设计需要遵循专利制度基本原则。外观设计专利保护范围的确定是专利制度公开换保护原则与保护创新原则综合博弈的过程。相较于发明专利和实用新型专利，外观设计专利主要的表现形式是视觉感官的形式。外观设计专利保护范围的确定规则为"以图片或者照片为准"，但上述规定过于笼统，因此，有可能造成对外观设计专利保护范围的理解进入"只可意会不可言传"的状况。实际上，一项外观设计专利的保护范围往往只有在具体的个案中才可以最终明确。

尽管如此，仍然可以初步总结出，外观设计专利的保护范围包括在相同或者相近种类产品上同该外观设计专利授权文本上所公开的图片或者照片中的外观设计相同或相似的所有设计。如果用图 3-9 来表明外观设计的这一保护范围，外观设计专利保护范围的确定就是在个案中确定图中小圆部分与外部圆环大小的过程。

图 3-9　外观设计专利的保护范围

整个大圆为外观设计专利的保护范围，其中小圆部分代表与该外观设计专利授权公开的图片或者照片完全相同的外观设计，外部圆环表示与该设计相似的外观设计。

第二节　专利侵权判定原则

在专利权司法保护实践中，如何判定专利侵权，是整个诉讼活动的核心内容。伴随着我国社会经济环境与专利保护环境的演变，我国逐渐形成一些取得广泛共识的侵权判定原则，也逐渐淘汰了一些侵权判定原则。本节将重点介绍目前司法实践中广泛使用的侵权判定原则：全面覆盖原则、等同原则。

一、全面覆盖原则

（一）全面覆盖原则的含义

《专利侵权司法解释》第 7 条规定：

> 人民法院判定被诉侵权技术方案是否落入专利权的保护范围，应当审查权利人主张的权利要求所记载的全部技术特征。被诉侵权技术方案包含与权利要求记载的全部技术特征相同或者等同的技术特征的，人民法院应当认定其落入专利权的保护范围；被诉侵权技术方案的技术特征与权利要求记载的全部技术特征相比，缺少权利要求记载的一个以上的技术特征，或者有一个以上技术特征不相同也不等同的，人民法院应当认定其没有落入专利权的保护范围。

以上是对全面覆盖原则最权威、最完整的表述。最高人民法院从正反两个方面对全面覆盖原则进行定义。

（1）从"全面"字义正面角度的理解。被诉侵权技术方案包含与权利要求记载的全部技术特征相同或者等同的技术特征。其中所谓"权利要求记载的全部技术特征"，是指权利人主张的权利要求，可能是独立权利要求，也可能是从属权利要求。权利人未主张的权利要求不在此列。被诉侵权技术方案与权利人主张的权利要求记载的技术特征的对比结果，既可以是相同，也可以是等同，还可以是部分相同、部分等同。

（2）从"全面"字义反向角度理解。被诉侵权技术方案的技术特征与权利要求记载的全部技术特征相比，没有包含后者"全部"技术特征的，即缺少一个或一个以上的权利要求记载的技术特征，或者，即使被诉侵权技术方案存在相对应的权利人主张的权利要求记载的全部技术特征，但是至少有一个以上技术特征不相同也不等同，则不符合全面覆盖原则，即被诉侵权技术方案不构成侵权。

在《专利侵权判定指南（2013）》第30条也对全面覆盖原则做了介绍："判定被诉侵权技术方案是否落入专利权的保护范围，应当审查权利人主张的权利要求所记载的全部技术特征，并以权利要求中记载的全部技术特征与被诉侵权技术方案所对应的全部技术特征逐一进行比较。"《专利侵权判定指南（2017）》第35条规定："全面覆盖原则是判断一项技术方案是否侵犯发明或者实用新型专利权的基本原则。具体含义是指，在判定被诉侵权技术方案是否落入专利权的保护范围，应当审查权利人主张的权利要求所记载的全部技术特征，并以权利要求中记载的全部技术特征与被诉侵权技术方案所对应的全部技术特征逐一进行比较。被诉侵权技术方案包含与权利要求记载的全部技术特征相同或者等同的技术特征的，应当认定其落入专利权的保护范围。"两者相比不难发现：（1）《专利侵权判定指南（2017）》进一步明确了全面覆盖原则适用于发明或者实用新型专利权侵权判定，不包括外观设计专利权。（2）《专利侵权判定指南（2017）》进一步强调了全面覆盖原则既适用于相同侵权，又适用于等同侵权。

全面覆盖原则的含义在司法实践中也发生着演变。有观点认为，全面覆盖原则在以往的司法实践中，仅适用于相同侵权，排除了对等同原则的适用。❶ 其依据是：北京市高级人民法院关于《专利侵权判定若干问题的意见（试行）》（京高法发〔2001〕229号）第26条规定："全面覆盖，是指被控侵权物（产品或方法）将专利权利要求中记载的技术方案的必要

---

❶ 北京市高级人民法院知识产权审判庭编：《北京市高级人民法院〈专利侵权判定指南〉理解与适用》，中国法制出版社2014年版，第138页。

技术特征全部再现，被控侵权物（产品或方法）与专利独立权利要求中记载的全部必要技术特征一一对应并且相同。"第 31 条规定："在专利侵权判定中，当适用全面覆盖原则判定被控侵权物（产品或方法）不构成侵犯专利权的情况下，应当适用等同原则进行侵权判定。"该观点进一步指出，全面覆盖原则是在与等同原则分离基础上的并列关系。对此，笔者认为，从另一角度而言，当时的全面覆盖原则的定义与目前的全面覆盖原则定义不同，前者从定义中直接排除了适用于等同原则，因而二者没有可比性。之所以当时的全面覆盖原则排除了适用于等同原则，是因为当时还存在"多余指定原则"与承认"变劣侵权"。一旦这两项原则被摒弃，多一个多余的技术特征不再构成等同，少一个必要技术特征也不再构成等同，那么，在适用等同原则时，自然就回归到逐一判断权利要求记载的技术特征，即判断是否全面覆盖。

（二）全面覆盖原则的实际应用

（1）需要将全面覆盖原则与权利要求的解释、等同原则等综合运用，不是孤立地应用全面覆盖原则。

在申请再审人张某与被申请人烟台市栖霞大易工贸有限公司、魏某某侵犯专利权再审纠纷案❶中，申请再审人提出以下再审理由：①二审法院将被诉侵权产品增加了升降功能作为不构成侵权的理由，属于适用法律错误。②关于音乐芯片。被诉侵权产品虽然没有音乐芯片，但是用存储器作为音源代替音乐芯片来实现语音功能，因此被诉侵权产品芯片内的存储器与涉案专利的音乐芯片和语音芯片属于等同物。③关于步进电机。涉案专利的步进电机属于附加技术特征，步进电机和被诉侵权产品的交流电机属于等同。④关于靶标。涉案专利 5 个靶标与被诉侵权产品的 9 个靶标属于等同。⑤关于外接键盘和按键。被诉侵权产品前期有外接 PC 机，后期有外接键盘，并且在配重箱后面都有一个按键作为输入设备。被诉侵权产品的外接键盘相当于涉案专利的遥控器和遥控接收器，其按键相当于涉案专

---

❶ 参见（2012）民申字第 137 号。

利的折叠键盘。退一步而言，即使被诉侵权产品没有遥控器和遥控接收器，但由于上述技术特征是涉案专利的附加技术特征，被诉侵权产品故意省略上述特征，属于变劣侵权。此外，涉案专利有 4 项权利要求，二审法院认定涉案专利有 3 项权利要求属于认定事实错误。

针对再审理由 1，最高人民法院认为：专利侵权判定适用全面覆盖原则，因此，在侵权判断时，被诉侵权技术方案与涉案专利相比是否增加技术特征无须考虑。二审法院将被诉侵权产品增加升降功能作为不构成侵权的理由之一，属于适用法律不当。可见，最高人民法院在本案中进一步澄清了全面覆盖原则的含义，全面覆盖原则并不要求被诉侵权技术方案的技术特征与权利要求的技术特征数量必须相等，被诉侵权技术方案的技术特征在全部再现权利要求的技术特征的同时，即使增加新的技术特征，同样构成专利侵权。

针对再审理由 2，最高人民法院认为：张某认可被诉侵权产品没有音乐芯片，但认为被诉侵权产品的语音处理芯片与音乐芯片等同。从涉案专利权利要求 1 和说明书的记载可以看出，涉案专利的语音功能是通过语音处理芯片和放音部件实现的，音乐芯片的功能是用于播放伴奏音乐。被诉侵权产品有语音处理芯片，能实现语音提示功能，但不能实现播放伴奏音乐的功能。因此，被诉侵权产品缺少涉案专利音乐芯片的技术特征，张某的申请再审理由不成立。可见，在适用全面覆盖原则时，当不构成相同侵权时，法官需要考虑是否构成等同侵权，即同时适用等同原则。本案中，由于两者实现功能不同，法院认为不构成等同。

针对再审理由 4，最高人民法院认为：涉案专利和被诉侵权产品的靶标数量虽然不同，但是由于涉案专利的每一个靶标在击打时单独发挥作用，因此不能将 5 个靶标作为一个技术特征来考虑，应当将其分解为头部靶标、腹部靶标和腰部靶标来考虑。被诉侵权产品包含头部靶标和腹部靶标，其胯部靶标与涉案专利的腰部靶标在功能效果上是等同的，因此，应当认定被诉侵权技术方案包含涉案专利 5 个靶标的相同或等同技术特征。一审法院认为涉案专利"5 个靶标"的技术特征与被诉侵权产品"9 个靶标"的技术特征不等同属于适用法律错误,二审法院未予纠正亦属不当。可见,正确分解技术特征是正确适用全面覆盖原则的前提。不同的分解技术特征方式,会直接影响是否构成相同或者等同技术特征的判断。

针对再审理由 5,最高人民法院认为:根据《专利侵权司法解释》的相关规定,每一项权利要求都是一个完整的技术方案;《专利法》第 59 条第 1 款规定的"权利要求"既包括"独立权利要求",也包括"从属权利要求"。根据上述《专利侵权司法解释》第 7 条确定的侵权判定原则,被诉侵权产品缺少一个以上技术特征即不构成侵权,因此,张某关于被诉侵权产品属于省略遥控器和遥控接收器以及步进电机等附加技术特征的变劣侵权主张不成立。本案中,法院根据全面覆盖原则,直接否定了变劣侵权的主张。

在上述案件中,最高人民法院一方面澄清了全面覆盖原则的含义,明确了存在附加技术特征不影响侵权判定,明确否定了变劣侵权的存在;另一方面运用等同原则来判断两个技术特征是否构成等同,还通过重新解释涉案专利的技术特征得出与一审法院相反的技术特征等同结论。正是在综合运用上述侵权判定方法的前提下,全面而正确地适用了全面覆盖原则。

(2)适用全面覆盖原则过程中,是否可以简化对比步骤?《专利侵权判定指南(2017)》第 35 条规定,"权利要求中记载的全部技术特征与被诉侵权技术方案所对应的全部技术特征逐一进行比较"。从字面意思理解,二者的全部技术特征需要逐一进行比较。在司法实践中,诉讼双方当事人经常会认可部分技术特征构成相同或者等同技术特征,对剩余的一个或者一个以上的技术特征是否构成相同或者等同技术特征存在争议。此时,法院是否需要对比诉讼双方当事人无争议的相同或者等同技术特征?笔者认为,法院仍然需要对比审查,不可简化。因为是否构成相同或者等同技术特征,属于法律适用问题,并非事实认定问题;一方或者双方当事人都有可能对技术特征的对比结果的认知产生偏差。如果法院对比后认为两者不构成相同或者等同技术特征的,应以法院的结论为准。此外,如果法院已发现至少一个技术特征不构成相同或者等同,是否有必要对比剩余的技术特征?笔者认为,此时法院可以简化对比步骤,省略其余技术特征的比对。

但在司法实践中是否简化由法官自行决定。虽然法官逐一对比全部技术特征，将付出更多的时间与精力，但是可以让双方当事人对彼此的技术方案对比情况有更全面的认识，有利于当事人评估与决策后续的诉讼行为。如果法官认定存在一个不相同、不等同的技术特征，从逻辑上也可推倒出根据全面覆盖原则被诉侵权技术方案没有落入涉案专利技术方案的保护范围。例如，在上诉人（原审被告）福清金辉房地产开发有限公司与被上诉人（原审原告）郭某某侵害发明专利权二审纠纷案❶中，上诉人提出上诉人施工方法与被上诉人专利存在 6 项具体区别：①骨架材料不同；②性能不同；③螺杆数量不同；④螺杆植入工艺孔的方法不同；⑤是否使用五点粘贴法不同；⑥开槽的位置以及槽的形状不同。二审法院并未一一回应上诉人的 6 点理由，而是从涉案专利技术特征 A4 角度切入，认为被诉侵权技术方案与涉案专利技术特征 A4 所要求的面板与墙面之间直接通过结构胶进行粘接的技术特征并不相同，与涉案专利技术特征 A4 所要求的面板与水泥粉刷层及墙体之间紧紧粘接固定成一体，无法实现位移也是不同的。二审法院从而支持了上诉人的上诉请求，撤销了一审判决。

（三）全面覆盖原则与专利即发侵权

TRIPs 协议第 50 条第 3 款规定："司法当局应有权要求临时措施之请求的申请人提供任何可以合法获得的证据，以使该当局自己即足以确认该申请人系权利持有人，确认其权利正在被侵犯或侵权活动发生在即，该当局还应有权责令申请人提供足以保护被告和防止申请人滥用权利的诉讼保证金，或提供与之相当的担保。"我国《专利法》第 66 条规定："专利权人或者利害关系人有证据证明他人正在实施或者即将实施侵犯专利权的行为，如不及时制止将会使其合法权益受到难以弥补的损害的，可以在起诉前向人民法院申请采取责令停止有关行为的措施。"

上述"即将实施侵犯专利权的行为"，简称为"专利即发侵权"。有观

---

❶ 参见（2014）闽民终字第 59 号。

点认为，专利即发侵权是指侵权后果尚未发生但即将发生的侵害专利权行为。● 另有观点认为，根据即发侵权的理论，行为人只是为实施侵权行为准备了条件，尚未实际实施，也未对权利人造成实际损害，即只有违法民事行为的存在，没有损害事实。● 在伊莱利利公司诉甘李药业有限公司侵犯专利权纠纷案●中，原告伊莱利利公司起诉称：原告于 1990 年 2 月 8 日向原中华人民共和国专利局申请了名称为 "含有胰岛素类似物的药物制剂的制备方法" 发明专利。中华人民共和国国家知识产权局经审查后，于 2003 年 3 月 26 日授予原告伊莱利利公司专利权。被告甘李公司向中华人民共和国食品药品监督管理局申报了 "双时相重组赖脯胰岛素注射液 75/25" 药品注册申请。根据原告掌握的证据，可以推定被告申报的上述药物中的活性成分是原告专利技术方案中指定的赖脯胰岛素，而且有载体，据此可以判断被告的上述药物落入原告专利权的保护范围。被告已经取得临床批件，而且在此之前已经通过网络宣传其申请的上述药物，其行为性质属于即发侵权和许诺销售，构成对原告专利权的侵犯。一审法院认为，原告伊莱利利公司指控被告甘李公司侵权的涉案申报药物 "双时相重组赖脯胰岛素注射液 75/25" 尚处于药品注册审批阶段，虽然被告甘李公司实施了临床试验和申请生产许可的行为，但其目的是满足国家相关部门对于药品注册行政审批的需要，以检验其生产的涉案药品的安全性和有效性。鉴于被告甘李公司的制造涉案药品的行为并非直接以销售为目的，不属于专利法所规定的为生产经营目的实施他人专利的行为。另外，鉴于涉案药品尚处于注册审批阶段，并不具备上市条件，因此，被告网站上的相关宣传内容不属于许诺销售行为，也不构成即发侵权。原告伊莱利利公司认为被告甘李公司的涉案行为构成即发侵权和许诺销售的主张不能成立。二审法院认

● 李唯一："专利法中的即发侵权行为及其法律规制"，载《河南财经政法大学学报》2005 年第 2 期。

● 孙玉："即发侵权与知识产权保护"，载 http://www.chinacourt.org/article/detail/2002/04/id/2827.shtml，最后访问日期：2017 年 4 月 29 日。

● 参见 （2007）高民终字第 1844 号。

为，即将实施的侵权行为是指被控侵权人即将着手实施侵权行为，如不制止则将实际实施并构成侵权的状态。在这种状态下，侵权行为应是即将发生的，即存在即将发生的可能性。本案中，现有证据不能证明甘李公司在涉案专利保护期内存在从事生产、销售、许诺销售被控侵权产品的可能性，故其行为不构成即将实施的侵权行为。从本案中可以发现，原告认为专利即发侵权属于一种侵权行为，北京市高级人民法院并不赞同原告观点，认为属于一种即将可能发生侵权行为的"状态"。值得说明的是，本案直接影响了我国《专利法》第三次修改内容，《专利法》在第69条规定新增以下内容："有下列情形之一的，不视为侵犯专利权：……（五）为提供行政审批所需的信息，制造、使用、进口专利药品或者专利医疗器械的，以及专门为其制造、进口专利药品或者专利医疗器械的。"

通过上述分析，在把握"专利即发侵权"时，需要注意以下要点：①专利即发侵权不是一种侵权行为，而是一种即将可能发生侵权行为的状态；②如果构成专利即发侵权，法院对相对方可以采取的措施，限于"责令停止有关行为"，而非赔偿损失；③如需规制专利即发侵权，应当通过行为保全的方式，而非在民事侵权之诉的诉讼请求中主张。

对于在判断是否构成专利即发侵权时是否需要适用全面覆盖原则，我国专利法以及相关司法解释并未予以直接规定。但是，根据其"即将实施的侵权行为"字面含义理解，专利即发侵权具有两个特征：①即将实施，尚未实施；②一旦实施，属于侵权行为。因而，可以认为无论是权利人在举证过程中，还是法院在审查对比过程中，仍应适用全面覆盖原则。在上诉人（原审原告）胡某某、陈某某与被上诉人（原审被告）上海华亿通实业有限公司、陈某、湖北华亿通橡胶有限公司侵害发明专利权纠纷案❶中，上诉人认为，涉案项目环评报告通过后，意味着湖北华亿通公司（以下简称湖北华亿通公司）必须严格按照环评报告载明的技术方案和生产工艺来实施涉案项目，湖北华亿通公司承诺不再使用两原告享有的知识产权，但

---

❶　参见（2014）沪高民三（知）终字第90号。

并没有重新进行环评，而仍在继续进行涉案项目的建设，虽然涉案项目步骤Ⅲ尚未实施，但可以推定涉案项目必然将按照环评内容实施步骤Ⅲ，故涉案项目落入涉案专利的保护范围。二审法院认为，一审中，上诉人提交的环评报告、(2013) 沪徐证字第 5327 号及 (2013) 沪徐证字第 5610 号公证书以及被上诉人提交的《商业计划书》等证据材料虽可说明湖北华亿通公司业已实施涉案项目及该项目存在实施涉案专利之可能，但仅凭环评报告不足以说明相应项目实施过程中实际使用之技术方案，上述证据亦均不足以证明涉案项目确已实际实施了涉案专利，即不足以证明涉案项目业已实施之技术方案全面覆盖了涉案专利权利要求 1 (1-a) 之全部技术特征，落入涉案专利之保护范围。又鉴于本案二审中，被上诉人就涉案项目尚未实施涉案专利权利要求 1 (1-a) 中之步骤Ⅲ之主张已经得到上诉人明确认可，故依照专利法解释相关规定，涉案项目明显未落入涉案专利之保护范围，原审法院据此作出两上诉人关于涉案项目侵害涉案专利权及其独占实施许可权之主张依据不足之认定，于法有据，准确无误，二审法院依法予以支持。在本案中，被上诉人一方面没有申请行为保全，而是主张专利即发侵权属于一种侵权行为；另一方面法院适用了全面覆盖原则，在双方均认可被上诉人没有实施涉案专利权利要求 1 (1-a) 中步骤Ⅲ的情形下，驳回了上诉人的上诉请求。

（四）全面覆盖原则与封闭式权利要求

《专利侵权司法解释（二）》第 7 条规定："被诉侵权技术方案在包含封闭式组合物权利要求全部技术特征的基础上增加其他技术特征的，人民法院应当认定被诉侵权技术方案未落入专利权的保护范围，但该增加的技术特征属于不可避免的常规数量杂质的除外。前款所称封闭式组合物权利要求，一般不包括中药组合物权利要求。"《专利审查指南 2010》规定："通常，开放式的权利要求宜采用'包含'、'包括'、'主要由……组成'的表达方式，其解释为还可以含有该权利要求中没有述及的结构组成部分或方法步骤。封闭式的权利要求宜采用'由……组成'的表达方式，其一般解释为不含有该权利要求所述以外的结构组成部分或方法步骤。"开放式权利要求与封闭式权利要求是相对应的两个概念。

河北鑫宇焊业有限公司与宜昌猴王焊丝有限公司侵害发明专利权纠纷再审案❶中，最高人民法院认为，根据全面覆盖原则，专利侵权行为的成立，以被诉侵权技术方案包含与权利要求记载的全部技术特征相同或者等同的技术特征为充分条件。即使被诉侵权技术方案还附加有其他技术特征的，亦不影响侵权判断，仍应认定侵权行为成立。在适用全面覆盖原则时，应当首先确定权利要求的保护范围。封闭式权利要求是一种特殊类型的权利要求，以特定措辞或者表达，限定了权利要求的保护范围仅包括权利要求中明确记载的技术特征及其等同物，排除了其他组分、结构或者步骤。因此，对于封闭式权利要求，如果被诉侵权产品除了具备权利要求明确记载的技术特征之外，还具备其他特征，应当认定其未落入权利要求的保护范围。否则，会出现在授权确权程序中权利要求从严解释，权利人更容易避开现有技术获得授权；侵权诉讼中从宽解释，覆盖更宽保护范围，权利人两头得利，法律适用前后脱节的情形。

笔者认为，《专利侵权司法解释（二）》第 7 条第 1 款"被诉侵权技术方案在包含封闭式组合物权利要求全部技术特征的基础上增加其他技术特征的……"的表述，并不严谨，容易让人误以为这是对全面覆盖原则的例外适用。事实上，封闭式权利要求均隐含一个"封闭"或者"排除"的技术特征。例如，在上述案件中，涉案专利的说明书发明内容记载："本发明……具有以下优点：……不含有贵重的金属镍和钼，每吨的生产成本能够降低 1 000 元以上。"其中，"不含有贵重的金属镍和钼"即可理解为对一个隐含的"排除"型技术特征的说明。在权利要求中，实际上包含一个"不含有除列举元素之外的其他元素"的技术特征。当被诉侵权技术方案中包含列举元素之外的其他元素时（本案被诉侵权产品除具有权利要求 1 记载的全部组分之外，还含有铬、铜、镍三种组分），被诉侵权技术方案没有再现这一隐含的"排除"型技术特征，即不符合全面覆盖原则中所要求

---

❶ 参见（2013）民申字第 1201 号。

的再现权利人主张的权利要求中的全部技术特征。在开放式权利要求侵权对比中，是在被诉侵权技术方案包含权利要求中的全部技术特征的基础上，存在新增技术特征，仍然构成侵权。在封闭式权利要求侵权对比中，如果被诉侵权技术方案尚未包含权利要求中隐含的"排除"型技术特征，就不符合全面覆盖原则，无须考虑是否存在新增技术特征，即可认定不构成侵权。从这个角度而言，封闭式权利要求与开放式权利要求中的适用全面覆盖原则，并无差异。

基于上述分析以及封闭式权利要求并不限于封闭式组合物权利要求，建议《专利侵权司法解释（二）》第7条的表述可以修改为："被诉侵权技术方案包含封闭式权利要求所列举的全部组分、结构或者步骤等性质的技术特征，在此基础上增加其他组分、结构或者步骤或者其他技术特征的，导致被诉侵权技术方案并不涵盖封闭式权利要求中隐含的'封闭''排他'或者'排除'性质的技术特征，人民法院应当认定被诉侵权技术方案未落入专利权的保护范围，但该增加的技术特征属于不可避免的常规数量杂质的除外。封闭式组合物权利要求，一般不包括中药组合物权利要求。"

二、等同原则

（一）等同原则的含义

专利法中的等同判断，与著作权法中的实质性相似、商标法中的近似商标类似商品、商业秘密的实质性相似判断有着异曲同工之处。它们具有以下四个共同特点：（1）都是对权利人享有的排他性知识产权权利范围的扩张；（2）知识产权权利扩张范围是有限的，需要遵守一定的规则；（3）都允许法官在遵守一定规则的前提下行使自由裁量权；（4）法官在自由裁量时不可避免带有一定主观性，不同法官的裁量结果可能不同。也正因如此，等同原则的适用是专利侵权判定中的疑难、关键步骤之一。

等同原则是指专利权的保护范围不仅包括权利要求记载的必要技术特征，而且包括与该必要技术特征实质上等同的技术特征。所谓实质上等同的技术特征，是指与所记载的技术特征以基本相同的手段，实现基本相同的功能，达到基本相同的效果，并且本领域的普通技术人员无须经过创造性劳动就能够联想到的特征。等同原则最早出现于《专利侵权司法解释》第 17 条：

> 专利法第五十六条第一款所称的'发明或者实用新型专利权的保护范围以其权利要求的内容为准，说明书及附图可以用于解释权利要求'，是指专利权的保护范围应当以权利要求书中明确记载的必要技术特征所确定的范围为准，也包括与该必要技术特征相等同的特征所确定的范围。等同特征是指与权利要求所记载的技术特征以基本相同的手段，实现基本相同的功能，达到基本相同的效果，并且本领域的普通技术人员无须经过创造性劳动就能够联想到的特征。

需要强调的是，必须同时从两个角度理解等同原则：（1）在对比"技术特征"时，需要适用等同原则，进行等同特征判断；（2）在对比"技术方案"时，也需要适用等同原则，进行等同侵权判断。前者是后者的基础。

从等同特征角度而言，《专利侵权判定指南（2017）》对等同特征的含义做了详尽解释：

> 基本相同的手段，是指被诉侵权技术方案中的技术特征与权利要求对应技术特征在技术内容上并无实质性差异。
>
> 基本相同的功能，是指被诉侵权技术方案中的技术特征与权利要求对应技术特征在各自技术方案中所起的作用基本相同。被诉侵权技术方案中的技术特征与权利要求对应技术特征相比还有其他作用的，不予考虑。
>
> 基本相同的效果，是指被诉侵权技术方案中的技术特征与权利要求对应技术特征在各自技术方案中所达到的技术效果基本相当。被诉侵权技术方案中的技术特征与权利要求对应技术特征相比还有其他技术效果的，不予考虑。
>
> 无须经过创造性劳动就能够想到，是指对于本领域普通技术人员

而言，被诉侵权技术方案中的技术特征与权利要求对应技术特征相互替换是容易想到的。在具体判断时可考虑以下因素：两技术特征是否属于同一或相近的技术类别；两技术特征所利用的工作原理是否相同；两技术特征之间是否存在简单的直接替换关系，即两技术特征之间的替换是否需对其他部分作出重新设计，但简单的尺寸和接口位置的调整不属于重新设计。

从等同侵权角度而言，《专利侵权司法解释》第 7 条第 2 款明确规定了等同侵权的含义，即"被诉侵权技术方案包含与权利要求记载的全部技术特征相同或者等同的技术特征的，人民法院应当认定其落入专利权的保护范围；被诉侵权技术方案的技术特征与权利要求记载的全部技术特征相比，缺少权利要求记载的一个以上的技术特征，或者有一个以上技术特征不相同也不等同的，人民法院应当认定其没有落入专利权的保护范围"。

（二）等同原则的实际应用

（1）等同原则的适用，以权利人是否在诉讼中明确主张为前提。有观点认为，等同侵权的适用以原告的明确主张作为启动条件。如果原告未主张适用等同侵权，法院不可以依职权主动进行等同侵权的判定。❶ 其依据是《最高人民法院关于审理侵犯专利权纠纷案件应用法律若干问题的解释（征求意见稿）》第 4 条规定："权利人主张专利权保护范围包括等同的技术特征所界定的范围的，人民法院应当以该等同的技术特征确定专利权的保护范围。"但是，在最终颁布的《专利侵权司法解释》中删除了上述内容。可见，上述依据不足以支持其观点。在司法实践中，有经验的法官都会在预备庭或者调查阶段询问原告，是否主张等同侵权，以便被告及早准备相应的抗辩，也便于法官及早调查相关事实、调整审理思路。有经验的权利人代理人在没有十足把握认定构成相同侵权的情形下，一般都会既主

---

❶　北京市高级人民法院知识产权审判庭编：《北京市高级人民法院〈专利侵权判定指南〉理解与适用》，中国法制出版社 2014 年版，第 179 页。

张相同侵权又主张等同侵权。笔者认为，如果法官在向权利人释明后，权利人明确表示不主张适用等同侵权的，法官不能再依职权适用等同侵权判定。如果权利人未明确表示排除适用等同侵权的，法官应当给被诉侵权方就是否构成等同侵权进行足够的抗辩机会。如果在审理阶段未涉及查明或者辩论等同侵权问题的，法官不宜在民事判决书中直接适用等同侵权。

此外，司法实践中，权利人也可能出现起初信心满满主张相同侵权，随着庭审的深入、信心的减弱，改而主张适用等同侵权。权利人主张等同侵权的时间节点，我国的专利法以及司法解释并没有明确规定，但对被告以及法院而言，权利人越早明确越便于抗辩与审理。因而，一方面法官应当尽早要求权利人予以明确；另一方面法官应当允许权利人最晚在一审法庭辩论终结前明确主张适用等同侵权。因为《专利侵权司法解释》第1条规定："权利人在一审法庭辩论终结前变更其主张的权利要求的，人民法院应当准许。"权利人确定主张的权利要求，要早于确定是否主张适用等同侵权。一旦允许权利人在一审法庭辩论终结前变更主张的权利要求的，一项新主张的权利要求的确立，意味着紧接着需要权利人明确主张相同侵权还是等同侵权。因此，即使对已经主张、没有变更的权利要求主张适用等同侵权判定，也可以参照该时间点。

（2）等同侵权的适用，以基本符合全面覆盖原则为前提。所谓基本符合全面覆盖原则，是指被诉侵权技术方案中的技术特征与权利人的权利要求的技术特征，存在一一对应关系，前者已经基本再现了权利要求的全部技术特征。因此，等同侵权判定的过程中，双方所争议的不是在被诉侵权技术方案中找不到权利要求的一个或一个以上技术特征，而是两者对应的技术特征是否构成相同或者等同。如果经过双方抗辩，法院已经能够查明被诉侵权技术方案的技术特征与权利要求记载的全部技术特征相比，缺少权利要求记载的一个以上的技术特征，则无须继续进行等同侵权判定。

（3）等同侵权的判断步骤。在满足适用等同侵权的各项前提之下，等同侵权判断可以遵循"四步判断法"。

第一步，准确归纳出区别技术特征。一般而言，区别技术特征由权利人在明知双方的技术特征不构成相同技术特征、主张构成等同技术特征时，主动提出存在哪些区别技术特征。这对权利人而言并非易事。一方面，权利要求中的技术特征需要得到正确的分解，被诉侵权技术方案中的技术特征也需要得到正确的分解；另一方面，权利人需要避免将被诉侵权技术方案中的"候选区别技术特征"不适当地扩大与缩小，如果权利人将附加技术特征列入或者将必要技术特征排除出"候选区别技术特征"，都会在适用等同侵权判定时对权利人产生不利。经过被告的抗辩与法官的审理，一旦确定了区别技术特征，它们将成为等同特征判定的对象。

第二步，判断"三个基本相同"。即判断区别技术特征之间是否存在"以基本相同的手段，实现基本相同的功能，达到基本相同的效果"。这是判断区别技术特征是否等同的核心步骤，也是法官自由裁量最有可能出现差异的部分。如果区别技术特征所使用的技术手段不同，也可能出现"实现基本相同的功能，达到基本相同的效果"，所谓殊途同归。但是，这"三个基本相同"是充分条件，必须同时存在才能认定构成等同技术特征。一旦认定区别技术特征所使用的技术手段不同，即可认定不构成等同技术特征。

在宁波悦祥机械制造有限公司与上海昶意机械制造有限公司侵害发明专利权纠纷案❶中，一审法院认为，在被控侵权方案中气弹簧通过拉伸、锁定和复位，从而改变前车架和后车架间的夹角大小，可见，该气弹簧实现了涉案专利的锁定装置"控制前车架和后车架间夹角变化"的功能。该气弹簧是一种用途广泛的工业标准件，可以从市场上直接购买得到，本领域的普通技术人员对该气弹簧的结构和作用应是知晓的。在涉案专利中，a1 利用具有伸缩杆、伸缩杆套管、插销拉手体等的锁定装置实现其功能；a4 在 a1 的基础上增加了弹簧减震装置。a1、a4 是机械式的锁定结构，对于本领域的普通技术人员来说，该锁定结构是一种实现锁定功能的常用方式。因此，被控侵权方案中所使用的气弹簧和涉案专利中的 a1、a4 对本领域的普通技术人员来说均属于常用的实现方式，两者属于用基本相同的技

---

❶ 参见（2012）沪高民三（知）终字第 10 号。

术手段，实现基本相同的功能，达到基本相同的效果。针对背景技术中折叠车架锁定过程烦琐、折叠不够紧凑、体积较大以及现有滑板车的车架不能折叠等缺陷，涉案专利提出了利用不同实现思路的锁定装置的实施例。这为本领域的普通技术人员提供了在前车架和后车架之间安装一个锁定装置从而实现车架的折叠和展开的技术启示，特别是 a1 和 a4 提出了利用套设的伸缩杆、伸缩杆套管和弹簧等实现锁定功能的方案后，本领域的普通技术人员可以不花费创造性劳动就能想到并实现利用工业标准件气弹簧来替换涉案专利中的锁定装置 a1 或 a4。据此，被控侵权方案中所使用的气弹簧与 a1、a4 属于等同特征，即被控侵权方案的技术特征 4′ 与涉案专利的权利要求 1 的技术特征 4 属于等同特征。二审法院认为，经比对，首先，被控侵权产品的技术特征 4′ 气弹簧的结构与涉案专利权利要求 1 中技术特征 4 的具体实施方式 a1、a4 不相同。其次，涉案专利权利要求 1 中技术特征 4 的具体实施方式 a1、a4 采用的是机械弹簧式的锁定装置，通过拉动插销拉手体而使插销插入或者抽出插销孔从而使伸缩杆在伸缩杆套管中的轴向滑动来实现"控制前车架和后车架间夹角变化"；被控侵权产品采用的是气弹簧式的锁定装置，通过开启、关闭控制阀门来控制气缸桶内的压力平衡从而使活塞杆在气缸桶中的轴向滑动来实现"控制前车架和后车架间夹角变化"。技术特征 4′ 使用的气弹簧与技术特征 4 的具体实施方式 a1、a4 的工作原理不相同，二者的技术手段并不相同，也非基本相同。由于技术特征 4′ 与技术特征 4 两者使用的手段并不基本相同，因此，被控侵权产品的技术特征 4′ 与涉案发明专利权利要求 1 的技术特征 4 既不相同，也不等同。综上，被控侵权产品的技术特征没有完全覆盖涉案发明专利权利要求 1 记载的全部必要技术特征，被控侵权产品未落入涉案专利权的保护范围，故本案发明专利侵权指控不能成立。

第三步，判断技术特征是否需要付出创造性劳动就能够联想到。第一，"创造性劳动"判断，不同于"创造性"判断。我国专利法与司法解释没有对"创造性劳动"进行规定与解释。从字面含义理解，"创造性劳动"是相对于简单劳动而言；我国《专利法》第 20 条第 3 款规定，"创造性"

是指与现有技术相比，该发明具有突出的实质性特点和显著的进步，该实用新型具有实质性特点和进步。付出"创造性劳动"后，可能获得某项技术方案的"创造性"，也可能仍然不具有"创造性"。《专利审查指南2010》第二部分第四章第6.1款指出"绝大多数发明是发明者创造性劳动的结晶"，因而一项技术方案一旦具有"创造性"，可以推定技术人员付出了"创造性劳动"。在判断等同侵权时，有无"创造性劳动"不是判断该技术特征有无"创造性"，而是判断被诉侵权技术方案中的"潜在等同技术特征"是否"能够联想到"。因而，这一类型的"创造性劳动"的技术含金量要低于产生一项发明或者实用新型专利的技术含金量。第二，判断的假设主体是"所属技术领域的普通技术人员"，既不是被告的技术人员，也不是法院聘请的技术专家。在实践中，被告有可能会举证证明自己的技术人员如何付出"创造性劳动"，才联想到区别技术特征；法官也可能受技术专家个人观点的影响，更容易倾向于得出需付出"创造性劳动"才可联想到的结论。

第四步，判断技术方案整体有无创造性。技术方案整体有无"创造性"，与是否需要技术人员付出"创造性劳动"存在本质区别。前者针对的是技术方案，后者针对的技术特征；前者是判断"创造性"，后者是判断"创造性劳动"；前者否定判断的结果是否定构成等同侵权，后者否定判断的结果是否定构成等同技术特征。北京市高级人民法院《专利侵权判定指南（2017）》第55条规定："权利要求与被诉侵权技术方案存在多个等同特征，如果该多个等同特征的叠加导致被诉侵权技术方案形成了与权利要求技术构思不同的技术方案，或者被诉侵权技术方案取得了预料不到的技术效果的，则一般不宜认定构成等同侵权。"可见，被诉侵权技术方案与权利要求中的技术方案对比，即使前者的相同技术特征与等同技术特征已经全面再现后者的技术方案，但是，如果由于前者技术特征的叠加导致前者形成差别，从而具有"创造性"的，不宜被认定构成等同侵权。需要强调的是，北京市高级人民法院的观点仅限于"多个等同特征的叠加"，即两个或两个以上的等同特征的叠加，不包括一个等同特征与其他（一个或一个以上）相同特征的叠加。如果扩大到后者的认定标准，则有利于被告，反之有利于原告。在实践中，多个等同特征的叠加导致被诉侵权技术方案产生新的创造性的案例，极为罕见。一个等同特征与其他相同特征叠加即可产生创造性的可能性，更微乎其微。如果未来一旦出现真实的案例，同样值得思考与探索。

可见，上述第一步、第二步、第三步是等同原则在判断等同特征时的适用，● 上述四步法作为整体是等同原则在判断等同侵权时的适用。

三、其他原则

在专利侵权判定中，存在诸多原则，例如多余指定原则、变劣侵权、捐献原则、禁止反悔原则。这些原则均适用于发明或者实用新型专利侵权判定，多余指定原则、变劣侵权在司法实践中逐渐被摒弃，捐献原则、禁止反悔原则在司法实践中始终得到坚持与贯彻。为此，下面着重介绍捐献原则、禁止反悔原则。

在外观设计专利侵权判定中，整体观察、综合判断、要部对比，这些都是外观设计专利侵权判定中必须坚持的重要规则。但至今没有某项规则被学界权威或者司法文件归纳为某项原则。因而，这里姑且对整体观察、综合判断、要部对比不作详细介绍。

（一）捐献原则

《专利侵权司法解释》第 5 条规定："对于仅在说明书或者附图中描述而在权利要求中未记载的技术方案，权利人在侵犯专利权纠纷案件中将其纳入专利权保护范围的，人民法院不予支持。"这是适用捐献原则的法律依据。换言之，当权利人将原本可能受到专利授权或者司法保护的技术方案，仅在说明书或者附图中予以描述，没有写进权利要求，这样的技术方案被视为权利人无偿捐献给了社会公众。造成这种现象的原因，往往是由

● 北京市高级人民法院知识产权审判庭编：《北京市高级人民法院〈专利侵权判定指南〉理解与适用》，中国法制出版社 2014 年版，第 189 页。

于专利撰写人水平参差不齐造成的。随着中国专利代理人整体素质的提高以及专利代理市场整体秩序的规范，这种现象逐渐减少。当然，由于其仅在说明书或者附图中予以描述，未经专利审查员进行审查，因而在发明专利中是否符合专利授权要件，事实上无从得知。

在广东美的制冷设备有限公司与珠海格力电器股份有限公司专利侵权纠纷上诉案❶中，广东省高级人民法院认为，虽然涉案专利说明书并不支持可拆卸这一功能性技术特征。但由于专利权人在撰写专利权利要求时，明确增加了可拆卸的功能，客观上缩小了专利保护范围。按照上述捐献原则，在侵权案件中，专利权人不能再随意将已经捐献给公众的技术方案再纳入专利保护范围。

在陈某某与浙江乐雪儿家居用品有限公司、何某某及第三人温某某侵害发明专利权纠纷案❷中，最高人民法院认为，准确确定专利权的保护范围不仅是为专利权人提供有效法律保护的需要，也是尊重权利要求的公示和划界作用，维护社会公众信赖利益的需要。在权利要求解释中确立捐献原则，就是对专利的保护功能和公示功能进行利益衡量的产物。该规则的含义是，对于在专利说明书中记载而未反映在权利要求中的技术方案，不能包括在权利要求的保护范围之内。对于在说明书中披露而未写入权利要求的技术方案，如果不适用捐献原则，虽然对专利权人的保护是较为充分的，但这一方面会给专利申请人规避对较宽范围的权利要求的审查提供便利；另一方面会降低权利要求的划界作用，使专利权保护范围的确定成为一件过于灵活和不确定的事情，增加公众预测专利权保护范围的难度，不利于专利公示作用的发挥以及公众利益的维护。因此，最高人民法院《专利侵权司法解释》第5条规定："对于仅在说明书或者附图中描述而在权利要求中未记载的技术方案，权利人在侵犯专利权纠纷案件中将其纳入专利权保护范围的，人民法院不予支持。"按照上述条文的规定，如果本领域技术人员通过阅读说明书可以理解披露但未要求保护的技术方案是被专利

---

❶ 参见（2013）粤高法民三终字第615号。
❷ 参见（2013）民提字第225号。

权人作为权利要求中技术特征的另一种选择而被特定化，则这种技术方案就视为捐献给社会。案中的情形正是如此。涉案专利说明书在第3页中明确记载了第10步、第11步的步骤可以调换，而这一调换后的步骤并未体现在权利要求中，因此调换后的步骤不能纳入涉案专利权的保护范围，乐雪儿公司关于第10步、第11步的步骤调换方案应适用捐献原则的主张依法有据，法院予以支持。最高人民法院的上述说理，是对捐献原则十分全面、权威的解释。

（二）禁止反悔原则

《专利侵权司法解释》第6条规定："专利申请人、专利权人在专利授权或者无效宣告程序中，通过对权利要求、说明书的修改或者意见陈述而放弃的技术方案，权利人在侵犯专利权纠纷案件中又将其纳入专利权保护范围的，人民法院不予支持。"《专利侵权判定指南（2017）》第61条第2款规定："禁止反悔，是指在专利授权或者无效程序中，专利申请人或专利权人通过对权利要求、说明书的限缩性修改或者意见陈述的方式放弃的保护范围，在侵犯专利权诉讼中确定是否构成等同侵权时，禁止权利人将已放弃的内容重新纳入专利权的保护范围。"这些都是适用禁止反悔原则的法律依据。

在中誉电子（上海）有限公司与上海九鹰电子科技有限公司侵犯实用新型专利权纠纷案❶中，上海市高级人民法院认为，涉案专利权利要求1、权利要求2被宣告无效，在权利要求3的基础上专利权被维持有效。从属权利要求3的保护范围由权利要求3附加的技术特征"在所述舵机驱动电路板上，印制有一条形的碳膜和银膜，所述支架通过其上的固定孔固定到所述舵机驱动电路板上，且所述滑块底面上的电刷与该碳膜和银膜相接触"、权利要求3所从属的权利要求2附加的技术特征"在所述支架上，设置有固定到一舵机驱动电路板上的固定孔"以及权利要求2所从属的权利要求1记载的全部技术特征共同限定。从属权利要求3被维持有效的原因

---

❶　参见（2010）沪高民三（知）终字第53号。

在于在权利要求 1 中增加了从属权利要求 2 以及从属权利要求 3 记载的附加技术特征，这实质上是修改权利要求 1，在权利要求 1 记载的技术方案中增加从属权利要求 2、权利要求 3 记载的附加技术特征。因此，在界定权利要求 3 保护范围的技术特征中，"在所述支架上，设置有固定到一舵机驱动电路板上的固定孔"与"在所述舵机驱动电路板上，印制有一条形的碳膜和银膜，所述支架通过其上的固定孔固定到所述舵机驱动电路板上，且所述滑块底面上的电刷与该碳膜和银膜相接触"，属于为维持专利权有效限制性修改权利要求而增加的技术特征。由此，可以认定权利要求 3 中技术特征 G（在所述舵机驱动电路板上，印制有一条形的碳膜和银膜，且所述滑块底面上的电刷与该碳膜和银膜相接触）属于为维持专利权有效限制性修改权利要求而增加的技术特征。根据《专利侵权司法解释》第 6 条的规定，专利权人在无效宣告程序中，通过对权利要求的修改而放弃的技术方案，权利人在侵犯专利权纠纷案件中又将其纳入专利权保护范围的，人民法院不予支持。本案中，涉案专利的技术特征 G 将舵机驱动电路板上作为直线型电位器的导流条明确限定为"银膜"，该具体的限定应视为专利权人放弃了除"银膜"外以其他导电材料作为导流条的技术方案。被诉侵权产品的技术特征 g 为"在所述含有舵机驱动电路的电路板上，印制有一条形碳膜和镀金铜条，且所述滑块底面上的电刷与该碳膜和镀金铜条相接触"，根据知识产权事务中心的鉴定意见，被诉侵权产品的技术特征 g 与涉案专利的技术特征 G 等同，知识产权事务中心的该项认定双方当事人均予认可，且无足以推翻该项认定的事实与理由，应予采信。尽管技术特征 g 与技术特征 G 等同，但依据禁止反悔原则，由于除"银膜"外以其他导电材料作为导流条的技术方案被视为是专利权人放弃的技术方案，因此，以技术特征 g 与技术特征 G 等同为由，认为被诉侵权产品构成等同侵权的结论不能成立。一审法院关于本案等同侵权成立的结论有误，应予纠正。

在本案的再审❶中，最高人民法院对禁止反悔原则的法理基础、适用

---

❶ 参见（2011）民提字第 306 号。

条件、放弃的认定标准均进行了教科书式的解读。

（1）禁止反悔原则的法理基础。诚实信用原则作为民法基本原则之一，要求民事主体信守承诺，不得损害善意第三人对其的合理信赖或正当期待，以衡平权利自由行使所可能带来的失衡。在专利授权实践中，专利申请人往往通过对权利要求或说明书的限缩以便快速获得授权，但在侵权诉讼中又试图通过等同侵权将已放弃的技术方案重新纳入专利权的保护范围。为确保专利权保护范围的安定性，维护社会公众的信赖利益，专利制度通过禁止反悔原则防止专利权人上述"两头得利"情形的发生。故此，专利权人在专利授权或者无效宣告程序中，通过对权利要求、说明书的修改或者意见陈述而放弃的技术方案，权利人在侵犯专利权纠纷案件中又将其纳入专利权保护范围的，人民法院不应支持。

（2）禁止反悔原则的适用条件。一般情况下，只有权利要求、说明书修改或者意见陈述两种形式，才有可能产生技术方案的放弃，进而导致禁止反悔原则的适用。本案中，独立权利要求1及其从属权利要求2均被宣告无效，在权利要求2的从属权利要求3的基础上维持涉案专利有效。问题是，权利要求3是否仅仅因此构成对其所从属的权利要求1、2的限制性修改。独立权利要求被宣告无效，在其从属权利要求的基础上维持专利权有效，该从属权利要求即实际取代了原独立权利要求的地位。但是，该从属权利要求的内容或者所确定的保护范围并没有因为原独立权利要求的无效而改变。因为每一项权利要求都是单独的、完整的技术方案，每一项权利要求都应准确、完整地概括申请人在原始申请中各自要求的保护范围，而不论其是否以独立权利要求的形式出现。正是基于此，每一项权利要求可以被单独地维持有效或宣告无效。每一项权利要求的效力应当被推定为独立于其他权利要求项的效力。即使从属权利要求所从属的权利要求被宣告无效，该从属权利要求并不能因此被认为无效。所以，不应当以从属权利要求所从属的权利要求被无效而简单地认为该从属权利要求所确定的保护范围即受到限制。本案原二审判决认为，从属权利要求3被维持有效的原因在于，在权利要求1中增加了从属权利要求2以及从属权利要求3记载的附加技术特征，这实质上就是修改权利要求 1，该认定有所不当。

（3）放弃的认定标准。专利权保护范围是由权利要求包含的技术特征所限定的，故专利权保护范围的变化，亦体现为权利要求中技术特征的变化。在专利授权或无效宣告程序中，专利权人主动或应审查员的要求，可以通过增加技术特征对某权利要求所确定的保护范围进行限制，也可以通过意见陈述对某权利要求进行限缩性解释。禁止反悔原则适用于导致专利权保护范围缩小的修改或者陈述，即由此所放弃的技术方案。该放弃，通常是专利权人通过修改或意见陈述进行的自我放弃。但是，若专利复审委员会认定独立权利要求无效、在其从属权利要求的基础上维持专利权有效，且专利权人未曾作上述自我放弃，则在判断是否构成禁止反悔原则中的"放弃"时，应充分注意专利权人未自我放弃的情形，严格把握放弃的认定条件。如果该从属权利要求中的附加技术特征未被该独立权利要求所概括，则因该附加技术特征没有原始的参照，故不能推定该附加技术特征之外的技术方案已被全部放弃。案中，上海九鹰电子科技有限公司称，因为权利要求 1、2 被宣告无效，而权利要求 3 是对其进一步限定，故权利要求 1、2 与权利要求 3 之间的"领地"被推定已放弃。最高人民法院认为，权利要求 3 中的"银膜"并没有被权利要求 1、2 所提及，而且，中誉公司在专利授权和无效宣告程序中没有修改权利要求和说明书，在意见陈述中也没有放弃除"银膜"外其他导电材料作为导流条的技术方案。因此，不应当基于权利要求 1、2 被宣告无效，而认为权利要求 3 的附加技术特征"银膜"不能再适用等同原则。

第三节　举证责任

一、概　述

在专利侵权民事诉讼中，原告需要举证证明的事实很多，且直接影响诉讼结果，因此，专利侵权诉讼中，举证是一个很重要的问题。一般而言，一件专利侵权诉讼，原告需要举证三方面的内容：专利权利基础证据的举证、专利侵权证据的举证和专利侵权诉讼赔偿证据的举证。同时，在专利侵权案件中，举证责任如何分配非常关键，值得重点关注。

（一）专利权利基础证据

专利权利基础证据主要是诉讼主体资格的证据以及专利权合法有效的证据。

1. 主体资格的证据

专利诉讼中，除了一般民事诉讼中涉及的主体证据之外，有一种比较特殊的情况就是在专利权人不参加诉讼，而由其他与案件有直接利害关系的人进行起诉时的主体资格证明问题。

（1）被许可人起诉的主体资格。

在实践中，如果原告不是专利权人，而是专利实施许可合同的被许可人，原告应提交许可情况的证据：如属于独占实施许可的，原告提交独占实施许可合同；如属于排他实施许可的，原告提交排他实施许可合同和专利权人不起诉的证据；如属于普通实施许可的，原告提交普通实施许可合同和专利权人授权被许可人起诉的证据。

在上海建冶重工机械有限公司诉长沙深湘通用机器有限公司侵害发明专利权纠纷上诉案❶中，上诉人（原审被告）上海建冶重工机械有限公司认为，长沙深湘通用机器有限公司（以下简称深湘公司）不是本案的适格主体。二审法院认为，根据涉案"立式磨机"发明专利的专利权人郝某某与深湘公司签订的《专利实施许可协议》记载，深湘公司取得涉案专利在中华人民共和国境内的独占使用权和生产经营权，作为独占实施许可的被许可人，深湘公司有权对涉嫌侵犯涉案专利权的行为提起侵权之诉，以维护其根据上述协议所取得的独占使用权。

佛山市灵海陶瓷科技有限公司（以下简称灵海公司）诉广西藤县雅照

---

❶ 参见（2016）鲁民终 1988 号。

钛白有限公司的专利侵权纠纷案❶中，广东省佛山市中级人民法院认为：灵海公司属于本案专利（ZL02134442.6 号发明专利）的排他许可合同的被许可人，其起诉也得到了专利权人的同意，故具备原告主体资格。

在温某某、佛山市澳舒健家具制造有限公司（以下简称澳舒健公司）诉佛山市帝锋家具有限公司侵害外观设计专利权纠纷案❷中，法院认为，专利侵权案件中，普通许可合同的被许可人，可以经专利权人明确授权，以自己名义单独起诉，也可以与专利权人共同起诉。该案温某某与澳舒健公司签订了《专利实施许可合同》，温某某将本案专利以普通许可方式授予澳舒健公司使用，是其真实意思的表示，澳舒健公司亦表示接受，并据此取得普通专利许可权。因此，澳舒健公司与温某某共同作为原告提起诉讼，是该案适格的诉讼主体。可见，当被许可人仅获得专利的普通实施许可时，只有获得专利权人的明确授权时，才可作为适格诉讼主体。❸

在涉及专利实施被许可人提起的诉讼中，实施许可合同是否备案并不是确认诉讼适格主体的依据。根据法律规定，备案对于实施许可合同是否有效没有影响，在司法实践中，如果被告以专利实施许可合同没有备案为理由认为原告诉讼主体不适格，法院不予采信。在东莞市品高礼品有限公司与宋某某、上海福佑门物业管理有限公司、广州市博尚贸易有限公司侵害外观设计专利权纠纷案中❹，法院认为：该案适格主体的问题应当根据《专利法》第 11 条第 2 款的规定，外观设计专利权被授予后，任何单位或者个人未经专利权人许可，都不得实施其专利，即不得为生产经营目的制造、许诺销售、销售、进口其外观设计专利产品。本案中，名称为"水杯（B-1161B）"，专利号 ZL200830106916.X 的外观设计专利在有效期内，原告经专利权人许可享有的该专利的独占实施权受法律保护。被告关于原告因未将涉案外观设计的《专利许可实施合同》向国家知识产权局备案，因

---

❶ 参见（2005）佛中法民三初字第 107 号。
❷ 参见（2011）佛中法知民初字第 289 号。
❸ 《深圳市中级人民法院关于知识产权民事纠纷案件诉讼主体若干问题的若干意见》。
❹ 参见（2010）沪二中民五（知）初字第 101 号。

而不是本案适格主体的抗辩意见于法无据，法院不予采信。

（2）专利发生转让时的主体资格问题。

根据司法实践，在发生侵权行为至起诉之前，专利权发生转让的，原权利人可以将指控侵权的诉讼权利和实体权利一并转让给新的权利人。考虑到知识产权权利物权和债权二合一的特殊性，诉讼权利的概括转让须基于约定。那么，有约定和没有约定，法院在实践中是如何确定诉讼主体呢？

在北京光华安富业门窗有限公司（以下简称光华安富业公司）、北京城建集团有限责任公司与北京英特莱技术公司（以下简称英特莱公司）侵害发明专利权纠纷上诉案❶中，涉案专利的原专利权人北京英特莱摩根热陶瓷纺织有限公司作为原告提起本案诉讼后，依法将涉案专利权转让给英特莱公司，并约定将有关涉案专利侵权案件的全部法律诉讼的权益和义务转让给英特莱公司。被诉侵权人光华安富业公司认为，被诉侵权行为发生在起诉前，而当时英特莱公司并不是权利人，因此其不具有本案原告的诉讼主体资格。法院认为，专利权本质上属于民事权利，专利权人可以依法转让其专利权。案中，涉案专利的原专利权人北京英特莱摩根热陶瓷纺织有限公司作为原告提起本案诉讼后，依法将涉案专利权转让给英特莱公司，并约定将有关涉案专利侵权案件的全部法律诉讼的权益和义务转让给英特莱公司。因此，英特莱公司据此向原审法院提出书面申请，请求以原告身份参加本案原审诉讼后，原审法院经审查对其申请予以准许，并将英特莱公司作为本案原告并无不当，光华安富业公司有关英特莱公司不具有本案原告诉讼主体资格的上诉理由依据不足，不予支持。

在北京英特莱技术公司与大连人和消防设备有限公司侵犯专利权纠纷申请再审民事案件❷中，最高人民法院在判断英特莱摩根公司是否具有诉讼主体资格时指出，"英特莱摩根公司在提起诉讼时是涉案专利的权利人，尽管被诉侵权事实发生于其受让专利权之前，但只要涉案专利权遭受侵害且侵害危险仍然存在，英特莱摩根公司为恢复其专利权的正常状态，就可

---

❶　参见（2014）高民（知）终字第3585号。

❷　参见（2014）民申字第147号。

以提起民事诉讼，请求被诉侵权人承担停止侵权等民事责任。同时，刘某某的情况说明亦足以证明，原专利权人已经与专利有关的所有实体权利和诉讼权利一并转让给了英特莱摩根公司"。从最高人民法院的观点看，英特莱摩根公司虽然为现在的专利权人，但其对受让前的侵权行为享有诉讼权利还需基于：有事实证明权利转让包含实体权利和诉讼权利；涉案专利危险仍然存在，现有的专利权人可以要求侵权人承担停止侵权。

在高某某与武汉市宾朋文体用品有限责任公司、义乌市稠城鑫潮文体用品商行侵害外观设计专利权纠纷案❶中，法院在事实调查中发现，侵权行为起始于专利转让之前，一直发生在诉讼期间。但是某被告侵权产品的购买仅发生在专利权受让之前，且专利转让时转让人没有明确约定诉讼权利概括转让。因此，法院认为：鑫潮商行的销售行为发生在高某某受让取得本案专利权之前，而原专利权人邵某某并未明确同意将专利权转让之前的维权权利授予高某某。在专利转让合同对转让前发生的侵权行为之起诉权利未约定，邵某某事后也未明确同意由高某某行使该权利的情况下，高某某无权依本案被控侵权产品起诉鑫潮商行。

可以看出，权利转让时是否对诉权有约定，对于专利权受让人维权具有特别的意义。国内有的法院为了让专利诉讼能够进行下去而不被驳回，在其内部的指导意见中规定了法院追加原告的义务——"如合同没有特别约定的，侵权行为发生在权利转让之前，持续至权利转让之后，转让人、受让人为共同原告。单独起诉的，法院应追加另一方为共同原告"。❷

（3）专利权人主体变更的资格确认。

与其他民事诉讼相同，当专利权人为法人且发生变更的，变更后的法人具有诉讼主体资格，在提起专利侵权诉讼时变更后的法人需要提供相应的工商变更证明。

2. 专利权证据

专利权的证据主要有专利证书、专利登记簿副本、专利被授权时的公

---

❶ 参见（2016）鄂民终 1007 号。

❷ 《深圳市中级人民法院关于知识产权民事纠纷案件诉讼主体若干问题的若干意见》。

告文本、专利年费缴纳凭证。由于专利证书仅能反映出该专利授权时的法律状态，而不能实时反映出专利权的法律状态，因此，为了证明专利权的权属，在起诉过程中需要提供专利登记簿副本以证明该专利的最新法律状况。

在佛山市石湾区康威电器厂、吴某某与江某某外观设计专利侵权纠纷案❶中，专利权人江某某在一审中提交了专利证书作为其权属证明，但是被诉侵权人佛山市石湾区康威电器厂、吴某某在上诉时提交了专利登记簿副本和专利公报，用以证明该专利权的专利权人已经由番禺市沙湾镇天地人机械厂变更为广州市番禺区天地人机械有限公司，原告江某某并非适格诉讼主体。二审法院据此驳回原告的起诉。

3. 专利检索报告

《专利法》第 61 条第 2 款规定：专利侵权纠纷涉及实用新型专利或者外观设计专利的，人民法院或者管理专利工作的部门可以要求专利权人或者利害关系人出具由国务院专利行政部门对相关实用新型或者外观设计进行检索、分析和评价后作出的专利权评价报告，作为审理、处理专利侵权纠纷的证据。那么，专利权评价报告是否是立案时需要提交的证据，是否是案件审理必不可少的证据，笔者认为答案是否定的，关于这一点也可以从如下案例进行了解。

在梁某与蒙某某等侵害实用新型专利权纠纷上诉案❷中，法院认为：《专利法》第 61 条第 2 款规定中使用的是"可以"，而不是"应当"或者"必须"提供专利权评价报告。《专利侵权司法解释》第 8 条第 1 款规定，"提起侵犯实用新型专利权诉讼的原告，应当在起诉时出具由国务院专利行政部门作出的检索报告"（2008 年《专利法》修改之前，专利法没有关于专利权评价报告的规定。2001 年《专利法》中规定是实用新型专利检索报告，其仅评价实用新型专利是否具有新颖性与创造性）。但最高人民法院在《最高人民法院关于对出具检索报告是否为提起实用新型专利侵权诉

---

❶ 参见（2004）粤高法民三终字第 280 号。

❷ 参见（2011）琼民三终字第 17 号民事判决书。

讼的条件的请示的答复》指出："最高人民法院《关于审理专利纠纷案件适用法律问题的若干规定》第 8 条第 1 款规定：'提起侵犯实用新型专利权诉讼的原告，应当在起诉时出具由国务院专利行政部门作出的检索报告。'……检索报告，只是作为实用新型专利权有效性的初步证据，并非出具检索报告是原告提起实用新型专利侵权诉讼的条件。该司法解释所称'应当'，意在强调从严执行这项制度，以防过于宽松而使之失去意义。凡符合《民事诉讼法》第一百〇八条规定的起诉条件的案件，人民法院均应当立案受理。"

在中山市古镇渝顺灯饰照明门市部与全某某侵害外观设计专利权纠纷上诉案❶中，二审法院认为，检索报告只是作为外观设计专利权有效性的初步证据，并非案件审理的必要依据。全某某虽未提交专利检索报告，但提交了外观设计专利证书及专利年费缴纳票据等证据证明涉案专利处于有效状态，在渝顺灯饰门市部未提供相反证据证明涉案专利已经处于无效状态的情况下，应当认定该专利有效，应受法律保护。对渝顺灯饰门市部关于全某某没有提交专利检索报告故无法确定涉案专利稳定性的上诉请求，法院不予支持。

可以看出，专利权评价报告并非原告起诉时必须提交的证据，更不能将原告没有提交专利权评价报告作为侵权不成立的理由。但实践中，大部分的专利权人仍会选择在提起诉讼的同时向法院提交专利权评价报告。这是因为在专利侵权案件中，被诉侵权人往往通过提起专利无效宣告请求来中止侵权诉讼，从而达到拖延诉讼时间的目的。此外，专利侵权诉讼的费用较高，专利权人一般不轻易发动诉讼，而一旦启动则希望有较高的胜诉可能，不希望其专利权被宣告无效。因此，大部分专利权人选择在提起诉讼之前，向国家知识产权局申请获得专利权评价报告，以确定其专利是否具备较高的稳定性，在专利稳定性评价乐观时提起诉讼，一方面减少权利不稳定给案件结果带来的不确定性；另一方面可以帮助法官提升对涉案实

---

❶ 参见（2017）粤民终 1313 号。

用新型和外观设计专利权稳定性的信心。

（二）专利侵权证据

下面来看提起侵权诉讼时需要主张专利侵权的证据。一般而言，专利侵权证据包含如下。

1. 被控侵权产品

在涉及产品专利的侵权诉讼中，利用公证手段取证侵权产品是非常普遍有效的，因为被告很难就真实的公证书提出反证而否定证据的真实性。从流程上讲，专利权人会通过市场调查，发现侵权行为，向公证机关提出申请，对购买侵权产品的过程及购得的侵权产品进行公证或对侵权现场（如许诺销售）或对侵权产品的安装地进行勘查公证，取得公证书，从而证明被告存在侵权行为。专利权人的采购、买卖等取证行为，无论是以何种介质保存，均由公证人员封存。在提交法院之前，原告应确保封条完好无损，否则被告将可能在质证时提出异议，对侵权产品不予认可。

为避免公证机关公证中出现疏漏而影响诉讼，专利权人在诉讼之前或起诉时应当检查公证书中所记载的被控侵权产品生产商或销售商是否能够明确指向被诉侵权人，以免诉讼中核心证据出现瑕疵。

在东莞广门电子有限公司与深圳市杰巍祥和实业有限公司（以下简称杰巍公司）专利侵权纠纷案❶中，专利权人提交的东莞市公证处出具的（2004）东证内字第12086号公证书中，被控侵权收音机确实是由东莞市公证处以虚构的"深圳市亚美礼品有限公司"的名义在杰巍公司住所地购得。但是从公证书所附的收据看，销售人是"深圳市JW实业有限公司"，不是本案被告"深圳市杰巍祥和实业有限公司"，收据上的椭圆形印章也不是杰巍公司工商登记备案的印章。由于该收据上既没有销售日期，又没有销售人员签名或者盖章，故在该收据上的印章不是杰巍公司备案使用的印章的情况下，无法进一步根据销售人员的情况查明被控产品是否确为杰巍公司销售。因此，该销售单并不能证明被控产品的销售人就是杰巍公司。

---

❶ 参见（2005）粤高法民三终字第347号。

被控产品收音机实物，不论是包装盒还是收音机上，均没有关于生产者的任何记载，因此，被控产品实物也不能证明被控产品的生产者是杰巍公司。据此，该公证书不能直接证明被控产品的生产者和销售者就是杰巍公司，最终，法院认定本案所涉被控侵权产品不是杰巍公司生产或销售。

2. 被控侵权方法

相比于产品证据，除了举证倒置的情形，方法证据的取得十分困难。在诉讼中权利人必须提交有关侵权人侵犯方法专利的说明，尽合理的努力去收集证据，否则会面临败诉的风险。一般而言，收集方法包含向法院申请进行证据保全。根据《民事诉讼法》第81条的规定，在证据可能灭失或者以后难以取得的情况下，当事人可以在诉讼过程中向人民法院申请保全证据，人民法院也可以主动采取保全措施。因情况紧急，在证据可能灭失或者以后难以取得的情况下，利害关系人可以在提起诉讼或者申请仲裁前向证据所在地、被申请人住所地或者对案件有管辖权的人民法院申请保全证据。

除了证据保全之外，方法专利中专利权人还可以利用证据排除等诸多方法来证明侵权成立。在巴斯夫公司诉被告南通施壮化工有限公司、北京阳光克劳沃生化技术有限公司侵犯专利权纠纷案❶中，巴斯夫公司首先主张该方法专利为新产品的生产方法专利，但没有得到法院的支持。为了证明被诉侵权人的侵权行为，巴斯夫公司向南通施壮公司的代理商——北京阳光克劳沃公司公证购买了20千克被控侵权产品，然后委托上海市农药研究所检测中心检验。该检测中心的检验报告显示，南通施壮公司生产的涉案产品出现一个主峰和三个次峰，这与巴斯夫公司生产的"棉隆"产品（四氢-3，5-二甲基-1，3，5噻二嗪-2-硫酮）的色谱图中出现的一个主峰和三个次峰相对应。巴斯夫公司据此提出：上述三种特征杂质系使用涉案专利方法制备棉隆产品过程中出现的典型杂质，即由于在制备过程中加入涉案专利方法中的亚烷基二胺，才形成上述三种杂质，这一点在说明书

---

❶ 参见（2008）高民终字第164号。

中有记载。南通施壮公司则辩称：其在生产涉案产品时并未加入亚烷基二胺，而是通过使用十二烷基磺酸钠等其他助剂和改变反应器结构来制备棉隆颗粒剂。南通施壮公司虽然提出自己的反驳理由，但并没有举证证明加入十二烷基磺酸钠等助剂会形成上述三种特征杂质。北京市高级人民法院经审查认为：巴斯夫公司提供的证据足以证明南通施壮公司生产、销售涉案产品使用了与涉案专利方法相同的方法，侵犯了涉案专利权，法院最终判决南通施壮公司侵权成立。在该案中，专利权人巧妙地利用了专利方法中产生的不可避免的杂质来证明被诉侵权人的侵权行为。

在实际中，由于方法发明专利侵权案件的原告举证相当困难，才会出现举证责任倒置的情形。但是举证责任倒置又存在诸多限制，这些限制往往使专利权人无法有效地举证，从而丧失保护自己专利方法的机会。在这种情况下，专利权人是否有其他机会呢，例如无法适用举证责任倒置的法定情况而将举证责任转移呢？在实践中，法院也会依据公平原则进行举证责任的分担。

宜宾长毅浆粕有限责任公司诉成都鑫瑞鑫塑料有限公司、潍坊恒联浆纸有限公司专利侵权纠纷再审案❶中，虽然该专利方法中并没有产生特殊物质能够证明被诉侵权人使用该专利方法，但是专利权人提供了通过产品检验等方式证明涉案产品是与涉案专利方法生产的产品相同的粘胶木浆粕，而非潍坊恒联公司辩称的粘胶棉浆粕。通过该方法，专利权人进行了初步证明，证明被诉侵权人所实施方法生产的产品与专利方法所生产的产品一样。同时，专利权人提供了其所拍摄到的潍坊恒联公司的生产车间、相关机器设备以及原材料木浆板投放过程的视频资料，并向法院申请证据保全，以证明被诉侵权人的制造方法与专利方法一样。虽然法院在两次保全过程中都并未取到相关的证据，但是法院认为，专利权人已经完成涉案产品与涉案专利方法生产的产品相同的举证责任，在涉案产品制造方法证据由潍坊恒联公司掌握的情况下，积极提供生产现场视频资料，并申请法院进行

❶　参见（2013）民申字第 309 号。

证据保全，为证明涉案产品制造方法落入涉案方法专利权保护范围尽了合理努力。

因此，对于此案件，最高人民法院认为，非新产品制造方法发明专利侵权纠纷的举证责任分配，相关法律和司法解释均无具体规定。一般而言，对制造方法专利的使用表现在产品的制造过程中，产品制造过程涉及生产步骤和工艺参数，具体流程和数据只能在生产现场或者查看生产记录才能得知。通常情况下，专利权人难以接近被诉侵权人的生产现场和生产记录以取得完整的制造方法证据，在产品制造方法证据完全掌握在被诉侵权人手中的情况下，如果不结合具体案情对侵权指控成立的可能性大小以及双方当事人的举证能力进行分析，只是简单地适用"谁主张谁举证"的一般原则，由专利权人来举证证明被诉侵权人生产同样产品的制造方法，显然不利于客观事实的查明，亦有违公平原则。《最高人民法院民事诉讼证据的若干规定》第7条规定："在法律没有具体规定，依本规定及其他司法解释无法确定举证责任承担时，人民法院可以根据公平原则和诚实信用原则，综合当事人举证能力等因素确定举证责任的承担。"凡是掌握证据的当事人均有责任提供证据以还原客观事实，举证责任的分配原则应当是在公平和诚实信用的基础上，确保最大限度地查明客观事实。具体到产品制造方法发明专利侵权纠纷，当使用专利方法获得的产品不属于新产品时，意味着在方法专利申请日前，通过其他方法已经制造出同样的产品，因此，同样产品经由专利方法制造的可能性就没有新产品大，如果也适用举证责任倒置规则，一律由被诉侵权人对其制造方法进行举证，就有可能被专利权人滥用来套取被诉侵权人的商业秘密，不利于对被诉侵权人商业秘密的保护，所以法律和司法解释没有规定适用举证责任倒置规则。但是，这类产品的制造方法往往只有被诉侵权人知道，专利权人很难举证，所以简单地适用"谁主张谁举证"的原则，一律由专利权人对被诉侵权人的制造方法进行举证，确有困难和不公，不利于案件事实的查明。为了既能查明案件事实，又能确保被诉侵权人的商业秘密不被泄露，平衡专利权人和被诉侵权人的利益，根据审判实践，最高人民法院认为：在专利权人能够证明被诉侵权人制造了同样产品，经合理努力仍无法证明被诉侵权人确实使用了该专利方法，根据案件具体情况，结合已知事实及日常生活经验，能够认定该同样产品经由专利方法制造的可能性很大的，人民法院可以根据民事诉讼证据规定的第 7 条规定，将举证责任分配给被诉侵权人，不再要求专利权人提供进一步的证据，而由被诉侵权人提供其制造方法不同于专利方法的证据。

最高人民法院上述案例是证据规则中"证据盖然性"原则的使用，尽管最高人民法院援引的是国内的成文法，但实际上该判例所论述的举证责任转移完全体现在 TRIPs 协议第 34 条第 1 款（b）项中，即只要权利人证明了相同产品，并尽合理努力无法确切证明被告使用了专利方法的，在被告使用专利方法的可能性很大的情况下，法院会将举证责任进行转移。

3. 技术比对

技术比对大多数情况下涉及技术问题的处理和认定。一般而言，此种技术比对的初步证据由原告提出，涉及技术问题的认定，一般根据技术调查官和鉴定机构的意见进行判断。

根据《最高人民法院专利侵权司法解释》第 7 条规定："人民法院判定被诉侵权技术方案是否落入专利权的保护范围，应当审查权利人主张的权利要求所记载的全部技术特征。被诉侵权技术方案包含与权利要求记载的全部技术特征相同或者等同的技术特征的，人民法院应当认定其落入专利权的保护范围；被诉侵权技术方案的技术特征与权利要求记载的全部技术特征相比，缺少权利要求记载的一个以上的技术特征，或者有一个以上技术特征不相同也不等同的，人民法院应当认定其没有落入专利权的保护范围。"因此，我国司法实践就专利诉讼中技术比对的基本原则为"全面覆盖原则"。

技术调查官是我国知识产权诉讼中所特有的诉讼参加人，根据《最高人民法院关于知识产权法院技术调查官参与诉讼活动若干问题的暂行规定》，技术调查官属于司法辅助人员，技术调查官的作用贯穿整个诉讼中对于技术的认定和鉴定，如技术调查官有权列席案件评议，并应当针对案件有关技术问题提出意见，接受法官对技术问题的询问；又如技术调查官提出的技术审查意见可以作为法官认定技术事实的参考。但与技术鉴定是一种可以作为认定案件事实的独立证据所不同的是，技术调查官的技术审查意见应当作为一种什么样的证据形式尚未有定论，其意见如何被法官所采信，技术调查官如何进行管理和规范等重要问题都有待规范和解决。

（三）侵权赔偿证据

根据《最高人民法院关于审理专利纠纷案件适用法律问题的若干规定》第 20~21 条的规定，权利人因被侵权所受到的实际损失可以根据专利权人的专利产品因侵权所造成销售量减少的总数乘以每件专利产品的合理利润所得之积计算。权利人销售量减少的总数难以确定的，侵权产品在市场上销售的总数乘以每件专利产品的合理利润所得之积可以视为权利人因被侵权所受到的实际损失。

侵权人因侵权所获得的利益可以根据该侵权产品在市场上销售的总数乘以每件侵权产品的合理利润所得之积计算。侵权人因侵权所获得的利益一般按照侵权人的营业利润计算，对于完全以侵权为业的侵权人，可以按照销售利润计算。权利人的损失或者侵权人获得的利益难以确定，有专利许可使用费可以参照的，人民法院可以根据专利权的类型、侵权行为的性质和情节、专利许可的性质、范围、时间等因素，参照该专利许可使用费的倍数合理确定赔偿数额；没有专利许可使用费可以参照或者专利许可使用费明显不合理的，人民法院可以根据专利权的类型、侵权行为的性质和情节等因素，依照《专利法》第 65 条第 2 款的规定确定赔偿数额。权利人主张其为制止侵权行为所支付合理开支的，人民法院可以在《专利法》第 65 条确定的赔偿数额之外另行计算。

实践当中，权利人提出的侵权赔偿证据一般有：原告的财务审计报告；被告的财务账册；专利许可方面的证据及权利人为制止侵权行为所支付的合理开支。但是，这些证据的举证和认定是一个非常复杂的过程，往往在实践中很难提供全部所需要的证明赔偿数额的证据。鉴于专利侵权赔偿是一个复杂且重要的问题，因此本书第三章第四节将专门介绍，在此仅通过如下两个案例简单说明。

在珠海金稻电器有限公司等与松下电器产业株式会社侵害外观设计专利权纠纷❶中，权利人松下公司就侵权人在电商平台上的侵权证据进行了充分的举证——权利人通过公证取证方式固定的，在部分电商平台上检索得到的侵权产品同型号产品销售数量之和 18 411 347 台侵权产品，以及该产品的平均价格 260 元作为 300 万元赔偿请求的依据。终审法院认为：按照权利人主张的被诉侵权产品销售数量总数与产品平均售价的乘积，即使从低考虑每件侵权产品的合理利润，得出的计算结果仍远远高于 300 万元。因此，在上述证据的支持下，松下株式会社主张 300 万元的赔偿数额具有较高的合理性。原审法院全额支持松下株式会社关于经济损失的赔偿请求，具有事实和法律依据，终审法院予以确认。关于合理费用，法院进一步认为，权利人为制止侵权行为所支付的费用，应当是其为维权实际产生的费用开支，对于权利人在合理范围内的维权支出给予支持，应当以有开支凭证为原则、无开支凭证为例外，提供的证据不能全部涵盖其请求的，权利人应当说明理由。

在北京握奇数据系统有限公司诉恒宝股份有限公司侵犯发明专利权纠纷案❷中，原告握奇公司请求按照我国专利法中规定的权利人因被侵权所受到的实际损失方法来确定侵权损害赔偿数额，计算方法是以被诉侵权产品的销售数量乘以原告每件专利产品的合理利润所得之积。为了证明被诉侵权产品的销售数量，原告握奇公司向法院提出申请，向中国银行、中国人民解放军 61046 部队、中金金融认证中心有限公司进行调查取证，以查清被告恒宝公司向有关银行销售 USBKEY 产品的数量情况。上述各单位均向法院出具了书面证明。同时，原告委托北京中金华会计师事务所有限公司对其关联公司制作、销售的单个 USBKEY 产品毛利率进行专项审计，并以案外人飞天诚信科技股份有限公司制造、销售相同产品获利的证据进行

---

❶　参见（2016）京民终 245 号。
❷　参见（2015）京知民初字第 441 号。

辅助说明。法院据此计算出被诉侵权产品的实际损失，全额支持原告4 900万元的经济损失赔偿请求。该案中，专利权人充分利用《民事诉讼法》及其司法解释赋予当事人申请法院调查取证的权利，通过向法院申请调查取证进而获得高额赔偿。

从上述两个案例可以发现，专利侵权赔偿的举证虽然难度很大，但是如果能够做到举证足够充分且合理，还是可以获得预期赔偿的。为解决赔偿举证难的问题，权利人需要思考更多的证据收集方式，我国的立法层面也在努力为权利人的赔偿举证提供便利，例如在《专利法修改草案（征求意见稿）》第61条中增加了第3款："在人民法院认定侵犯专利权行为成立后，为确定赔偿数额，在权利人已经尽力举证，而与侵权行为相关的账簿、资料主要由被控侵权人掌握的情况下，可以责令被控侵权人提供与侵权行为相关的账簿、资料；被控侵权人不提供或者提供虚假的账簿、资料的，人民法院可以参考权利人的主张和提供的证据判定赔偿数额。"

二、举证责任倒置

专利民事侵权诉讼举证中一个很重要的问题是举证责任倒置，因此下面将着重介绍该问题。

（一）概述

根据民事诉讼法的规定，当事人的基本举证责任划分是"谁主张，谁举证"。但是在有些特殊侵权案件中，由于在客观上对于主张事实的当事人来说很难取得相关证据，如果再适用基本举证责任，则会导致当事人的举证义务的天平发生严重倾斜，致使一方败诉风险增大。对于此类案件的举证，法律会作出特别规定，根据当事人对接近证据和取得证据的难易程度划分相应的举证责任，此时便会发生举证责任倒置。在专利案件中，唯一能够产生举证责任倒置即在方法专利侵权案件中。

《专利法》第61条第1款明确规定：专利侵权纠纷涉及新产品制造方法的发明专利的，制造同样产品的单位或者个人应当提供其产品制造方法不同于专利方法的证明。该条明确了专利法中唯一适用的举证责任倒置的情形，即在涉及新产品制造的方法专利侵权案件中，案件的被告——生产同样产品一方必须提供证据证明，其方法不同于专利权人所拥有的授权专利保护的技术方案。

上述条款是对方法专利权人的保护，因为对于制造方法专利权来说，专利方法的使用总是在产品的制造过程中进行的，专利权人一般很难进入对方的制造场所，举证会出现巨大困难；而且通过诉讼保全或其他措施也很难对涉案方法进行取证，此时要求专利权人提供证据，证明被控侵权人采用的制作方法与专利方法相同是一件几乎不可能完成的任务。基于此，法律要求被控侵权人必须提供证据，证明被控侵权的制造方法不同于专利权所保护的制造方案。

（二）立法历史

从我国专利法产生和修订的历史看，均对涉及方法发明专利的举证责任倒置作了明确规定。

1984 年 3 月 12 日通过并于 1985 年 4 月 1 日起施行的《专利法》第 60 条第 2 款规定："在发生侵权纠纷的时候，如果发明专利是一项产品的制造方法，制造同样产品的单位或者个人应当提供其产品制造方法的证明。"这是关于产品制造方法的发明专利侵权诉讼中，被控侵权者需承担举证责任的最早规定。上述规定基本上涵盖了同样产品的生产商对于所有方法专利侵权诉讼中，均需承担举证责任，无论获取专利权的产品制造方法可能是一种新产品的制造方法，或是一种已知产品的制造方法。该条款迫使相同产品的被控侵权方首先承担举证责任，导致被告的举证责任过大和举证天平失衡，故在后续专利法修订中进行了修正。

1992 年 9 月 4 日对《专利法》进行第一次修正后，"产品"之前被戴上了"新"帽子。修正后的《专利法》第 60 条第 2 款规定："在发生侵权纠纷的时候，如果发明专利是一项新产品制造方法，制造同样产品的单位或者个人应当提供其产品制造方法的证明。"这样，"制造方法"被加上了一个前提条件：必须是"新产品"，才能适用举证倒置规则。作为原告的专利权人必须先成功证明其产品是"新产品"。1992 年《专利法》通过在法条中加入"新产品",一方面通过举证责任倒置对方法专利的专利权人进行保护;另一方面缩小举证责任倒置的范围,有效地平衡了诉讼中各方的举证责任。

考虑到 1992 年《专利法》在举证责任倒置的规定中还存在不完善之处,特别是由于法律规定制造同样产品的单位或者个人应当提供的仅仅是"其产品制造方法的证明",在实践执行中容易造成不同的解读,不能清楚地反映侵权人实施的方法与专利方法的关系,从而对于执法机关认定被控侵权行为是否构成侵权制造方法专利权的行为造成很大的困扰。因此,在 2000 年修改《专利法》时,按照 TRIPs 协议的规定,对举证责任倒置条款进行进一步的调整,修改为:"专利侵权纠纷涉及新产品制造方法的发明专利的,制造同样产品的单位或者个人应当提供其产品制造方法不同于专利方法的证明。"在司法实践中对于上述举证责任进行了呼应。2002 年 4 月 1 日起施行的《最高人民法院关于民事诉讼证据的若干规定》第 4 条则规定:"下列侵权诉讼,按照以下规定承担举证责任:(一)因新产品制造方法发明专利侵权诉讼,由制造同样产品的单位或者个人对其产品制造方法不同于专利方法承担举证责任。"

2008 年《专利法》即现行专利法,并未在举证责任倒置的规定中对 2000 年《专利法》进行修改,仅将修改前的第 57 条第 2 款的规定独立出来作为第 61 条的规定。

(三)举证责任倒置在诉讼中的运用

1. 举证责任分担的问题

《专利法》第 61 条规定的举证责任倒置条款在诉讼中如何运用?是否在举证责任倒置的情况下权利人可以不负任何举证责任?即举证责任在倒置的情况下,原被告双方如何分担呢?

举证责任倒置并不意味着权利人不负任何举证责任,相反权利人对于待证事实需要承担初步的举证义务:权利人应当能够证明依照专利方法制造的产品属于新产品,然后证明被诉侵权人制造的产品与依照专利方法制造的产品属于同样的产品。

首先，对于新产品，权利人需完成对新产品的初步举证。"新产品"的判断标准规定于《专利侵权司法解释》第 17 条，即"产品或者制造产品的技术方案在专利申请日以前为国内外公众所知的，人民法院应当认定该产品不属于《专利法》第 61 条第 1 款规定的新产品"。因此，产品本身或者制造产品的技术方案中有一项在方法专利的申请日之前已经为国内外公众所知的，该产品就不属于新产品。

其次，权利人需要对方法专利形成的产品与被控侵权产品是否为"相同产品"进行举证。

最后，由法院判断权利人是否完成举证责任，案件是否有必要举证责任倒置。

在权利人完成上述初步举证义务并经法院判定后，被诉侵权人应当就被诉侵权产品的生产方法不同于权利人专利中的技术方案承担相应的举证义务。

2. 举证责任倒置是否必然适用

既然原告完成了初步举证责任，那么，被告是否必须证明自己的产品制备方法不同于涉案方法专利呢？答案为否定。因为法院必须针对原告的举证，综合全案判断是否需要举证责任倒置由被告举证。

在利利公司诉甘李药业有限公司（以下简称甘李公司）侵犯专利权纠纷案❶中，利利公司要求法院向药监局调取甘李公司申报药物的相关资料，并且利利公司进一步向法庭主张，依据《专利法》第 57 条的规定，本案举证责任应该倒置，甘李公司应证明其药品制备的方法没有侵犯本案的方法发明专利。

利利公司专利的独立权利要求为：

> 一种制备药物制剂的方法，该方法包括使具有治疗活性的式（I）胰岛素类似物或其可药用盐与一种或更多种可药用的赋形剂或载体混

---

❶　参见北京市高级人民法院（2007）高民终字第 1844 号。

合：其中 A21 是天冬酰胺、丙氨酸或甘氨酸；B1 是苯丙氨酸、天冬氨酸或没有；B2 是缬氨酸，或 B1 没有时 B2 也没有；B3 是天冬酰胺或天冬氨酸；B10 是组氨酸或天冬氨酸；B28 是任何氨基酸；B29 是 L-脯氨酸或 D-赖氨酸；Z 是-OH；X 是 Arg-Arg 或是没有；Y 只有当有 X 时才有，若有 Y 的话，Y 是 Glu 或是一种氨基酸顺序，该顺序含有所有或部分如下顺序：Glu-Ala-Asp-Leu-Gln-Val-Gly-Gln-Val-Glu-Leu-Gly-Gly-Gly-Pro-Gly-Ser-Leu-Gln-Pro-Leu-Ala-Leu-Glu-Gly-Ser-Leu-Gln-Lys-Arg，该顺序从氨基末端 Glu 开始。

从法庭调查中可以证实的是，依据该专利方法所直接获得的产品范围相当广泛，因为此专利本身基本涵盖了胰岛素的制备方法：活性物质+赋型剂或载体。不仅一部分已在国内上市的胰岛素产品使用了该方法，而且部分在境外上市，尚未在国内销售的胰岛素产品也使用了该方法。根据当时的司法实践，对于新产品的判断基本上以相对新颖性+"出现"为标准，即所涉及的产品在专利申请日之前是本国市场上未曾见过的，就可以认为是"新产品"。❶ 本案的特殊性在于，涉案方法专利所直接获得的产品既包括新产品，也包括国内已上市的产品。就 2000 年《专利法》第 57 条第 2 款的立法本意进行分析，是可以推定涉案专利属于涉及新产品制造方法专利。对于依据涉案专利方法所直接获得的产品与被告所制造的产品是否为同样产品，由于涉案专利方法几乎覆盖胰岛素药物制剂的方法，双方对此争议并不大。

在此情况下，法院适用举证责任倒置似乎已经是板上钉钉，但是最终法院没有决定适用举证责任倒置，原因如下：

（1）实体大于程序。

甘李公司在诉讼中提出多个非常有效的实体抗辩，其中之一有本案应

---

❶ 国家知识产权局条法司：《新专利法详解》，知识产权出版社 2001 年版，第 324 页。

当适用 BOLAR 例外原则。❶ 当时法律并未对 BOLAR 例外进行规定，而甘李公司在答辩以及庭审意见中，对 BOLAR 例外在中国的司法适用作了详细的阐述，而法院最终也以实体上不构成侵权而没有适用程序上的举证责任倒置。

可见，即使甘李公司使用的为利利公司的专利方法，但甘李公司也不会构成侵权。甘李公司此时再承担举证责任便显得毫无必要，即本案是否适用举证责任倒置不会影响案件结果。

（2）其他的考虑因素。

甘李公司药品的技术方案是甘李公司的核心机密，关系到甘李公司企业的生死存亡；而同时，利利公司和甘李公司是商业上的直接竞争对手，如果本案在大局已定的情况下，将甘李公司的药品技术方案向利利公司予以披露，有可能对甘李公司的自身利益产生重大损害。从案件事实等综合考虑，甘李公司承担举证责任也显得有害无益。

（四）适用举证责任倒置的核心问题

1. 关于新产品的判断标准和证明责任

（1）法定标准。

在《专利侵权法司法解释》出台之前，新产品的判断标准在实践中一般采取相对新颖性标准，即在《北京市高级人民法院关于专利侵权判定若干问题的意见（试行）》（京高法发〔2001〕229 号）中的规定：新产品是指在国内第一次生产出的产品，该产品与专利申请日之前已有的同类产品相比，在产品的组分、结构或者其质量、性能、功能方面有明显的区别。

《专利司法解释》第 17 条明确新产品为绝对新颖性标准，即以专利申请日为判断时点，产品或者制造产品的技术方案在专利申请日以前不为国

---

❶　BOLAR 例外在专利法中已经做了规定，即在《专利法》第 69 条中，2008 年《专利法》在 2000 年版基础上添加了一款，作为第 5 款，"为提供行政审批所需的信息，制造、使用、进口专利药品或者专利医疗器械的，以及专门为其制造、进口专利药品或者专利医疗器械的，不视为侵犯专利权"。

内外公众所知的，使得新产品的新颖性标准与授权专利所需要求的新颖性标准完全一致，北京市高级人民法院《专利侵权判定指南（2017）》也采用该标准。最高人民法院在张某某与石家庄制药集团欧意药业有限公司（以下简称欧意公司）、石家庄制药集团华盛制药有限公司（以下简称华盛公司）、石药集团中奇制药技术（石家庄）有限公司、吉林省玉顺堂药业有限公司侵犯发明专利权纠纷案❶中，进一步确认了此认定原则："由于在涉案专利的申请日之前，上述中间产物并未为国内外公众所知悉，可以认定依照涉案专利方法直接获得的产品是新产品，涉案专利属于新产品制造方法专利。"

（2）证明责任。

在新颖性标准被确认为绝对新颖性后，毫无疑问增大了制造方法专利权人在专利侵权纠纷案件中主张实施举证责任倒置的难度。"新产品"这个消极事实到底如何证明才能达到权利人举证的标准，从而产生举证责任倒置的效果，需要注意以下几点。

①产品是"依照专利方法直接获得的产品"。

根据专利方法制造的产品究竟如何确认，是举证责任倒置证明过程中最关键的一环，特别在很多与化学、医药有关的案件中，被控侵权产品并非是依照专利方法直接获得的产品，而是进一步加工或处理后才获得的产品，因此，如何对产品进行定义决定了举证责任的大小。

在上述案件中，最高人民法院认为：专利方法直接获得的产品，是指使用专利方法获得的原始产品，而不包括对该原始产品作进一步处理后获得的后续产品。根据涉案专利的权利要求1，虽然其主题名称是"一种从混合物中分离出氨氯地平的（R）-（+）-和（S）-（-）-异构体的方法"，但从权利要求1记载的内容来看，依照涉案专利方法直接获得的产品是"结合一个DMSO-d6的（S）-（-）-氨氯地平的D-酒石酸盐"，或"结合一个DMSO-d6的（R）-（+）-氨氯地平的L-酒石酸盐"，其中前

---

❶ 参见最高人民法院（2009）民提字第84号民事判决书。

者即为制造左旋氨氯地平的中间产物，而非左旋氨氯地平本身；而后者即为制造右旋氨氯地平的中间产物，亦非右旋氨氯地平本身。张某某提供的证据虽然能够证明华盛公司、欧意公司制造了马来酸左旋氨氯地平及其片剂，并且马来酸左旋氨氯地平的制造须以左旋氨氯地平为原料，但并没有提供证据证明华盛公司、欧意公司在制造马来酸左旋氨氯地平及其片剂时，也制造了"结合一个 DM-SO-d6 的（S）-（-）-氨氯地平的 D-酒石酸盐"中间产物，因此，张某某提供的证据并不足以证明华盛公司、欧意公司制造的产品与依照涉案专利方法直接获得的产品属于同样的产品，本案不应由华盛公司、欧意公司承担证明其产品制造方法不同于专利方法的举证责任。可以看出，对"直接获得的产品"如何界定会直接影响举证责任的承担问题。张某某案中，如果产品被界定为左/右旋氨氯地平，由于产品的一致性，仅证明该产品为新产品即可直接适用举证责任倒置。

②新产品的"新"如何证明。

采用绝对新颖性标准后，新产品中的"新"似乎变得无法证明，因为权利人很难穷尽"新"的范围，而对于被告来说，则只需举一个相反事实，便可以推翻权利人的所有举证，如此一来，权利人的举证义务变得非常艰难。

在司法实践中，对于"新"的证明事实，权利人仅需提供一个初步的、有关联性的证明即可，而无须达到严格证据的程度。如在广东东鹏陶瓷股份有限公司（以下简称东鹏公司）、陈某某侵害发明专利权纠纷二审民事判决书❶中，法院认为：认定一项方法专利是否属于新产品制造方法专利时，应当以依照该专利方法直接获得的产品为依据。涉案专利说明书背景技术和发明内容的记载，以及本专利申请后经实质审查被授予专利权的事实，表明其具备了法律规定的新颖性、创造性和实用性，再以东鹏公司提交的《国家重点新产品证书》等证据为佐证，原审法院认定本案专利权利要求所记载的制备方法是新产品的制造方法，采用本案专利技术制造

---

❶ 参见（2015）粤高法民三终字第 679 号。

的产品为新产品。

初步证据不能仅仅限于方法专利本身，而必须对该专利所制备的产品是否为"新产品"进行举证，否则面临举证不能的后果。在浙江道明投资有限公司与 3M 公司侵害发明专利权纠纷案❶中，一审法院认为：本案中，原告认为专利复审委作出的第 15959 号无效宣告请求审查决定已经确认原告专利的新颖性、创造性，故其无须再提交证据证明专利产品是新产品。原审法院认为，在涉及方法专利的侵权认定过程中，举证责任的倒置是有条件的，本案中，专利复审委作出的无效宣告请求审查决定不能免除原告的举证责任，原告仍应当首先对于其产品或者制造产品的技术方案在专利申请日前不为国内外公众所知这一事实提供初步证据予以证明，之后举证责任才发生转移，即再由被告就其制造被控侵权产品的方法不同于专利方法进行举证证明。在原告未提交任何证据证明其专利产品是新产品的前提下，举证责任暂不转移给被告，应由原告承担其举证不能的法律后果。据此，一审法院认为，原告关于被控侵权产品使用了其发明专利独立权利要求 10 记载的专利方法的诉请证据不足，应予以驳回。

可以看出，司法实践中对于新产品的举证要求并不高，但是必须举出相应的初步证据进行证明。正如上海第二中级人民法院袁博法官对此问题的看法❷：对于多数案件而言，只要求专利权人能够提供初步的可靠证据证明"新产品"的事实即可，并不要求达到绝对的排除相反可能性的程度，只要法官基于专利权人举出的初步证据结合社会一般事实和经验规则形成确定心证，就应当认为专利权人在这一环节对其主张提出的证据在数量上足够、在质量上充分，可以满足对待证事实的要求，就可以裁量将举证责任转移到诉讼相对方，由被控侵权人就相反的主张提出证据，如果被告不能提出相反的证据，就应当认为"新产品"这一事实得到确认，这种证据转移的裁量，符合《最高人民法院关于民事诉讼证据的若干规定》第

---

❶ 参见（2011）沪高民三（知）终字第 73 号。

❷ 袁博："论专利侵权纠纷中'新产品'证明责任的履行"，载 blog. sina. cn/slblog-15d51575bo102w78u. html，最后访问日期：2017 年 11 月 30 日。

7 条的精神，即"在法律没有具体规定，依本规定及其他司法解释无法确定举证责任承担时，人民法院可以根据公平原则和诚实信用原则，综合当事人举证能力等因素确定举证责任的承担"。

2. 关于"同样产品"的判断

在对新产品的举证完成之后，权利人或原告必须对依据方法专利所获得的产品与被控侵权产品为"同样产品"进行举证，如果举证失败，仍然无法触发举证责任倒置的条件。那么，如何判断同样产品，如何进行比对和举证，涉及的主要问题有如下方面。

（1）产品的标准一致。

这里的"产品"评价标准与新"产品"中的标准一致，均为依照方法直接获得的产品，而不包含任何由直接产品转换或转化的其他产品。在张某某案中，最高人民法院认为原审法院依据张某某提供的证据证明华盛公司、欧意公司制造了马来酸左旋氨氯地平及其片剂，并且马来酸左旋氨氯地平的制造须以左旋氨氯地平为原料，就认定依照涉案专利方法直接获得的产品认定为左旋氨氯地平，明显有误。

（2）比对对象的同一性。

同样产品如何比对和认定，所参考的比对依据是什么，都是判断同样产品的关键问题。

最高人民法院在（2012）民提字第 3 号侵犯专利权纠纷一案中曾经对此问题做过详细的论述。该案一审是在无锡市隆盛电缆材料厂（以下简称无锡隆盛厂）、上海锡盛电缆材料有限公司（以下简称上海锡盛公司）与西安秦邦电信材料有限责任公司（以下简称西安秦邦公司）、古河电工（西安）光通信有限公司之间进行。原告西安秦邦公司提出对无锡隆盛厂、上海锡盛公司生产、销售的铝塑复合带产品是否与使用其专利方法制造的产品相同进行鉴定。鉴定中心认为：无锡隆盛厂、西安秦邦公司所生产的"铝塑复合带"是同样产品，理由是双方产品所用的原材料相同，包括铝箔和塑料；产品的结构相同，均采用流延工艺在铝箔两面复合乙烯-丙烯酸共聚物或乙烯-甲基丙烯酸共聚物；双方生产的产品执行标准相同。据一审、二审法院查明，鉴定中心鉴定对象为被法院保全的无锡隆盛厂生产的铝塑复合带与专利技术生产的铝塑复合带产品（原告举证的实际生产的产品），故一审、二审法院认为双方产品构成相同产品。

本案再审中，最高人民法院认为：本案专利方法给产品带来新结构特征，即塑料薄膜与金属箔带表面之间进行凹凸不平的非纯平面结合。鉴定中心的鉴定报告以本案双方当事人产品所用的原材料相同（均包括铝箔和塑料）、产品的结构相同（均采用流延工艺在铝箔两面复合乙烯-丙烯酸共聚物或乙烯-甲基丙烯酸共聚物）、执行标准相同（均为 YD/T723.1-723.3-94）为由，认定申请再审人生产的产品与使用本案专利方法生产的产品相同。该鉴定意见是以西安秦邦公司实际生产的产品与使用被诉侵权方法生产的产品进行对比，并非以本案专利方法为基础，将使用专利方法生产的产品与使用被诉侵权方法生产的产品进行对比，比对对象存在错误。同时，鉴定意见未考虑本案专利方法给产品带来的新结构特征，亦未考虑利用被诉侵权方法生产的产品是否具有该结构特征，有所不当。原一审判决采信上述鉴定意见，认定使用本案被诉侵权方法制造的产品与使用本案专利方法制造的产品属于相同产品，进而认定应由申请再审人承担其铝塑复合带生产方法不同于本案专利方法的举证责任，原二审判决和再审判决均认同上述结论，亦有不当。

因此，比对对象应当严格按照专利方法得出的产品和被控侵权产品进行比对，如果比对对象不一致，则不会满足进行举证责任倒置的条件。

第四节　侵权救济

一、保　全

在知识产权侵权案件中，当事人运用各种保全措施固定对己方有利的证据、防止侵权的扩大、防止遭受难以弥补的损害、保障判决的执行等，已经成为常用的诉讼手段。仅以上海知识产权法院 2016 年的数据为例，

2016 年，上海知识产权法院受理民事一审案件 871 件，同比上升 5.83%。其中，共办理申请诉前行为保全、诉前证据保全案件 30 件，同比上升 114.28%；作出诉中财产保全、诉中证据保全、诉中行为保全裁定共计 186 件，同比上升 77%。❶ 可以看出，在知识产权民事案件中，权利人愈发重视采取保全措施的价值，利用司法救济的及时性、便利性和有效性，在最大程度上保护权利人的合法权益。因此，笔者希望通过本节介绍，帮助读者了解各种保全方式的基本制度和司法实践情况，便于在今后的专利维权中有效地参考和运用。

需要说明的是，考虑到在专利保护行动主要涉及的专利侵权案件中，证据保全是解决举证问题的重要途径之一，行为保全是权利人防止侵权扩大、维护合法权益的重要举措，而财产保全在专利侵权案件及其他民事案件中基本相同，因此，下文将重点介绍证据保全和行为保全，简单介绍财产保全。

（一）证据保全

1. 证据保全的概述和法律依据

广义的证据保全包括公证证据保全和法院证据保全。诉讼法框架下的证据保全，通常指法院证据保全，即依照《民事诉讼法》的规定，法院在诉前或诉中，依据利害关系人、当事人的请求或依职权，对可能灭失或今后难以取得的证据，予以调查收集和固定保存的行为。证据保全制度在民事诉讼过程中具有重要意义，它不仅能够保障、落实当事人的证据收集权和证据提出权，保证法院依据证据作出客观、公正的判决，而且有利于促进争议的诉讼外解决。❷

相较一般民事诉讼，知识产权诉讼中的证据往往数量多、种类繁杂、专业技术性强，❸ 这也是造成知识产权诉讼较一般民事诉讼固定证据更加

---

❶ 《上海知识产权法院 2016 年度审判白皮书》。

❷ 张益铭：《民事证据保全制度研究》，山东大学硕士学位论文 2013 年。

❸ 蒋志培："知识产权诉讼证据问题研究"，载《苏州大学学报（哲学社会科学版）》2006 年第 1 期，第 14~20 页。

困难的问题。因此，在知识产权诉讼中，证据保全更常见，成为权利人赖以依托的证据固定方式。提起诉讼的原告往往在起诉的同时提出证据保全申请，请求人民法院对存放于被告处的某类证据采取保全措施，以便审理的开展。从某种意义上说，证据保全制度在知识产权司法实践中得以普遍执行，客观上确实有助于保护权利人的权利，体现了倾向于保护权利人这种价值取向，促进了知识产权司法保护的发展。知识产权诉讼的证据保全对象，一般需要根据具体诉讼请求及待证明事实的情况确定，常见的证据保全申请主要针对提取侵权物、固定侵权现场、提取财务账簿三类。❶

专利诉讼中的证据保全规则，主要规定于《民事诉讼法》第 81 条及《专利法》第 67 条。此外，《最高人民法院关于适用〈中华人民共和国民事诉讼法〉的解释》（以下简称《民事诉讼法司法解释》）、《最高人民法院关于民事诉讼证据的若干规定》、《人民法院关于对诉前停止侵犯专利权行为适用法律问题的若干规定》（以下简称《诉前停止侵犯专利权若干规定》）等法律法规也包含若干证据保全相关规定。例如，《最高人民法院关于民事诉讼证据的若干规定》第 24 条规定了证据保全的可采取的措施，包括查封、扣押、拍照、录音、录像、复制、鉴定、勘验、制作笔录等方法。

2. 证据保全的启动主体

《民事诉讼法》第 81 条以起诉和申请仲裁的时间为基准点，将证据保全分为诉讼中证据保全和诉前证据保全：

> 在证据可能灭失或者以后难以取得的情况下，当事人可以在诉讼过程中向人民法院申请保全证据，人民法院也可以主动采取保全措施。
>
> 因情况紧急，在证据可能灭失或者以后难以取得的情况下，利害关系人可以在提起诉讼或者申请仲裁前向证据所在地、被申请人住所地或者对案件有管辖权的人民法院申请保全证据。

---

❶　余晖："知识产权诉讼证据保全制度研究"，载《人民司法》2010 年第 9 期，第 91~95 页。

　　证据保全的其他程序，参照适用本法第九章保全的有关规定。

　　除了上述《民事诉讼法》的一般性规定外，《专利法》第 67 条也特别明确了专利侵权诉讼中的诉前证据保全制度：

　　　　为了制止专利侵权行为，在证据可能灭失或者以后难以取得的情况下，专利权人或者利害关系人可以在起诉前向人民法院申请保全证据。

　　根据上述规定，在还未正式进入诉讼程序时，证据保全的启动主体是专利权人或者利害关系人。需要注意的是，诉前证据保全的启动是依申请，最终人民法院是否采取证据保全措施则属于其自由裁量的范围。

　　在进入诉讼后，诉讼中的证据保全有两种启动方式：（1）依一方当事人提出申请，法院作出准许裁定启动；（2）当事人未提出申请，法院依职权采取保全措施。从司法实践来看，诉中证据保全的启动强调以当事人申请为原则，以法院依职权启动为例外。法院依职权采取证据保全应限于确有必要之情形，主要针对处于紧急状态的证据、来不及通知当事人提出申请的证据，或涉及社会公共利益、他人合法权益的证据等情形。

　　3. 法院证据保全的必要性及考量因素

　　证据保全制度的设计初衷并非解决诉讼中当事人举证不能的问题，无论当事人还是人民法院，都不应用该制度替代当事人基本的举证责任。同时，证据保全措施需要限定在特定的情况内，在审查当事人的证据保全申请时，应当审查证据保全的必要性。

　　根据《民事诉讼法》及《专利法》相关条款，诉讼中证据保全的必要性要件为"证据可能灭失或者以后难以取得的情况"。证据可能灭失，既可能基于客观因素，例如作为证据的被控专利侵权产品由于自身原因、环境因素可能受到损坏、毁灭等；也可能基于主观原因，例如被申请人或其他人可能故意毁损被控侵权专利产品的实物、照片、产品目录、销售发票、购销合同和专利实验数据等证据材料；证据以后难以取得，通常是指证据虽然目前不属于"可能灭失"的情形，但如果不采取保全措施，将来获取时困难较大或者成本过高。诉前证据保全在诉中证据保全的基础上增加了"情况紧急"要件，即如不立即申请证据保全，证据就有可能灭失或以后难以取得的情形时，利害关系人诉讼前向法院申请证据保全才有可能得到支持。

对于知识产权案件而言，由于知识产权案件证据具有隐蔽性高、技术性强等特点，较之普通诉讼证据更难以取得和容易灭失，因此，法院在知识产权案件中决定是否进行保全时可能倾向于适用较宽的标准。[1]

2016 年 12 月 8 日，北京知识产权法院在"握奇诉恒宝案"中判令被告恒宝公司赔偿原告握奇公司 5 000 万元，抛开案件本身的技术比对等问题不谈，在起诉初期，握奇公司向法院申请了查封、扣押被告恒宝公司生产的两款被控侵权产品及相关的财务账册，并冻结恒宝公司银行存款 100 万元。法院合议庭经评议认为，上述被控侵权产品及相关财务账册系将来认定侵权成立与否以及后续确定民事赔偿所必需的关键证据，一旦灭失，将使权利人的利益遭受难以弥补的损害。而且，恒宝公司也存在转移财产致使判决难以执行的可能，故合议庭决定同时采取证据保全和财产保全措施。

可见，法院在上述案件中决定是否采取诉中证据保全措施时，关键在于考虑证据是否有"灭失或者难以取得"的危险，即如果不采取证据保全措施的话，客观上将无法或难以再取得相关证据。

在申请人清华大学、同方威视技术股份有限公司与被申请人北京君和信达科技有限公司、西安优派电子科技有限公司知识产权纠纷案[2]中，法院则指出采取诉前证据保全措施的考虑因素并对"是否具有紧迫性"进行了详细论述：

---

[1] 李阳："探索知识产权司法保护的'中国模式'"，载《人民法院报》2015 年 4 月 24 日。

[2] 参见（2017）京 73 证保 1 号民事裁定书。

　　审查是否应当采取诉前证据保全措施，主要考虑以下因素：申请人是否是权利人或利害关系人；本案是否可由本院处理；是否具有紧迫性，以及是否存在证据可能灭失或者以后难以取得的情形；申请人是否提供了相应的担保。

　　……

　　第三，是否具有紧迫性，以及是否存在证据可能灭失或者以后难以取得的情形。本案中，申请人申请保全的证据主要包括计算机软件、技术文档、设计图纸等，而此类证据较易灭失，相关设备也易被拆解，可能导致以后难以取得。尤其是，在被申请人已经知悉申请人开始采取维权行动的情况下，涉案证据灭失的风险显著增大。据此，本院认定本案具有紧迫性，如不立即采取证据保全措施将导致证据可能灭失或者以后难以取得。

4. 证据保全的担保

　　根据《民事诉讼法》第81条第3款规定，证据保全的其他程序，参照适用本法第九章保全的有关规定。根据《民事诉讼法》第100~101条的规定，人民法院采取诉中保全措施，可以责令申请人提供担保，申请人不提供担保的，裁定驳回申请；对于诉前保全申请，申请人应当提供担保，不提供担保的，人民法院将裁定驳回申请。根据《专利法》第67条第2款的规定，人民法院采取保全措施，可以责令申请人提供担保；申请人不提供担保的，驳回申请。

　　需要注意的是，《民事诉讼法司法解释》第98条第2款规定：

　　　　证据保全可能对他人造成损失的，人民法院应当责令申请人提供相应的担保。

　　可见，人民法院是否要求提供担保，其中重要的考量因素在于证据保全是否有可能对他人造成损失。因此，有观点认为，如果申请人的证据保全申请明显不可能给被申请人带来财产损失，例如申请人仅仅请求法院扣押某一侵权产品的样品用以证明侵权行为的存在，不应要求申请人提供担保，更不宜因当事人在该情况下拒绝提供担保而驳回其证据保全申请。如果人民法院认为证据保全措施可能对他人造成损失的，例如申请人请求法院扣押、查封生产模具或者设备，可能影响被申请人的正常生产经营的，则应当要求申请人提供担保。❶

有关证据保全担保的数额，相关法律法规并未有明确规定。考虑到证据保全的担保是为了避免申请人滥用证据保全制度从而对他人造成损失，同时参考行为保全及财产保全对担保数额的相关规定，在证据保全中提供的担保数额通常应当以可能给他人造成的损失数额为限。

在上文提到的申请人清华大学、同方威视技术股份有限公司与被申请人北京君和信达科技有限公司、西安优派电子科技有限公司知识产权纠纷案中，法院指出，对于担保金额和担保形式的确定，需要综合考虑具体案情、被申请保全证据的价值、被申请人可能遭受的损失、采取保全措施可能造成的影响等因素进行判断。

此外，法院还可以在一定情况下要求证据保全申请人追加担保。在山德士（中国）制药有限公司与北京汇康博源医药科技有限公司专利侵权纠纷案❷中，法院在酌情确定担保金数额后进一步指出，在本裁定执行的过程中，如有证据证明被申请人因证据保全造成更大损失的，将责令山德士公司追加相应的担保。

5. 证据保全的程序性规则

（1）证据保全的管辖。根据《民事诉讼法》第 81 条第 1 款的规定，申请诉中证据保全由本案人民法院管辖，而诉前证据保全，则可以向证据所在地、被申请人住所地或者对案件有管辖权的人民法院提出申请。

（2）证据保全的审查时限。根据《民事诉讼法》第 98 条第 1 款的规

---

❶ 广东省高级人民法院民三庭："知识产权民事诉讼证据保全的适用"，载《人民司法》2007 年第 19 期，第 70~72 页。

❷ 参见（2017）京 73 证保 2 号民事裁定书。

定：当事人根据《民事诉讼法》第 81 条第 1 款的规定申请诉中证据保全的，可以在举证期限届满前书面提出。同时，根据《诉前停止侵犯专利权若干规定》第 16 条第 1 款的规定，人民法院执行诉前停止侵犯专利权行为的措施时，可以根据当事人的申请，参照《民事诉讼法》第 74 条的规定，同时进行证据保全。

对于证据保全的申请，根据《专利法》第 67 条第 3 款的规定，人民法院应当自接受申请之时起 48 小时内作出是否准许的裁定。而在裁定采取保全措施的场合，应当立即执行证据保全。

（3）证据保全的复议。有关证据保全的裁定是否可以复议，《民事诉讼法》与《专利法》可能有潜在的不一致之处。根据《民事诉讼法》第 108 条的规定：当事人对保全或者先予执行的裁定不服的，可以申请复议一次。而《专利法》第 66 条第 3 款规定当事人对于行为保全裁定不服的，可以申请复议一次，但对证据保全没有规定是否可以复议。

6. 证据保全措施的解除

《民事诉讼法司法解释》第 165 条规定：

> 人民法院裁定采取保全措施后，除作出保全裁定的人民法院自行解除或者其上级人民法院决定解除外，在保全期限内，任何单位不得解除保全措施。

《民事诉讼法司法解释》第 166 条第 1 款规定了人民法院应当作出解除保全裁定的四种情形：

> 裁定采取保全措施后，有下列情形之一的，人民法院应当作出解除保全裁定：
>
> （一）保全错误的；
>
> （二）申请人撤回保全申请的；
>
> （三）申请人的起诉或者诉讼请求被生效裁判驳回的；

（四）人民法院认为应当解除保全的其他情形。

此外，《专利法》第 67 条第 4 款规定，如果申请人在人民法院采取保全措施之日起 15 日内不起诉，人民法院也将解除相关保全措施。

7. 证据保全申请错误

证据保全申请错误的救济，相关法律及司法解释并没有做出专门规定，因此，同样可以参照适用《民事诉讼法》第 105 条关于保全错误救济的一般规定：

申请有错误的，申请人应当赔偿被申请人因保全所遭受的损失。

在发生因证据保全申请错误而遭受损失时，被申请人可以另案提起证据保全损害赔偿之诉。在东莞市龙行胜机械有限公司与陈某某、东莞市百川融资担保有限公司因申请诉中证据保全损害责任纠纷案❶中，原告陈某某在（2011）东中法民三初字第 54 号案中向法院申请对龙行胜公司的被诉侵权产品采取证据保全措施。法院认为：证据保全申请人已经在另案中对被诉侵权产品申请了证据保全并且被法院接受。因此在（2011）东中法民三初字第 54 号案中再对被诉侵权产品申请采取证据保全显然已经没有必要。同时，（2011）东中法民三初字第 54 号的涉案专利最终被宣告无效，证据保全申请人申请证据保全已经丧失合法依据，故而构成错误提起证据保全，应当赔偿被申请人因此而遭受的损失。

（二）行为保全

1. 行为保全的概述和法律依据

行为保全包括诉前行为保全和诉中行为保全，从法律规定的沿革来看，"行为保全"在我国法律法规中经历了一个逐步完善的过程。行为保全制度最早出现在 1950 年的《诉讼程序试行通则》中（"暂先处置"）。随着我国

---

❶ 参见（2015）东中法民一终字第 2229 号民事判决书。

加入 WTO，最高人民法院于 2001 年 6 月发布《诉前停止侵犯专利权若干规定》。此后，立法者及最高人民法院逐步在专利法、民事诉讼法及相关司法解释等中规定了行为保全措施，例如，在 2013 年新施行的《民事诉讼法》中，第 100 条、第 101 条分别包含诉中行为保全和诉前行为保全制度，并且包含积极的行为保全和消极的行为保全两个方面，即"责令其作出一定行为或者禁止其作出一定行为"。2015 年 2 月 26 日，最高人民法院公布《最高院关于审查知产与竞争纠纷行为保全案件适用法律若干问题的解释（征求意见稿）》（以下简称《行为保全征求意见稿》）。虽然该司法解释目前尚处于征求意见阶段，但仍体现了诸多司法实践对行为保全认识和理解的趋势，因此，笔者将该征求意见稿的内容纳入本书，供读者参考。

2. 行为保全的启动主体

根据《专利法》第 66 条第 1 款的规定，专利权人或者利害关系人可以向人民法院提出诉前责令被申请人停止侵犯专利权行为的申请。《诉前停止侵犯专利权若干规定》第 1 条第 2 款进一步解释了利害关系人的范围：

> 提出申请的利害关系人，包括专利实施许可合同的被许可人、专利财产权利的合法继承人等。专利实施许可合同被许可人中，独占实施许可合同的被许可人可以单独向人民法院提出申请；排他实施许可合同的被许可人在专利权人不申请的情况下，可以提出申请。

该条款仅规定了诉前行为保全的申请主体，并未明确规定诉中行为保全的申请主体，也没有说明普通实施许可合同的被许可人是否可以作为行为保全的申请主体。

根据《民事诉讼法》第 100 条第 1 款和第 101 条第 1 款规定，"当事人"可以提起诉中行为保全申请，"利害关系人"可以提起诉前行为保全申请。需要注意的是，"当事人"既可以是原告也可以是被告；《民事诉讼法》并未明确指出"利害关系人"的范围。因此，如果普通实施许可的被许可人获得权利人的明确授权提起诉讼进而成为案件的"当事人"，则有权在诉中提出行为保全申请。至于普通实施许可的被许可人是否能在获得权利人明确授权的情况下作为"利害关系人"提出诉前行为保全申请，《行为保全征求意见稿》第 1 条认为可以，但目前尚无生效法律依据。

此外，对于诉中行为保全，当事人没有提出申请的，人民法院在必要时也可以依职权裁定采取保全措施。

3. 行为保全的必要性及考量因素

在司法实践中，法院在作出行为保全裁定前要考察保全的必要性。特别是对于诉前行为保全而言，由于未经实体审理，裁定行为保全可能会给被保全人造成损害。甚至有观点认为，从某种程度上讲，诉前行为保全制度是"未审先判"。因此，在适用诉前行为保全制度时通常非常谨慎，最终作出诉前行为保全裁定往往是综合考虑各方面因素的结果。

《诉前停止侵犯专利权若干规定》第 11 条规定了复议阶段人民法院通常需要考量的四个因素：

> 人民法院对当事人提出的复议申请应当从以下方面进行审查：
> （一）被申请人正在实施或即将实施的行为是否构成侵犯专利权；
> （二）不采取有关措施，是否会给申请人合法权益造成难以弥补的损害；
> （三）申请人提供担保的情况；
> （四）责令被申请人停止有关行为是否损害社会公共利益。

《专利法》第 66 条第 1 款与诉前行为保全必要性相关的内容为"如不及时制止将会使其合法权益受到难以弥补的损害"。2012 年 8 月新修改的《民事诉讼法》，不仅区分了诉中保全和诉前保全，还从实质上确立了行为保全制度。但新《民事诉讼法》对诉中行为保全和诉前行为保全的必要性规定存在差别。具体而言，对于诉中行为保全，要求"可能因当事人一方的行为或者其他原因，使判决难以执行或者造成当事人其他损害"，而对于诉前行为保全，要求"情况紧急，不立即申请保全将会使其合法权益受到难以弥补的损害"。

《行为保全征求意见稿》第 7 条给出了更细化的保全必要性考虑因素，且并未区分诉前行为保全和诉中行为保全，除上文提到的因素外，还包括：采取保全措施对被申请人造成的损害是否明显超过不采取保全措施给申请人带来的损害。

在司法实践中，法院对诉前行为保全申请考量的因素更加全面和谨慎，并通常会结合案件实际情况深入分析判断作出行为保全裁定的必要性。例如，在"中国好声音"诉前保全案❶中，北京知识产权法院对诉前行为保全的性质和各个考量因素进行了综合详细的论述。虽然该案为商标侵权纠纷的诉前行为保全，但北京知识产权法院在该案中所考虑的因素与在专利侵权纠纷诉前保全中所考虑的因素没有实质性的差别，因此，本案对专利侵权纠纷的诉前保全同样具有参考意义。在该案中，北京知识产权法院从"胜诉可能性""是否具有紧迫性""利益平衡性"以及"是否损害公共利益"四个方面综合考虑是否采取诉前行为保全措施。

同样，在克里斯提·鲁布托申请广州问叹贸易有限公司等诉前停止侵害专利权案❷中，广州知识产权法院也不仅仅局限于《诉前停止侵犯专利权若干规定》第 11 条中的四个因素，而是从涉案专利是否稳定有效、被申请人正在实施的行为是否具有侵权的可能性、不颁发禁令是否会给申请人的合法权益造成难以弥补的损害、颁发禁令给被申请人带来的损失是否小于或相当于不颁发禁令给申请人带来的损失、颁发禁令是否会损害社会公共利益、申请人提供的担保是否有效、适当等因素综合考量是否采取诉前行为保全措施。

综上所述，可以归纳出法院采取行为保全措施前的考虑因素主要包括如下几点。

（1）申请人的胜诉可能性。

法院通常首先考察被申请人正在实施或即将实施的行为是否构成侵犯

---

❶ 参见（2016）京 73 行保复 1 号民事裁定书。
❷ 参见（2016）粤 73 行保 1、2、3 号民事裁定书。

专利权,即判断被申请人有多大可能构成专利侵权,如果明显不构成侵权,则采取行为保全措施将明显对保全被申请人不公平。但是,采取保全措施是程序上的临时措施,与诉讼案件实体审理具有本质区别,所谓胜诉可能性有别于实体审理后的确定性认定。因此,在诉前行为保全申请审查阶段,胜诉可能性并不必然排除保全申请人败诉或者保全被申请人胜诉的可能性。在实践中,专利权基础是否稳定、有效,专利技术本身是否复杂,是否需要经过进一步审理进行比较复杂的技术对比才能作出侵权判定等都会影响法官对胜诉可能性的判断。

在"中国好声音"诉前保全案中,法院在考察"胜诉可能性"因素时,即重点关注保全申请人是否具有持续、稳定的权利或权益基础。在北京天威瑞恒电气有限责任公司与北京电科四维电力技术有限公司申请诉前停止侵害专利权案❶中,由于被控侵权的 LGBJ 型干式高压电流互感器产品内部结构复杂,需经拆卸方能与专利权利要求进行对比,仅凭申请人提供的公证书所附产品照片难以进行准确对比。故法院认为对于该案所涉被控侵权产品是否构成侵权的事实的认定应建立在双方当事人充分举证、质证的基础上,不适宜在诉前程序中进行审查,遂驳回了申请人的诉前停止侵犯专利权申请。

(2)不采取保全的后果及紧迫性。

对于诉中行为保全,法院将考察如果不采取行为保全措施,是否"可能因当事人一方的行为或者其他原因,使判决难以执行或者造成当事人其他损害"。对于诉前行为保全,法院将考察是否"情况紧急,不立即申请保全将会使其合法权益受到难以弥补的损害"。可见,相比诉中行为保全,法院在采取诉前行为保全措施前不仅要求可能发生更严重的后果,还要求情况紧急。

所谓"难以弥补的损害",在专利侵权纠纷中,如商誉遭到贬损、重大商机受损、丧失市场地位、专利权价值难以实现等难以用金钱衡量或者

---

❶ 参见(2006)二中民保字第 15854 号民事裁定书。

难以维权的情形，都可能被认定为"难以弥补"。在雅培贸易（上海）有限公司与台州市黄岩亿隆塑业有限公司等申请诉前停止侵害专利权案❶中，法院认为：

> 每一个销售环节都很有可能构成对涉案专利权的侵权。而每增加一个销售环节，都会造成损失扩大，侵权行为人增多，雅培贸易公司维权成本增加，维权难度加大。如果不责令亿隆公司和溢炀杰公司立即停止被控侵权行为，即便通过诉讼最终法院支持雅培贸易公司的请求，也很难制止奶粉生产企业、奶粉销售商对于被控侵权产品的销售，由此造成的损失难以计算。同时，涉案专利权系容器的外观设计专利，有效期仅十年，容器的外观设计更新换代快，如不责令立即停止侵权，将会极大地影响雅培贸易公司对涉案专利权的行使。

对于"情况紧急"，法院往往从如不及时不采取保全措施的后果出发认定是否属于"情况紧急"的情形。在"中国好声音"诉前保全案中，法院认为：

> "中国好声音"节目作为一档全国知名的歌唱比赛选秀节目，该节目的知名度与其节目内容和节目所采用的模式及特色密切关联，而如出现另一档节目名称包含"中国好声音"的歌唱比赛选秀节目，显然可能会造成相关公众的混淆误认，从而可能导致浙江唐德公司后续依约开发制作的该类型节目失去竞争优势。事实上，因"中国好声音"节目具有较高知名度，在有众多新闻媒体、广告商、参赛选手参与的节目录制过程中，后续媒体报道等将带来较大范围的传播和扩散，很可能会显著增加浙江唐德公司的维权成本和维权难度。因此，在有证据表明上海灿星公司将要制作"2016 中国好声音"歌唱比赛选秀节

---

❶　参见（2013）三中民保字第 01933 号民事裁定书。

目且浙江卫视将播出此节目的情况下，本院认定本案采取诉前行为保全措施符合民事诉讼法所规定的"情况紧急"情形。

（3）利益平衡性。

如上文所述，采取保全措施可能会对被申请人造成损害，这一损害甚至可能明显超过不采取保全措施给申请人带来的损害。由于保全申请人申请行为保全后，保全被申请人通常处于被动参与的地位，极少得到答辩的机会。一旦法院最终作出采取行为保全措施的裁定，保全被申请人即使可以复议，其遭受的损害也很可能难以弥补。基于整体公平的考虑，法院通常将需考察采取行为保全措施是否将导致案件双方利益严重失衡。在上文提到的"中国好声音"诉前保全案中，法院在考察"利益平衡性"因素时，即分析和对比了采取或者不采取诉前行为保全措施分别对当事人可能带来的损害，法院认为：

> 正如当事人所述，第四季"中国好声音"节目与"2016 中国好声音"节目可能存在商誉承继关联。采取行为保全措施，并不会影响节目更名后的制作和播出，损失数额是可以预见的，而"2016 中国好声音"歌唱比赛选秀节目一旦制作完成并公开播出，对浙江唐德公司造成的损失将难以计算，故本案采取行为保全措施，符合损害平衡性。

（4）是否会损害社会公共利益。

在专利侵权纠纷判决中，存在出于公共利益的考量最终不判决停止有关侵权行为的情形和法律依据。❶ 对于行为保全而言，也需要考察采取保全措施是否会损害社会公共利益，在这一过程中则涉及采取保全措施可能损害的利益是否属公共利益的问题。笔者在此不再展开。

---

❶ 参见《最高人民法院关于审理侵犯专利权纠纷案件应用法律若干问题的解释（二）》第 26 条。

（5）担保的情况。

在《诉前停止侵犯专利权若干规定》第 11 条规定的复议阶段人民法院通常需要考量的四个因素中，还包括"申请人提供担保的情况"。对于担保是否属于保全必要性的考量要素，目前存在争议，笔者倾向于，与胜诉可能性、难以弥补的损害、利益平衡、社会公共利益等实质条件相比，担保是采取行为保全措施的形式要件。当实质条件不满足时，不应通过提供担保方式予以弥补。

4. 行为保全的担保

作为采取行为保全措施的形式要件，根据《专利法》第 66 条第 2 款，申请人提出诉前行为保全申请时，应当提供担保，否则其申请将被驳回。《民事诉讼法》第 100~101 条对申请人在行为保全时提供担保的要求也做出了明确规定，即人民法院采取诉中保全措施，可以责令申请人提供担保，申请人不提供担保的，裁定驳回申请；对于诉前行为保全申请，申请人应当提供担保，不提供担保的，人民法院将裁定驳回申请。这也是行为保全担保的一般规定。

关于担保数额，根据《民事诉讼法解释》第 152 条第 2 款、第 3 款的规定，申请诉前行为保全的，担保的数额由人民法院根据案件的具体情况决定，诉中行为保全的，人民法院应当根据案件的具体情况，决定是否应当提供担保以及担保的数额。如上文所述，在不作为行为保全必要性考量因素的情况下，要求当事人在申请行为保全时提供担保的目的实质是避免诉讼当事人滥用行为保全制度，并在发生保全申请错误时对被申请人进行救济。基于这一目的，担保的数额原则上就不应超过发生保全错误时被申请人受到的损失。当然，也可能存在例外情况。

此外，如果在保全裁定执行过程中，被申请人可能因被采取措施造成更大损失的，法院可责令申请人追加相应担保，否则解除有关措施。这一点在《诉前停止侵犯专利权若干规定》第 7 条、《行为保全征求意见稿》第 10 条均有所体现。

5. 行为保全的程序性规则

（1）行为保全的管辖。

根据《民事诉讼法》第 100~101 条的规定，对于诉中行为保全申请，由本案法院管辖；对于诉前行为保全申请，由（1）被申请人住所地、（2）对案件有管辖权的人民法院管辖。

《诉前停止侵犯专利权若干规定》第 2 条仅对诉前行为保全进行了规定，且仅规定"应当向有专利侵权案件管辖权的人民法院提出"。

在《行为保全征求意见稿》第 2 条的规定中，对诉前申请知识产权与竞争纠纷行为保全，相比《诉前停止侵犯专利权若干规定》，可受理的法院增加了被申请保全行为所在地具有相应知识产权与竞争纠纷管辖权的人民法院等。因此，若该征求意见稿通过且保留此内容，诉前行为保全管辖的连接点选择将会更多。

（2）行为保全的审查。

关于对诉前行为保全申请的审查时限，《诉前停止侵犯专利权若干规定》第 9 条第 1 款规定，"经审查符合本规定第四条的，应当在四十八小时内作出书面裁定"。《专利法》第 66 条第 3 款规定，对于诉前行为保全申请，"人民法院应当自接受申请之时起四十八小时内作出裁定；有特殊情况需要延长的，可以延长四十八小时"。《民事诉讼法》第 101 条规定，对于诉前行为保全申请，"人民法院接受申请后，必须在四十八小时内作出裁定"。

关于对诉中行为保全申请的审查时限，《民事诉讼法》第 100 条规定，对于诉中行为保全申请，"人民法院接受申请后，对情况紧急的，必须在四十八小时内作出裁定"，但没有规定一般情况下法院裁定保全的期限。

关于采取保全措施前对行为保全申请的审查，《诉前停止侵犯专利权若干规定》并未要求人民法院应当询问或听取申请人意见，而是采用了必要时询问的做法，其在第 9 条第 2 款规定，"人民法院在前述期限内，需要对有关事实进行核对的，可以传唤单方或双方当事人进行询问，然后再及时作出裁定"。值得关注的是，《行为保全征求意见稿》第 5 条提出了不同的审查原则，即以询问或听取申请人和被申请人意见为原则，不听取为例外。笔者认为，该原则虽然增加了申请人申请行为保全的难度，但是在专利侵权案件中，采取该做法，能够帮助法官在了解全面、客观信息的前提下，综合考量后作出更客观、合理的裁定。

在实践中一个值得注意的问题是，在诉前行为保全的情形下，受理诉前行为保全申请的法院可能不具有本案管辖权，如果裁定采取诉前行为保全措施的法院与本案法院不一致的，通常做法是裁定采取诉前行为保全的法院将保全案件材料移送本案法院。但是，在诉中行为保全的情形下，如果对方提出管辖权异议，在法院是否对本案具有管辖权尚未定论时，法院是否可以作出诉中行为保全裁定？在合一信息技术（北京）有限公司诉优视科技有限公司、广州市动景计算机科技有限公司等不正当竞争纠纷案、❶前文提到的"中国好声音"诉前保全案中，法院在作出行为保全裁定时均未以其具有本案管辖权为条件。对于这一问题，笔者倾向于，鉴于行为保全制度的初衷和一定程度的"紧迫性"，同时考虑到在诉前行为保全的情形下，作出诉前行为保全裁定的法院是否具有本案管辖权更具有不确定性，那么，已经受理原告起诉的法院作出诉中行为保全裁定更不应存在法律上的障碍，即管辖权异议并不能阻止诉中行为保全程序。

（3）行为保全的复议。

《民事诉讼法》第 108 条、《民事诉讼法解释》第 171 条、《专利法》第 66 条第 3 款，以及《诉前停止侵犯专利权若干规定》第 10 条都有规定：当事人对裁定不服的，可以申请复议，复议期间不停止裁定的执行。在原告山东瀚霖生物技术有限公司、原告中科院微生物研究所诉被告山东凯赛生物科技材料有限公司、被告山东凯赛生物技术有限公司、被告上海凯赛生物技术研发中心有限公司侵犯发明专利权纠纷案中，原告在 2011 年 5 月 30 日成功取得青岛市中级人民法院的行为保全裁定，但被告在 10 日内提出复议，青岛市中级人民法院在一个月后举行了听证（证据交换），并在

---

❶ （2013）海民初字第 24365 号。

两周后裁定解除前述行为保全措施。法院在裁定书❶中认为：

> 2011 年 7 月 18 日，本院根据案情对该案进行了庭前证据交换，根据被告在证据交换时提供的证据材料及对案件事实的陈述，本院认为，本案未达到如不及时制止将会使权利人受到难以弥补的损失而必须作出禁令的程度，故本案禁令措施可以予以解除。

可见，复议是对当事人的救济程序，当事人申请复议的，人民法院将考量前文提到的保全必要性因素，如果人民法院发现保全不合理，则将解除相关保全措施。

6. 行为保全措施的解除

在一定情形下，法院可以解除采取的行为保全措施。如《民事诉讼法解释》第 166 条第 1 款之规定外，根据《专利法》第 66 条第 4 款、《诉前停止侵犯专利权若干规定》第 7 条、第 12 条等的规定，在人民法院责令追加相应的担保但申请人不追加担保、专利权人或者利害关系人在人民法院采取停止有关行为的措施后 15 日内不起诉等情形下，人民法院可以解除裁定采取的行为保全措施。具体法律实践中，解除行为保全的可能情形还有很多，例如保全措施期限届满、保全必要性不复存在、特殊情况等。

值得研究的是，在被申请人提供反担保时，行为保全措施可否解除的问题。关于这一问题，目前尚无定论。笔者认为，尽管在知识产权其他领域有不同做法，❷ 但是对于专利案件而言，当前仍应依据《诉前停止侵犯专利权若干规定》第 8 条规定，"停止侵犯专利权行为裁定所采取的措施，不因被申请人提出反担保而解除"，即明确规定不可以。北京知识产权法院在"中国好声音"案中的论述似乎也表明被申请人提供反担保时并不必

---

❶ 参见（2010）青民三初字第 286-6 号民事裁定书。

❷ 《最高人民法院关于诉前停止侵犯注册商标专用权行为和保全证据适用法律问题的解释》第 8 条规定，"停止侵犯注册商标专用权行为裁定所采取的措施，不因被申请人提供担保而解除，但申请人同意的除外"。

然导致行为保全的解除或不解除。❶ 值得注意的是，《行为保全征求意见稿》第11条对这一问题采用了原则上保全措施不因被申请人提供担保而解除，特殊情况下例外的做法，但目前的司法实践倾向于仍是限制保全措施因申请人提供反担保而解除。

7. 行为保全申请错误

依据《民事诉讼法》第105条、《专利法》第66条第5款，以及《诉前停止侵犯专利权若干规定》第13条规定，申请人不起诉或者申请错误造成被申请人损失的，被申请人可以向有管辖权的人民法院起诉请求申请人赔偿其因保全所遭受的损失，也可以在专利权人或者利害关系人提起的专利权侵权诉讼中提出损害赔偿的请求，人民法院可以一并处理。

第一，何为申请有错误，目前没有明确的规定，《行为保全征求意见稿》在第18条进行了探索，但在实务中仍有诸多有争议的问题，例如最终判决结果与行为保全申请错误的关系等。第二，前文已经提到，当事人在申请行为保全时提供的担保金额原则上不超过发生保全错误时被申请人受到的损失，但是在发生保全错误的情形时，申请人对被申请人的赔偿额参照但并非完全限于担保数额，而是会考虑被申请人遭受的实际损失，甚至申请人的恶意等因素。

（三）财产保全

1. 财产保全的概述和法律依据

财产保全，通常是指人民法院在利害关系人起诉前或者当事人起诉后，为保障将来的生效判决能够得到执行或者避免当事人、利害关系人的合法权益遭受损害，对被申请人的财产采取的强制措施。理论界和实务界通常将财产保全制度和行为保全制度统称为民事保全，财产保全与行为保全在保全程序和裁量因素等方面有一定类似性，例如都要进行必要性考察、都需要在一定程度上保护被申请人的权益等。但两者也存在诸多不同之处，例如，行为保全在功能上更能预防损害扩大，而财产保全偏重确保判决生

---

❶ 参见（2016）京73行保复1号民事裁定书。

效后的执行等。

实践中，各法院对财产保全担保的方式、金额要求等存在一定区别，部分下级法院针对财产保全出台了相关法律文件，例如北京市高级人民法院于 2009 年 4 月 22 日印发的《北京市高级人民法院关于财产保全若干问题的规定（试行）》、海淀区法院出台的《商事、知识产权案件财产保全实施细则》等。2016 年 11 月 7 日，最高人民法院公布了《最高人民法院关于人民法院办理财产保全案件若干问题的规定》（以下简称《财产保全若干问题的规定》），其中对财产保全制度进行了更有针对性的、统一的规定。

需要说明的是，关于民事诉讼法中针对财产保全与行为保全统一规定的内容，例如诉中保全和诉前保全的启动主体、必要性等，由于涉嫌重复，笔者不再一一赘述。此外，鉴于在专利侵权案件中的财产保全与其他民事案件的财产保全并没有较大区别，因此，笔者在此不再逐条说明《民事诉讼法解释》《财产保全若干问题的规定》等法律法规中的相关内容，笔者将主要针对专利案件，说明财产保全制度的核心问题。

需要进一步说明的是，在专利作为争议标的的专利权属案件，或者专利作为当事人财产的财产纠纷案件中，专利权/专利申请权是可以作为财产保全的对象的，❶ 但是，由于这里关注的更多是对专利的保护，主要针对专利侵权纠纷，在此类案件中除非极少数情况申请人要求将被申请人的专利作为财产保全的对象，否则不涉及将专利权/专利申请权作为财产保全对象的问题，因此，在此涉及的细节问题也不做描述。

---

❶ 2001 年 10 月 25 日，最高人民法院对国家知识产权局《关于征求对协助执行专利申请权财产保全裁定的意见的函》的答复意见（〔2000〕民三函字第 1 号）中，最高人民法院即明确指出，"专利申请权属于专利申请人的一项财产权利，可以作为人民法院财产保全的对象"。在保全措施方面，根据《专利法实施细则》第 87 条等的规定，"人民法院在审理民事案件中裁定对专利申请权或者专利权采取保全措施的，将向国务院专利行政部门发出写明申请号或者专利号的裁定书和协助执行通知书，国务院专利行政部门于收到之日中止被保全的专利申请权或者专利权的有关程序"。

2. 财产保全的担保数额

关于申请诉前财产保全的担保数额，根据《民事诉讼法解释》第 152 条第 2 款规定，申请人应当提供相当于请求保全数额的担保，并规定法院在情况特殊时也可以酌情处理。《财产保全若干问题的规定》第 5 条第 2 款与此保持了一致。

在诉讼中，如果人民法院依申请或者依职权采取保全措施，并决定应当提供担保的，具体担保数额是多少，《民事诉讼法》并没有明确规定。《财产保全若干问题的规定》第 5 条第 1 款针对诉中财产保全时的担保数额规定了最高百分比限额，相关规定不仅给法院的自由裁量提供了依据，也给予申请财产保全的当事人较明确的预期。

此外，《民事诉讼法》第 100 条关于诉中申请财产保全时的担保，仅概括地说"法院可以责令申请人提供担保"，具体在何种情况下可以提供、何种情况下可以不提供，很大程度上取决于人民法院的自由裁量。《财产保全若干问题的规定》第 9 条明确列举了人民法院可以不要求提供担保的情形。虽然仍使用了"可以"的表述，但无疑较以往更明确。在专利权纠纷案件中，如果符合上述第 9 条中列举的情形，特别是第（五）项"案件事实清楚、权利义务关系明确，发生保全错误可能性较小的"、第（六）项"申请保全人为商业银行、保险公司等由金融监管部门批准设立的具有独立偿付债务能力的金融机构及其分支机构的"情形，可以争取不提供担保。

3. 财产保全的管辖

根据《民事诉讼法》第 100～101 条的规定，对于诉中行为保全申请，由本案法院管辖；对于诉前行为保全申请，可由被保全财产所在地、被申请人住所地、对案件有管辖权的人民法院管辖。相比行为保全，此处多了"被保全财产所在地"这一连接点。

4. 财产保全措施的解除和保全错误

（1）关于财产保全措施的解除。除《最高人民法院关于审理专利纠纷案件适用法律问题的若干规定》第 13 条第 2 款提到的"对专利权保全的期限一次不得超过六个月，自国务院专利行政部门收到协助执行通知书之日起计算。如果仍然需要对该专利权继续采取保全措施的，人民法院应当在保全期限届满前向国务院专利行政部门另行送达继续保全的协助执行通知书。保全期限届满前未送达的，视为自动解除对该专利权的财产保全"外，与行为保全类似，在一定情形下，法院可以解除采取的财产保全措施，除《民事诉讼法解释》第 166 条第 1 款的规定外，《财产保全若干问题的规定》在第 23 条列举了申请保全人应当及时申请解除保全的几种情形。

根据《财产保全若干问题的规定》第 22 条的规定，如果被保全人请求对作为争议标的的财产解除保全的，须经申请保全人同意。此外，根据同条规定，第三人也可以通过提供反担保请求解除保全。

（2）关于财产保全申请错误及认定。根据《民事诉讼法》第 105 条的规定，如果当事人或利害关系人申请财产保全有错误的，申请人应当赔偿被申请人因保全所遭受的损失。但是，何种情形属于"申请财产保全有错误"，目前法律层面没有明确的规定。一种观点认为，对于财产保全损害赔偿责任，应当适用过错责任归责原则，只有在申请人对财产保全错误存在故意或重大过失的情况下，方可认为"申请有错误"。另一种观点认为，申请人申请有错误的表述，是一种客观描述，因此对财产保全损害赔偿责任，应当适用无过错责任归责原则，只要申请人最终没有获得胜诉或完全胜诉，即构成财产保全错误，而无须考虑申请人对保全错误的主观过错状态。[1]

在陈应桂、福建省东泉建筑工程有限公司与宁化县永龙房地产开发有限公司建设工程施工合同纠纷案[2]中，最高人民法院对上述问题进行了深入论述：

---

[1] 杨立新、吕丽丽："财产保全申请错误的责任认定"，载 http://www.chinatrialnetcn/news/6190html，最后访问时间：2017 年 5 月 1 日。

[2] 参见（2015）民申字第 1147 号民事裁定书。

从立法本意上看，《中华人民共和国民事诉讼法》第一百零五条系为防止当事人滥用诉讼权利，不当损害他人合法权益而作出的规定。……该条法律规定的"申请有错误"，应当理解为不仅包括人民法院的裁判结果与申请人诉讼请求之间存在差异，申请人的诉讼请求未能全部得到人民法院支持的客观方面，亦应包括申请人主观上存在故意或重大过失等过错的主观方面。即法律规定的申请财产保全错误损害赔偿责任，应当适用一般侵权责任过错归责原则，而不能仅依据裁判结果来认定责任的成立与否。

可见，最高人民法院持上述第一种观点，即是否构成财产保全申请有错误，应当适用过错责任归责原则，而不应完全以申请人最终是否获得胜诉为标准。从更深层次的角度来讲，应围绕"防止当事人滥用诉讼权利，不当损害他人合法权益"这一立法本意认定财产保全申请是否有错误。笔者认为，对于专利保护涉及的专利侵权案件，由于专利侵权认定的复杂性、专业性和极高的不确定性，更不能仅依据裁判结果来认定财产保全申请是否有错误。

二、停止侵权

在专利侵权诉讼中，乃至所有知识产权侵权诉讼中，法院判令侵权者承担停止侵权的民事责任，往往是权利人最看重的胜利。因为在知识产权侵权诉讼中，法院判决的赔偿金额往往难以震慑侵权者，权利人的损失也往往难以通过获得赔偿损失得到充分的弥补。但是，一旦侵权者停止侵权，意味着权利人的市场份额和交易机会将重新回归，侵权者的企业形象也在业界受到负面影响，这非常有助于权利人通过其后的市场努力尽可能弥补自己的经济损失。

（一）停止侵权的种类

《专利法》第 11 条规定："发明和实用新型专利权被授予后，除本法另有规定的以外，任何单位或者个人未经专利权人许可，都不得实施其专利,即不得为生产经营目的制造、使用、许诺销售、销售、进口其专利产品,或者使用其专利方法以及使用、许诺销售、销售、进口依照该专利方法直接获得的产品。外观设计专利权被授予后,任何单位或者个人未经专利权人许可,都不得实施其专利,即不得为生产经营目的制造、许诺销售、销售、进口其外观设计专利产品。"

(1) 对产品发明和实用新型专利的停止侵权种类,包括要求侵权者停止实施专利,具体包含:①停止制造专利产品;②停止使用专利产品;③停止许诺销售专利产品;④停止销售专利产品;⑤停止进口专利产品。

(2) 对方法专利的停止侵权种类,包括:①停止使用专利方法;②停止使用依照该专利方法直接获得的产品;③停止许诺销售依照该专利方法直接获得的产品;④停止销售依照该专利方法直接获得的产品;⑤停止进口依照该专利方法直接获得的产品。上述第②~⑤项的保护限于依专利方法直接获得的产品,不延及对直接获得的产品加工处理后获得的产品。且上述第②~⑤项仅针对制造方法专利,脱离了制造方法就不存在"依照该专利方法直接获得的产品"。可见,对于非制造方法专利,停止侵权的种类仅剩下"停止使用专利方法"。有观点认为,方法专利相对于产品专利,前者属于"弱保护",后者属于"强保护"。❶

在司法实践中,如何证明侵权者使用了非制造方法专利?如果甲公司制造了一款产品销售给乙公司,这款产品可以实现权利人的非制造方法专利,那么,权利人既不可以要求甲公司停止制造、停止销售该产品,也不能要求乙公司销毁该产品。因为该产品不属于"依照该专利方法直接获得的产品"。从停止侵权的角度,权利人仅能要求甲公司或者乙公司停止使用该非制造方法专利。而且,如果该产品的正常使用状态并非是使用该专利方法的,权利人还必须证明甲公司、乙公司已经或者有高度可能性已经使用了该专利方法。如果该专利方法并非该产品的正常使用

---

❶ 马云鹏:"方法专利权利要求的解释及使用环境因素的考量——以华为诉中兴侵害发明专利权纠纷案为例",载《中国发明与专利》2016 年第 5 期,第 95 页。

状态中常态化使用的方法，或者权利人没有完成自己的举证责任，权利人还需承担败诉的风险。华为技术有限公司与中兴通讯股份有限公司、杭州阿里巴巴广告有限公司侵害发明专利权纠纷上诉案❶即是如此。浙江省高级人民法院就关于中兴公司在被诉侵权产品的研发或出厂检测过程中是否必然使用到专利方法问题认为：未在用户手册中对华为组网方式予以揭示，而该组网方式本身亦具有一定特殊性的情况下，虽然被诉侵权产品在华为组网方式下可重现专利方法，但并不能推定中兴公司在产品的研发和出厂检测过程中必然会搭建该网络应用环境，并实际使用到专利方法。浙江省高级人民法院就用户在购买被诉侵权产品后是否必然会使用涉案专利方法问题认为：华为组网方式不符合用户购买此类交换机的常规使用方式和路径。故凭现有证据尚不足以认定用户存在购买被诉侵权产品即会使用涉案专利方法的必然性。浙江省高级人民法院最终驳回了华为公司的上诉请求。

（3）对外观设计专利的停止侵权种类，包括：①停止制造专利产品；②停止许诺销售专利产品；③停止销售专利产品；④停止进口专利产品。与发明或者实用新型专利不同的是，其中不包括停止使用专利产品，即用户购买了侵害外观设计专利的产品后进行使用，无须承担停止使用该产品的责任。

（二）各地法院对"销毁、回收"类诉讼请求的态度

在专利侵权诉讼案件中，原告就停止侵权类的诉讼请求有两种主要类型：一种是完全遵循《专利法》第11条的规定，不越雷池一步，即仅主张判令被告停止制造、停止销售、停止许诺销售等；另一种是越雷池一步，不仅笼统地主张判令被告停止制造、停止销售等，同时主张判令被告销毁库存的侵权产品、销毁专用的生产工具（例如模具）、回收已销售的侵权产品。对于原告这些"另类"的停止侵权诉讼请求，可总结如下。

---

❶　浙江省高级人民法院（2014）浙知终字第161号。

1. 对于回收侵权产品，至今尚无法院支持的案例

截至 2017 年 8 月 7 日检索中国裁判文书网结果，尚无法院支持回收侵权产品的案例。这其中的原因可能是：一方面，回收已销售的产品是一个较为复杂的事项，如果交由法院强制执行，可操作性较低，或者说操作难度很大；另一方面，当被告已经将自己的利润赔偿给原告（至少是理论上）时，再行要求被告回收侵权产品，会让被告付出双倍的代价，不符合填平原则。

2. 对于销毁侵权产品、生产磨具等，各地法院态度不一

（1）以原告是否举证证明被告存在库存侵权产品为依据，决定是否支持该类诉讼请求。

例如，在中誉电子（上海）有限公司诉上海九鹰电子科技有限公司侵犯实用新型专利权再审纠纷案❶中，最高人民法院就以中誉公司未举证证明九鹰公司存在库存侵权产品为由，未支持该项诉讼请求。在高仪股份公司诉浙江健龙卫浴有限公司侵害外观设计专利权上诉纠纷案❷中，一审法院根据高仪公司证据保全申请固定了被告尚有库存产品的证据，二审法院遂支持了高仪公司在一审中主张的销毁库存产品的诉讼请求。（该案经最高人民法院再审判决，维持了一审判决，撤销了二审判决。）北京市高级人民法院在珠海金稻电器有限公司等与松下电器产业株式会社侵害外观设计专利权纠纷上诉案❸中，也坚持了该标准。

（2）针对原告的此类诉讼请求，法院不予回应，直接驳回。

陈顺弟与浙江乐雪儿家居用品有限公司、何建华及第三人温士丹侵害发明专利权纠纷案❹中，原告请求判令：何建华立即停止销售侵权产品，乐雪儿公司立即停止制造、销售侵权产品，并销毁侵权产品及模具。一审法院判决何建华停止销售侵权产品、乐雪儿公司立即停止侵权。该法院并

---

❶ 参见（2011）民提字第 306 号。

❷ 参见（2013）浙知终字第 255 号。

❸ 参见（2016）京民终 245 号。

❹ 参见（2010）沈中民四初字第 389 号。

未陈述乐雪儿公司承担停止侵权的具体种类与理由。（该案经最高人民法院再审判决，撤销了一审、二审判决，驳回原告全部诉讼请求。）

（3）无须原告举证，推定被告有库存和模具，法院予以支持。

广东旗峰不锈钢制品有限公司与 SEB 公司侵害发明专利权纠纷案❶中，广州市中级人民法院认为，旗峰公司制造、销售侵权产品，理应有库存产品及专用生产模具。SEB 公司请求其停止侵权行为、销毁库存产品及专用生产模具合法有据，法院予以支持。

（4）避免资源浪费和破坏，法院不予支持。

在郭祥山与福清金辉房地产开发有限公司侵害发明专利权纠纷案❷中，福州市中级人民法院认为，原告请求判令销毁依照专利方法直接得到的植钉铆固连接结构体，即饰面板背面的槽、结构胶及螺钉构成的结构体，但该结构体并非"依照专利方法直接获得的产品"，原告的专利方法为操作方法，其目标在于完成特定的施工过程，而非获得产品，所谓"连接结构体"只是施工过程的附带产物，不具有任何独立的使用价值，不属于通常意义上所理解的产品，销毁这样的连接结构体对于权利救济也没有实质意义，反而会造成不必要的资源浪费和破坏。因此，原告的该项诉请于法无据，该院不予支持。讼争工程在事实上已经完工，原告请求判令停止使用侵权方法亦无必要。（该案经福建省高级人民法院二审，撤销一审判决，驳回原告全部诉讼请求。）

3. 基于社会公共利益考虑，法院不支持判令被告停止使用侵权产品的诉讼请求

在重庆美投实特建材公司与武汉科兰金利建材有限公司等侵害专利权纠纷案❸中，重庆市第一中级人民法院认为，移民建设公司使用被控侵权产品构成侵权，本应承担停止侵权的民事责任，但首先考虑到涉案工程属江河岸防护工程，其关乎社会公共利益，责令移民建设公司在涉案工程中

---

❶ 参见（2011）穗中法民三初字第 561 号。

❷ 参见（2013）榕民初字第 137 号。

❸ 参见（2014）渝一中法民初字第 00020 号。

停止使用被控侵权产品将直接影响涉案工程边坡土壤稳定性等问题，可能会造成公共安全隐患；其次，即使可以将被控侵权产品更换为其他产品予以替代，并由此满足权利人的权利期待，但考虑到涉案工程早已竣工验收，更换其他产品予以替代所造成的损失将远大于被控侵权产品本身的价值，其付出的对价难免过高。因此，为平衡权利人利益及社会公共利益，一审法院对武汉科兰公司要求移民建设公司停止使用被控侵权产品的诉讼请求不予支持。此外，鉴于美投实特公司赔偿武汉科兰公司的经济损失后，武汉科兰公司已然能够实现被控侵权产品的市场利益，故移民建设公司无须再另行支付使用被控侵权产品的相关费用。（该案二审维持了一审判决。）在珠海市晶艺玻璃工程有限公司诉广州白云国际机场股份有限公司等专利权侵权纠纷案❶中，广州市中级人民法院认为，被告白云机场股份公司本应停止使用被控侵权产品，考虑到机场的特殊性，判令停止使用被控侵权产品不符合社会公共利益，因此，被告白云机场股份公司可继续使用被控侵权产品，但应当适当支付使用费。（该案二审中当事人以调解方式结案。）上述两个案例的区别在于，前者给予权利人充分的经济赔偿补偿，从而不再要求被告支付专利使用费，而且该案中的原告并未主张被告支付专利使用费；后者将经济赔偿与专利使用费分别单列，在明确经济赔偿金额的同时，另行明确专利使用费金额，值得称道的是，该案中原告不仅主张了经济赔偿，也主张了专利使用费，这也为法院寻求平衡社会公共利益最佳方案增加了选项。

（三）涉及标准必要专利的停止侵权问题

标准必要专利（standard-essential patent，SEP）即是专利与技术标准结合的特殊形态的专利权。标准必要专利的权利人是否可以要求法院判决停止侵权，即获得永久性禁令，是备受关注的问题。一方面，标准必要专利被普遍认为价值较高的专利的一种，应当给权利人带来更大的价值，专利保护不应受到限制；另一方面，因标准必要专利兼

---

❶ 参见（2004）穗中法民三知初字第 581 号。

具公共属性与私权属性，涉及自由竞争与专利权保护两方面，标准专利权利人申请禁令救济的行为不可避免地涉及利益冲突的各方主体，主要包括标准专利权利人和标准实施者之间的利益冲突，也涉及最终消费者、标准组织、政府和监管机构的利益，❶ 因此给予标准必要专利禁令保护需要慎重。

交互数字通信有限公司（InterDigital Communications，INC）等与华为技术有限公司标准必要专利使用费纠纷上诉案❷中，广东省高级人民法院认为，在双方就相关专利许可正在谈判过程中，IDC 公司（四上诉人统称）却于 2011 年 7 月针对华为公司提起侵权之诉，要求美国相关法院及美国国际贸易委员会对华为公司作出禁令。IDC 公司提出的条件和进行的诉讼行为，明显不符合 FRAND（Fair，reasonable，and non-discriminatory terms）原则的要求，导致双方谈判难以继续，始终不能就标准必要专利使用费达成一致意见。该案例虽然没有涉及在中国法院请求适用停止使用的永久性禁令问题，但是不难发现，广东省高级人民法院已经隐含专利权人寻求停止使用的永久性禁令救济之前，应当首先遵循 FRAND 许可原则。

最高人民法院在法释（2016）1 号司法解释第 24 条第 2 款中，正式规定："推荐性国家、行业或者地方标准明示所涉必要专利的信息，专利权人、被诉侵权人协商该专利的实施许可条件时，专利权人故意违反其在标准制定中承诺的公平、合理、无歧视的许可义务，导致无法达成专利实施许可合同，且被诉侵权人在协商中无明显过错的，对于权利人请求停止标准实施行为的主张，人民法院一般不予支持。"该司法解释规定，明确了推荐性国家、行业或者地方标准明示的标准必要专利的专利权人请求被诉侵权人停止标准实施的限定条件和前提是：（1）专利权人没有故意违反

---

❶ YOLO："标准必要专利禁令救济的利益平衡之道"，载 http：//www.cnipr.com/yysw/zscqjyytrz/201702/t20170220_201162.htm，最后访问日期：2017 年 5 月 1 日。

❷ 参见（2013）粤高法民三终字第 305 号。

FRAND 许可原则；（2）被诉侵权人在协商中无明显过错。反之，被诉侵权人有权继续适用标准专利。当然这种使用并非是无偿的，事后有可能依据法院的裁决另行补缴使用费。

三、损害赔偿证据收集困境之破解

近年来，我国专利申请量一直呈现稳步上升的趋势，2016 年，我国全年发明专利受理量更是达到 133.9 万件，位列全球第一。❶ 2017 年上半年，我国发明专利申请量也已达到 56.5 万件。❷ 与此同时，专利侵权纠纷案件也在大幅增长，随之而来的问题也逐渐引起理论界和实务界的关注。就专利侵权损害赔偿责任而言，权利人举证难、法院判赔低是目前司法实践中较为普遍的问题。对此，下面将在探究导致专利侵权损害赔偿证据收集困境原因的基础上，结合案例从实务角度提出解决思路和破解之道。

（一）专利侵权损害赔偿概述

专利侵权损害赔偿是对遭遇专利侵权的专利权人重要的救济途径之一。我国《侵权责任法》《专利法》明确赋予权利人在专利侵权民事诉讼中请求损害赔偿的权利，其中《专利法》还对专利侵权损害赔偿的计算方法及赔偿范围做出了进一步规定。

1. 专利侵权损害赔偿的法理依据

根据我国《侵权责任法》及《专利法》的规定，未经专利权人许可实施其专利，而又缺乏法定豁免事由的，构成专利权侵权。专利权人或者利害关系人可以专利权侵权为由向人民法院提起民事诉讼并要求侵权人承担

---

❶ "国家知识产权局 2016 年发明专利受理量位列全球第一"，载 http：//news. sina. com. cn/o/2017-01-06/doc-ifxzkfuh5675152. shtml，最后访问日期：2017 年 12 月 25 日。

❷ http：//www. sipo. gov. cn/twzb/2017sbnxwfbh/。

停止侵权、赔偿损失等民事法律责任。❶

（1）专利侵权损害赔偿的含义。根据上述法律规定，专利侵权损害赔偿具有如下两层含义：在知识产权法意义上，它属于专利侵权损害赔偿制度的组成部分，即当侵权人未经权利人许可实施其专利的，权利人享有依法请求赔偿的权利；在民事法律体系下，专利侵权损害赔偿是一种民事责任形式，即当侵权人侵犯了他人合法享有的专利权并造成损害时，侵权人应当根据法律规定承担侵权责任，而其中一种责任形式即为损害赔偿。

（2）专利侵权损害赔偿的性质。从我国专利法的规定看来，目前我国专利侵权损害赔偿属于补偿性质的损害赔偿，即以弥补权利人因专利侵权所受的全部损失为目的，力图使权利人的利益恢复到未发生侵权而本应享有的状态。专利侵权损害赔偿的这一性质与我国民法体系中的"填平原

---

❶　《侵权责任法》第2条　侵害民事权益，应当依照本法承担侵权责任。

本法所称民事权益，包括生命权、健康权、姓名权、名誉权、荣誉权、肖像权、隐私权、婚姻自主权、监护权、所有权、用益物权、担保物权、著作权、专利权、商标专用权、发现权、股权、继承权等人身、财产权益。

《侵权责任法》第15条　承担侵权责任的方式主要有：（一）停止侵害；（二）排除妨碍；（三）消除危险；（四）返还财产；（五）恢复原状；（六）赔偿损失；（七）赔礼道歉；（八）消除影响、恢复名誉。

《专利法》第60条　未经专利权人许可，实施其专利，即侵犯其专利权，引起纠纷的，由当事人协商解决；不愿协商或者协商不成，专利权人或者利害关系人可以向人民法院起诉……

《专利法》第69条　有下列情形之一的，不视为侵犯专利权：

（一）专利产品或者依照专利方法直接获得的产品，由专利权人或者经其许可的单位、个人售出后，使用、许诺销售、销售、进口该产品的；

（二）在专利申请日前已经制造相同产品、使用相同方法或者已经作好制造、使用的必要准备，并且仅在原有范围内继续制造、使用的；

（三）临时通过中国领陆、领水、领空的外国运输工具，依照其所属国同中国签订的协议或者共同参加的国际条约，或者依照互惠原则，为运输工具自身需要而在其装置和设备中使用有关专利的；

（四）专为科学研究和实验而使用有关专利的；

（五）为提供行政审批所需要的信息，制造、使用、进口专利药品或者专利医疗器械的，以及专门为其制造、进口专利药品或者专利医疗器械的。

则"相符。

与补偿性损害赔偿相对应的是惩罚性损害赔偿，其目的不仅在于填平权利人的损失，还具有震慑、惩罚侵权人的作用。2015 年年底，国务院法制办公布的《中华人民共和国专利法修订草案（送审稿）》将惩罚性赔偿纳入专利侵权损害赔偿制度。该送审稿规定，对于故意侵犯专利权的行为，法院可以根据侵权行为的情节、规模、损害后果等因素，在补偿性损害赔偿额的 1 倍以上 3 倍以下确定赔偿数额。❶ 可见，我国专利司法保护领域有望引入惩罚性赔偿，加强对专利权的保护。

（3）专利侵权损害赔偿的范围。根据我国《专利法》第 65 条的规定，专利侵权损害赔偿的范围包括权利人的财产损失和权利人为制止专利侵权行为而支付的合理开支。

财产损失是指权利人因专利侵权而遭受的实际损失，主要表现为专利产品销量减少和利润降低。在实际损失难以确定的情况下，我国专利法允许专利权人以侵权人的非法获利确定损害赔偿数额，或者在侵权人非法获利亦无法确定的情况下，以专利许可使用费的合理倍数确定损害赔偿数额。在权利人实际损失、侵权人非法获利以及专利许可使用费均难以确定的情况下，权利人可以请求人民法院判于 1 万元以上 100 万元以下的法定赔偿。❷ 此外，根据最高人民法院 2009 年发布的《最高人民法院关于当前经

---

❶ 《中华人民共和国专利法修订草案（送审稿）》第 68 条 侵犯专利权的赔偿数额按照权利人因被侵权所受到的实际损失确定；实际损失难以确定的，可以按照侵权人因侵权所获得的利益确定。权利人的损失或者侵权人获得的利益难以确定的，参照该专利许可使用费的倍数合理确定。对于故意侵犯专利权的行为，人民法院可以根据侵权行为的情节、规模、损害后果等因素，在按照上述方法确定数额的一倍以上三倍以下确定赔偿数额。赔偿数额还应当包括权利人为制止侵权行为所支付的合理开支。

❷ 《专利法》第 65 条 侵犯专利权的赔偿数额按照权利人因被侵权所受到的实际损失确定；实际损失难以确定的，可以按照侵权人因侵权所获得的利益确定。权利人的损失或者侵权人获得的利益难以确定的，参照该专利许可使用费的倍数合理确定。赔偿数额还应当包括权利人为制止侵权行为所支付的合理开支。

权利人的损失、侵权人获得的利益和专利许可使用费均难以确定的，人民法院可以根据专利权的类型、侵权行为的性质和情节等因素，确定给予一万元以上一百万元以下的赔偿。

济形势下知识产权审判服务大局若干问题的意见》，在个案中，如果有证据证明损害数额明显超过法定赔偿最高限额的，法院应当综合证据情况在法定最高限额以上酌定赔偿额。

合理开支则主要包括权利人为制止侵权行为支付的开支，包括合理的律师费、公证费、认证费、调查费、鉴定费、翻译费等。由于有关合理开支的证据通常掌握在权利人手中，一般不会出现举证难的问题，因此，有关合理开支的证据收集问题，权利人主要是应充分注意证据的完整性、合理性。

2. 确定专利侵权损害赔偿数额的实践困境

虽然近年来我国的专利侵权案件中，偶有法院超过法定赔偿限额授予高额赔偿的案例，例如在握奇诉恒宝专利侵权案中，法院全额支持了原告的 4 900 万元赔偿额，❶ 在华为诉三星专利侵权中，一审法院作出了 8 000 万元赔偿额，❷ 但从整体看，专利侵权损害判赔额偏低仍是我国专利司法实践中存在的主要问题之一。

据相关数据统计，2013~2016 年，我国专利侵权案件中原告损害赔偿请求得到法院全额支持的仅占法院支持原告赔偿请求的 7% 左右。❸ 在法院判决支持原告判赔诉求的案件中，三类专利案件的法定赔偿的适用比例均高达 95% 以上，而依据权利人实际损失、侵权人非法获利以及专利许可使用费的合理倍数确定赔偿额的案件占比则低于 5%（见图 3-10）。❹ 在平均赔偿额❹和判赔支持率❺方面，虽然三家知识产权法院的平均赔偿额和判赔支持率整体上高于其他法院（见图 3-11、图 3-12），在三家知识产权法院

---

❶　参见（2015）京知民初字第 441 号。

❷　参见（2016）闽 05 民初 725 号。

❸❹　数据来源：知产宝《中国专利侵权损害赔偿司法数据分析报告（2013~2016）》。

❹　平均赔偿额指原告有损害赔偿的诉讼请求且最终原告胜诉的案件中判决赔偿数额的平均值（不包括无判赔案件）。

❺　判赔支持率指原告有损害赔偿的诉讼请求且最终原告胜诉的案件法院平均判决赔偿金额与原告诉求金额的比值。

之间，平均判赔额和判赔支持率亦有显著不同（见图3-13、图3-14）。此外，不同类型专利之间，实用新型和外观设计专利的平均判赔额和判赔支持率均低于发明专利（见图3-15、图3-16）。❶

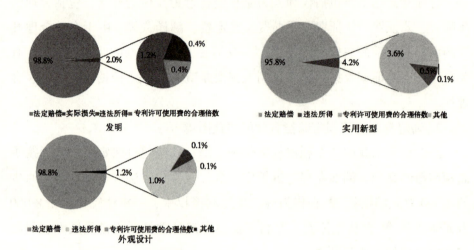

图3-10　发明、实用新型、外观设计专利侵权案件赔偿方式占比分布

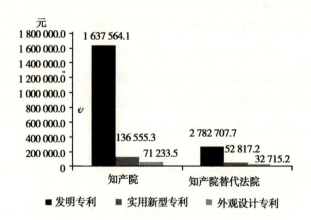

图3-11　知产法院与其他法院平均判赔额对比

---

❶　数据来源：知产宝《中国专利侵权损害赔偿司法数据分析报告（2013~2016）》。

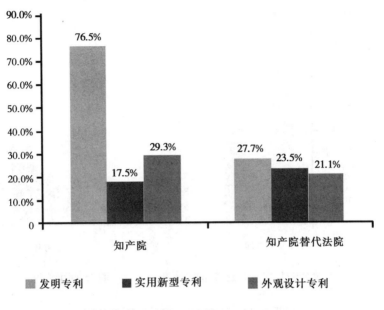

图 3-12　知产法院与其他法院判赔支持率对比

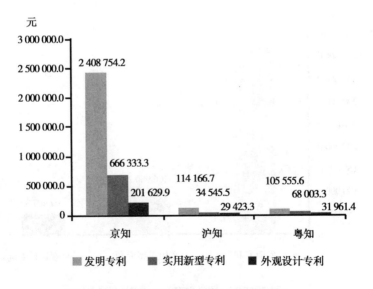

图 3-13　三家知产法院专利平均判赔额对比

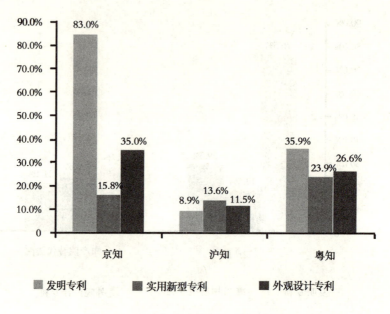

图 3-14　三家知产法院判赔支持率对比

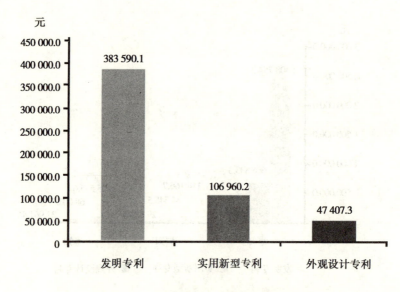

图 3-15　不同类型专利平均判赔额对比

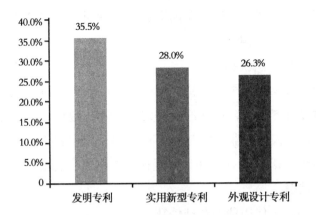

图 3-16　不同类型专利判赔支持率对比

实践经验表明，造成这一困境的最主要原因在于法院通常认为权利人的举证程度不足以支持其请求赔偿的数额。虽然我国专利法对专利侵权损害赔偿的范围和计算标准均作出了明确规定，但专利权人举证难的问题始终是导致其无法获得足额赔偿的最主要障碍。因此，探究专利侵权损害赔偿证据搜集困境的根本原因并提出解决之道，是目前专利司法保护实践的当务之急。

（二）专利侵权损害赔偿证据及其收集困境

我国专利法对专利侵权损害赔偿的计算规定了具体的计算方法，其按照适用顺序依次为：权利人实际损失、侵权人非法获利、专利许可使用费的合理倍数、法定赔偿以及超过法定赔偿限额的酌定赔偿。此外，权利人、侵权人对于赔偿数额有约定的，从其约定。❶ 由于约定赔偿是由双方通过合意达成，通常不属于法律调整的范畴，因此不在本书讨论范围之列。

1. 专利侵权损害赔偿的计算标准及证明事实

（1）权利人实际损失。

根据专利法及相关司法解释，专利权人的实际损失可以根据专利产品减少的销量（如难以确定，则以侵权产品销售量）乘以每件专利产品的合

------

❶ 《最高人民法院关于审理侵犯专利权纠纷案件应用法律若干问题的解释（二）》第 28 条　权利人、侵权人依法约定专利侵权的赔偿数额或者赔偿计算方法，并在专利侵权诉讼中主张依据该约定确定赔偿数额的，人民法院应予支持。

理利润所得之积计算。此外，在确定赔偿数额时还应当考虑涉案专利对相关产品的利润贡献率。❶

（2）侵权人非法获利。

根据专利法及相关司法解释，侵权人非法获利可以根据侵权产品销售量乘以每件侵权产品的合理利润所得之积计算。侵权人因侵权所获得的利益一般按照侵权人的营业利润计算，对于完全以侵权为业的侵权人，可以按照销售利润计算。同样，在计算侵权人获利时，也应考虑涉案专利对产品利润的贡献率。

（3）专利许可使用费的合理倍数。

对于专利许可使用费的合理倍数，权利人除需证明专利许可使用费外，还应提交能够证明专利权的类型、侵权行为的性质和情节、专利许可的性质、范围、时间等因素的证据。❷

（4）法定赔偿及酌定赔偿。

如适用法定赔偿，权利人则需提供用以证明专利权的类型、侵权行为的性质和情节，如侵权人主观过错、侵权持续期间、地域范围、获利等因

---

❶ 《最高人民法院关于审理专利纠纷案件适用法律问题的若干规定》第20条　专利法第六十五条规定的权利人因被侵权所受到的实际损失可以根据专利权人的专利产品因侵权所造成销售量减少的总数乘以每件专利产品的合理利润所得之积计算。权利人销售量减少的总数难以确定的，侵权产品在市场上销售的总数乘以每件专利产品的合理利润所得之积可以视为权利人因被侵权所受到的实际损失。

《最高人民法院关于审理侵犯专利权纠纷案件应用法律若干问题的解释》第16条　人民法院依据专利法第六十五条第一款的规定确定侵权人因侵权所获得的利益，应当限于侵权人因侵犯专利权行为所获得的利益；因其他权利所产生的利益，应当合理扣除。

侵犯发明、实用新型专利权的产品系另一产品的零部件的，人民法院应当根据该零部件本身的价值及其在实现成品利润中的作用等因素合理确定赔偿数额。

侵犯外观设计专利权的产品为包装物的，人民法院应当按照包装物本身的价值及其在实现被包装产品利润中的作用等因素合理确定赔偿数额。

❷ 《最高人民法院关于审理专利纠纷案件适用法律问题的若干规定》第21条　权利人的损失或者侵权人获得的利益难以确定，有专利许可使用费可以参照的，人民法院可以根据专利权的类型、侵权行为的性质和情节、专利许可的性质、范围、时间等因素，参照该专利许可使用费的倍数合理确定赔偿数额。

素的证据。❶

此外，如果权利人有证据证明损害数额明显超过 100 万元，例如提供有关侵权产品销售额巨大的相关证据等，则可以请求法院在法定赔偿最高额之上酌定损害赔偿数额。

2. 专利侵权损害赔偿证据的收集困境

正如前文分析，目前举证难、赔偿低是我国专利司法实践当中面临的主要问题。根据相关实践经验，造成这一困境的主要原因有以下方面。

（1）证明相关事实的证据可能并不存在。

根据我国专利法的规定，专利侵权损害赔偿额应当首先按照权利人实际损失计算，而权利人实际损失又应当首先根据专利产品减少的销量进行计算。根据通常理解，此计算方法的确最能够反映出权利人的实际损失，但在特定情况下，上述计算方法可能无法适用。例如，专利权受到侵害并不必然表现为专利产品销量减少，还有可能是专利许可费的降低、市场份额的减少。此外，专利产品的销量还可能受到整体市场波动的影响。在市场经济整体势头良好的情况下，甚至有可能出现专利产品销量的增加，乃至市场份额的增加。因此，在专利产品销量和/或市场份额并没有减少甚至是增加的情况下，权利人事实上根本无法举证。

此外，对于以专利许可使用费的合理倍数确定赔偿额的方式，如果权利人事先并没有就涉案专利授予使用许可，同样可能无法就专利许可使用费进行举证。

（2）关键证据往往掌握在被控侵权人手中。

对于处在专利侵权损害赔偿额计算方法优先顺位的权利人损失标准和侵权人获利标准，其关键证据之一往往是侵权产品的销售数据。然而，上述证据材料一般掌握在侵权人手中，加之我国民事诉讼制度并没有规定类似美国民事诉讼证据规则中的证据开示制度，权利人往往无法直接要求被

---

❶　《最高人民法院关于审理专利纠纷案件适用法律问题的若干规定》第 21 条　……没有专利许可使用费可以参照或者专利许可使用费明显不合理的，人民法院可以根据专利权的类型、侵权行为的性质和情节等因素，依照专利法第六十五条第二款的规定确定赔偿数额。

控侵权人提供上述关键证据。

（3）取证范围相对单一导致未能充分取证。

取证范围相对单一同样是导致专利权人举证难的原因之一。例如，侵权产品的销售合同、销售记录以及账簿、账册等通常是确定侵权人非法获利的直接证据，但难以取证。实践中，由于缺乏经验，权利人可能仅仅将取证范围限于此类通常由被控侵权人控制的证据材料，而并没有意识到其他可以由公开渠道取得的证据，例如具有权威性和专业性的第三方提供的统计数据、被控侵权人在企业年报、宣传材料中对相关事实的披露等，同样可以作为对待证事实的有力证明。

（4）证据缺乏证明力。

实践中，权利人可能因为取证不够全面、证据来源缺乏权威性以及取证方式不当等原因导致所收集的证据缺乏证明力从而无法被法院采信。

①取证不够全面。例如，为证明侵权产品的销量及利润，权利人通常会提交第三方机构出具的审计、鉴定报告。但在实践中，法院可能因据以出具报告的材料不全，质疑相关报告的真实性和证明目的。在北京天下汇通科技发展有限公司等与欧姆龙健康医疗事业株式会社侵害外观设计专利权纠纷案❶中，北京市高级人民法院即认为，该案中审计报告记载的相关内容是在没有取得被控侵权人完整财务账目的情况下作出的，其无法真实反映被控侵权产品的销售数量和销售利润，因此，对审计报告结果不予采信。又例如，权利人为证明其专利许可使用费，通常会提交其与案外人签订的专利许可使用合同，而根据相关司法实践，如果仅有专利许可使用合同而缺乏专利许可使用费的相关支付凭证，法院可能对该专利许可使用合同的真实性及证明目的提出疑问。北京市高级人民法院在徐光等与北京五彩静宏商贸中心等侵害发明专利权纠纷案❷中即明确，由于权利人同时是专利许可合同被许可人的法定代表人，且未提供实际收取专利许可费的票据，因此，原审法院未依据专利许可使用费计算损害赔偿额并无不当。

---

❶ 参见（2012）高民终字第 1392 号。
❷ 参见（2016）京民再 83 号。

②证据来源不够权威。对于某些证据，特别是来源于第三方的证据例如行业数据等，亦可能因不具有权威性而无法被法院采信。在绍兴县滨海飞翔化工有限公司与浙江龙盛集团股份有限公司侵害发明专利权纠纷案❶中，原告向法院提交了印染行业分析报告以证明涉案产品的利润率，被告则认为该行业分析报告仅登载于网络，缺乏权威性和专业性，而浙江省高级人民法院也在二审中认定，该分析报告内容缺乏可信度因而不予认定。

③未采取适当的取证方式。未采取适当的取证方式同样可能导致相关证据无法被法院采信。例如，电子证据是目前用于专利司法实践的主要证据类型之一，但与传统的书证、物证相比，电子证据更容易被篡改、编辑。因此，如果权利人未采用有效的取证方式，例如未对取证过程进行公证而仅仅提交网页打印件，相关证据很可能被质疑其真实性而无法被法院采信。

（5）未及时取证导致证据灭失后无法取证。

实践中，权利人在发现专利权受到侵害时，往往会首先采取发送警告信、律师函的方式通知侵权人停止侵权。在发出上述通知时，权利人一般会指明侵权行为的具体内容，例如侵权产品的型号、销售渠道、对应的网络销售地址（如有）等。一旦侵权人收到此等通知，无论其是慑于侵权风险主动停止侵权，还是出于销毁证据的目的，都有可能导致相关证据的毁损和灭失。尤其是对于电子证据，侵权人甚至只需点击鼠标即可瞬时删除相关证据。因此，如果权利人在发出通知前未及时对相关证据进行取证，则可能因证据灭失而无法取证。

（三）专利侵权诉讼中的赔偿证据搜集困境之破解

如上文所述，目前我国专利司法实践中，权利人在收集赔偿证据的过程中普遍存在举证难的问题。下面笔者将结合实践经验，从实务角度提出应对策略，以期为专利侵权赔偿证据举证难的问题提供破解之道。

1. 关于计算标准的选择

如上文所述，我国专利法及相关司法解释对专利侵权损害赔偿的计算规

---

❶　参见（2015）浙知终字第91号。

定了较为明确的计算标准和适用顺序，而各计算标准的待证事实并不尽然相同，因而证据搜集的范围、方式和难易程度自然也有所差异。因此，权利人在提出损害赔偿请求时，应当事先对取证情况进行判断，以选择适当的计算标准。权利人选择计算标准时，通常需要考虑的因素包括以下方面。

（1）证明待证事实的证据是否存在。

实践中，证明相关损害赔偿事实的证据可能并不存在，例如权利人本身可能都无法确认其专利产品销量是否减少，因而无法判断其实际损失，也可能从未就涉案专利授予许可，从而无法确定许可使用费。在此种情形下，权利人往往只能选择其他计算标准。

（2）证据搜集的难易程度。

对权利人来说，专利侵权赔偿证据中最难取证的通常是侵权产品的销量和利润。而由权利人控制的证据，例如专利产品的利润、专利许可使用费等则可以由权利人单方面提供。此外，关于侵权行为人的主观恶意、侵权行为的性质和情节等因素的证据也相对容易取得。

（3）相关证据的作用。

如上文分析，专利侵权损害赔偿各计算标准可总结如表 3-1 所示。

表 3-1 专利侵权损害赔偿计算标准

顺位	计算标准	具体计算方法
1	权利人实际损失	专利产品减少销量（或侵权产品销量）×专利产品合理利润×专利贡献率
2	侵权人非法获利	侵权产品销量×侵权产品合理利润×专利贡献率
3	许可使用费倍数	专利许可使用费×N
4	法定/酌定赔偿	1 万~100 万元或 100 万元以上（有证据证明损失超过法定赔偿上限）

权利人在初步判断相关证据的取证情况后，可以对照上述各计算标准的各个要素，选择最适当的计算标准提出损害赔偿请求。

2. 根据计算标准确定证据搜集的范围

由于举证难度较大，权利人往往难以按照其实际损失提出赔偿请求，而通常依据侵权人非法获利、许可使用费的合理倍数以及法定赔偿标准提出赔偿请求。

（1）关于侵权产品的销量及利润。

对于侵权产品的销量和利润，最直接的证据当属侵权人的销售记录、销售合同、相关的账簿账册等。虽然此类证据一般由被控侵权人控制，但实践中权利人仍然可以通过其他渠道获得相关信息。

例如，随着产品销售渠道特别是网络销售渠道的发展，侵权产品在第三方交易平台的交易数据，可以在一定程度上证明侵权产品的销量和利润，并作为计算损害赔偿额的参考。在珠海金稻电器有限公司等与松下电器产业株式会社外观设计专利侵权纠纷案件❶中，原告即通过公证的方式将淘宝网、京东网、阿里巴巴等主要电商平台上被诉侵权产品的销售数据进行了固定，并根据证据显示的侵权产品销售数量和平均价格主张 300 万元的损害赔偿。值得一提的是，该案中，法院认为，尽管原告提出的上述证据无法精确计算出被告具体获利金额，但其计算过程合理且有相关证据作为佐证，并最终以此作为参照，突破法定赔偿最高额限制，全额支持了原告的赔偿请求。

如果被控侵权人为上市公司，则其在公司年报、向监管部门提交的报告中披露的有关侵权产品销量及利润的数据，可以作为被控侵权人的自认证据提交。笔者在之前负责的一起专利侵权诉讼中，即向法院提交了被控侵权人在证券交易所网站上公布的年报中所披露的相关数据作为证明侵权产品销售额的证据。而在另一起案件中，尽管被控侵权人并非上市公司，但笔者经调查发现，其关联公司为上市公司并在公司年报中披露了有关涉案产品的销售数据，此类数据同样可以作为证据提交。如果被控侵权人在其宣传资料或其他资料、场合中披露了有关侵权产品销量或利润的数据，此等信息亦可以作为侵权人非法获利的有力证明。

此外，权利人还可以提交来自具有权威性和专业性的第三方的证据，例如行业数据、第三方机构出具的相关统计数据等，作为确定被告非法获

---

❶ 参见（2016）京民终 245 号。

利数额的参考。在三阳机车工业公司与本田工业株式会社侵害外观设计专利权案❶中，原告依据行业杂志刊载的涉案侵权摩托车产品销售量和摩托车行业的平均销售利润计算被告销售利润。当然，如上所述，在提交这类行业杂志时，也应注意其来源，避免因为缺乏权威性而不被法院采纳。在该案中，本田工业株式会社提交了《中国汽车工业（摩托车部分）产销快讯》，法院认为该书"系由中国汽车工业协会所编制，所刊载的相关数据具备真实性与合法性，其中涉及奔马公司的期间利润额也与本案存在关联性，在奔马公司无法提供相反证据的情况下，可以作为计算侵权获利的直接依据"，最终采纳了上述证据并认定其证明事项。

再者，如果有生效判决、仲裁裁决或者行政决定对侵权产品的销量或利润做出过认定，权利人同样可以请求人民法院予以引用并作为确定侵权损害赔偿额的参照。❷ 在上海元祖梦果子股份有限公司与无锡市紫竹园食品有限公司侵害外观设计专利权纠纷案❸中，原告向法院提交了此前工商部门对被告做出的行政处罚决定书，该行政处罚决定书中即载有工商部门据以做出行政处罚的侵权产品的销量和利润（此前被告因商标权侵权被工商部门查处，其销售的侵权产品包装盒上同时负载有本案涉案外观设计专利）。法院最终将上述行政处罚决定书中的查处金额作为确定侵权损害赔偿的考虑因素之一。因此，如前文介绍的保护策略，为了获取证据，可以根据具体案情需要考虑首先申请行政执法，然后启动民事侵权案件解决赔偿问题。

---

❶　参见（2014）闽民终字第 641 号。

❷　《最高人民法院关于民事诉讼证据的若干规定》第 9 条　下列事实，当事人无需举证证明：

（一）众所周知的事实；

（二）自然规律及定理；

（三）根据法律规定或者已知事实和日常生活经验法则，能推定出的另一事实；

（四）已为人民法院发生法律效力的裁判所确认的事实；

（五）已为仲裁机构的生效裁决所确认的事实；

（六）已为有效公证文书所证明的事实。

前款（一）、（三）、（四）、（五）、（六）项，当事人有相反证据足以推翻的除外。

❸　参见（2015）锡知民初字第 00026 号。

（2）关于专利贡献率。

在确定专利侵权损害赔偿时，还应当考虑到专利对产品利润的贡献率问题。在上文提到的三阳机车工业公司与本田工业株式会社侵害外观设计专利权案中，法院认为，原告提交的相关证据证明的是被告销售摩托车整车的获利，而涉案外观设计仅是影响销售利润的因素之一，因此，在确定专利侵权赔偿数额时应当予以适当调整。

根据目前司法实践，法院认定专利贡献率通常考虑的因素包括涉案专利的价值、作用以及竞争优势等。在扬州中集通华专用车股份有限公司与北京环达汽车装配有限公司侵害实用新型专利权纠纷案❶中，北京市第一中级人民法院根据涉案专利对于实现专利产品用途所起到的作用以及涉案专利使专利产品获得的竞争优势酌情确定了涉案专利的利润贡献率。具体而言，由于该专利的专利产品并非车辆运输车，而是车辆运输车的上层踏板举升机构，11 080 元/辆的单车利润并非本专利产品的单件利润，但可以作为计算本专利产品合理利润的重要依据。法院考虑到该专利技术方案在实现车辆运输车用途中所起到的作用，以及安装本专利产品的车辆运输车相对于其他车辆运输车而言具有的市场竞争优势，并结合中集通华公司车辆运输车本身的销售利润，酌定因安装该专利产品所增加的利润占车辆运输车利润的1/3。

因此，如果权利人能够提供与此相关的证据，例如业内对专利技术的评价、专利产品的市场份额、专利评估机构出具的专利价值评估报告等，对于专利贡献率的认定将具有正面作用。此外，权利人还可以委托专门机构出具评估、鉴定报告以证明专利贡献率。在翁立克诉上海浦东伊维燃油喷射有限公司案❷中，上海市科技咨询服务中心接受法院委托，对涉案专利在专利产品中的技术贡献率出具了鉴定报告，该鉴定报告被一审、二审法院采信。

（3）关于专利许可使用费。

对于专利许可使用费，权利人通常应提交其与案外人就涉案专利签订

---

❶　参见（2006）一中民初字第 8857 号。

❷　参见（2008）沪高民三（知）终字第 23 号。

的专利实施许可合同以及支付许可费的银行进账单、纳税凭证等。此外，司法实践中，江苏省高级人民法院曾在江苏固丰管桩集团有限公司与宿迁华顺建筑预制构件有限公司侵害发明专利权纠纷案❶中认定，涉案专利关联专利（该案中关联专利仅对涉案专利的权利要求 1 作出了进一步限定）的专利许可使用费也可以作为确定专利侵权赔偿数额的参照依据。因此，在无法就涉案专利的许可使用费进行举证的情况下，如果权利人曾就与涉案专利关联或者类似的专利授予专利使用许可，或者获知了其他权利人就类似专利的许可使用费，也应当尽量提交相关证据以供法院作为参照。

（4）关于侵权人主观恶意。

被控侵权人具有主观恶意也是法院判决侵权损害赔偿通常会考虑的因素之一，侵权人具有主观恶意的证据种类相对比较多。例如，如果侵权人在收到侵权通知后仍未停止侵权行为，可以证明其对收到侵权通知后的侵权行为处于明知或者应知的状态；再如，在侵犯专利权的同时，还对侵权产品做误导性宣传，恶意抢占专利产品市场的；在已经被判决侵权的情况下，通过开办新公司继续侵权的等。收集证据后，在诉讼中权利人需要对侵权行为进行梳理、总结和归纳，将反映侵权故意的行为提炼出来并作充分合理说明。

（5）关于侵权行为的性质、情节、持续期间等因素。

实际上，侵权产品的销售额在一定程度上本身就可以作为证明侵权行为性质和情节的证据。此外，对于能够证明侵权行为持续时间、次数、地域范围等其他决定侵权行为性质和情节的证据，例如侵权行为人的自我宣传、侵权产品购买记录，甚至侵权人曾被行政机关查处或被起诉的事实，权利人也应当尽量取证并提交法院作为计算损害赔偿额的参照。在康贝（上海）有限公司与玩具反斗城（中国）商贸有限公司等外观设计专利侵权纠纷案❷中，江苏省高级人民法院认定，由于该案被告康贝公司存在重复侵权（其在此前的另案中被认定侵犯涉案外观设计专利权），且侵权产

---

❶ 参见（2015）苏知民终字第 00038 号。

❷ 参见（2012）苏知民终字第 0299 号。

品销售范围较广（原告在江苏、上海两地分别购买到被控侵权产品），销售获利较大（康贝公司经营规模大、销售地域范围广），因此，一审法院判决 100 万元的侵权损害赔偿并无不当。

3. 充分利用多种取证途径及专利侵权赔偿举证妨碍规则

专利侵权赔偿证据取证难的主要原因在于某些关键证据往往掌握在被控侵权人手中，对于此类证据，权利人一般无法通过自行取证的方式获取。但是，除自行取证外，权利人还可以通过以下方式获得由被控侵权人控制的相关证据。

（1）向行政机关调取与侵权损害赔偿事实相关的证据。

实践中，权利人可以在起诉前向行政机关投诉、举报相关侵权事实，并在行政机关作出查处决定后及时申请调取行政查处过程中的案卷材料、行政处罚决定书等作为民事诉讼中的赔偿证据。这里的行政机关既包括各地专利执法部门，也包括承担跨境知识产权保护的海关。从海关调取数据时，不限于已经被查扣的货物，可以基于初步的线索，向海关调取涉嫌侵权货物的报关信息。

（2）向人民法院申请调查取证。

根据我国民事诉讼法及相关司法解释的规定，对于由被控侵权人控制的证据，权利人可以向法院申请调查取证。❶ 而且，实践中法院对于由其调取的证据材料，通常不会质疑证据的真实性与合法性。在前述提到的握奇数据系统有限公司诉恒宝股份有限公司侵犯发明专利权案中，原告通过请求法院调查取证获得了被告与买受方之间就侵权产品的销售合同并据此确定侵权产品销售数量，其一审最终获得高达 4 900 万元的高额判赔。

---

❶ 《最高人民法院关于民事诉讼证据的若干规定》第 17 条　符合下列条件之一的，当事人及其诉讼代理人可以申请人民法院调查收集证据：

（一）申请调查收集的证据属于国家有关部门保存并须人民法院依职权调取的档案材料；

（二）涉及国家秘密、商业秘密、个人隐私的材料；

（三）当事人及其诉讼代理人确因客观原因不能自行收集的其他材料。

（3）向人民法院申请证据保全。

在诉讼前或诉讼中，权利人如果发现相关证据可能灭失或者以后难以取得，例如被控侵权人可能销毁、藏匿相关证据材料，还可以及时向法院申请诉前或诉中证据保全。❶ 与法院调查取证类似，经证据保全的证据通常证明力较高，不易被法院否认其真实性与合法性。

（4）充分利用专利侵权赔偿举证妨碍规则。

按照我国民事诉讼法的举证责任分配原则，专利权人应当就专利侵权损害赔偿额进行充分举证。但鉴于专利司法实践中长期存在的举证难问题，最高人民法院于 2016 年颁布司法解释，规定在专利权人已经就侵权人所获利益进行初步举证，而与此相关的账簿、资料主要由侵权人掌握的情况下，法院可以责令被控侵权人交出相关证据，侵权人无正当理由拒不提供或者提供虚假证据的，可以根据权利人的主张和提供的证据认定侵权人非法获利。❷ 此规定意味着，在一定条件下，专利侵权损害赔偿证据的举证责任可以出现倒置，转由被控侵权人承担，这在一定程度上减轻了权利人的举证负担。

当然，这并不意味着权利人无须就侵权人所获利益进行举证，因为即使被控侵权人未提供相关证据，法院仍会结合权利人提供的证据认定

---

❶ 《民事诉讼法》第 81 条　在证据可能灭失或者以后难以取得的情况下，当事人可以在诉讼过程中向人民法院申请保全证据，人民法院也可以主动采取保全措施。

因情况紧急，在证据可能灭失或者以后难以取得的情况下，利害关系人可以在提起诉讼或者申请仲裁前向证据所在地、被申请人住所地或者对案件有管辖权的人民法院申请保全证据。

《专利法》第 67 条　为了制止专利侵权行为，在证据可能灭失或者以后难以取得的情况下，专利权人或者利害关系人可以在起诉前向人民法院申请保全证据。

❷ 《最高人民法院关于审理侵犯专利权纠纷案件应用法律若干问题的解释（二）》第 27 条　权利人因被侵权所受到的实际损失难以确定的，人民法院应当依照专利法第 65 条第一款的规定，要求权利人对侵权人因侵权所获得的利益进行举证；在权利人已经提供侵权人所获利益的初步证据，而与专利侵权行为相关的账簿、资料主要由侵权人掌握的情况下，人民法院可以责令侵权人提供该账簿、资料；侵权人无正当理由拒不提供或者提供虚假的账簿、资料的，人民法院可以根据权利人的主张和提供的证据认定侵权人因侵权所获得的利益。

赔偿数额。但在这种情形下，权利人在完成初步证明责任后可以请求法院责令被控侵权人提供相关证据，被控侵权人拒不提供的，可请求法院按照权利人提供的证据认定赔偿额。在深圳市理邦精密仪器股份有限公司与深圳迈瑞生物医疗电子股份有限公司侵害发明专利权系列案件中，由于被控侵权人理邦公司无正当理由拒不提供财务账册，法院认定审计机构依据理邦公司招股说明书、年度报告以及公司网站信息等材料披露的相关数据就理邦公司监护仪系列产品（涉案侵权产品为其中的7款）总营业利润出具的审计报告可予采信。同时，法院根据"系列产品的总营业利润÷系列产品款数×被诉侵权产品的款数"的方法计算出涉案产品的营业利润。尽管该案中法院承认上述计算方法带有一定的推定成分，但在缺少财务账册无法得出精确结论的情况下，法院仍然认定据此计算出的侵权产品利润具备合理性，并最终判予原告共计人民币1 000万元的高额赔偿。❶

4. 确保证据收集的全面性、持续性和证据来源权威性

在证据收集阶段，权利人还应当注意取证内容的全面性和完整性以提高证据证明力。例如，根据前文所列举的相关案例，对于第三方机构出具的审计报告，应当特别注意用以制作报告的材料是否完备、精确，如审计报告中侵权产品的销售和利润期间是否覆盖到侵权期间，作为审计对象的账目、账册是否完整等。又如，如果侵权产品在多个地域、渠道或不同市场进行销售的，则应当针对不同地域、渠道或市场分别进行取证，以全面反映与损害赔偿相关的待证事实。

此外，实践中被控侵权人的侵权行为在诉讼过程中可能并未停止，在此种情形下，权利人也应当注意证据收集的持续性，在诉讼进行过程中继续搜证取证，并根据取证情况及时增加、变更诉讼请求中主张的赔偿数额，以获取充分的赔偿。

如前文所述，保证证据来源的权威性同样非常关键。例如，权利人在

---

❶　（2014）粤高法民三终字第878、879、936、937、938、1033号。

收集能够反映涉案产品销量、利润的第三方数据时，应特别注意该数据来源是否具有权威性，尽量选择公认、知名的行业机构或专业机构所统计的数据。在华为终端有限公司诉天津三星通信技术有限公司等侵害发明专利权纠纷案❶中，原告华为公司向法院提交了知名数据供应商 IDC 公司就涉案侵权产品销量和销售金额出具的统计数据，审理法院认为，IDC 公司作为全球性的数据提供商，具备数据收集、分析和统计的专业渠道，因此，其提供的数据具有一定的可信度和参考价值，该案一审判赔额高达人民币 8 000 万元。❷

5. 及时取证并采取合法有效的取证方式

及时进行搜证、取证能够有效防止因被控侵权人销毁相关证据而导致无法举证的不利后果。权利人在发现侵权行为时，应当及时进行证据固定，防止侵权人在日后篡改、销毁相关证据，尤其是在决定向侵权人发送侵权通知的情况下，更应当在通知发出前完成取证工作。

此外，采取适当的取证方式也有助于提高证据的证明力。例如，采取公证取证方式收集的证据通常证明力较高。尤其是对于电子证据，由于法院一般认为此类证据易遭篡改，因此，进行公证取证十分必要。即使是公证取证，也要注意进行取证的计算机终端设备或者存储设备是否清洁，公证过程是否完整可靠，否则公证证据的真实性也可能遭到质疑。在新传在线信息技术有限公司与中国网络通信集团公司自贡市分公司信息网络传播权纠纷案中，一审原告新传在线公司向法院提交了经公证取证的电子证据，以证明被告未经许可传播其享有著作权的电影作品。该案再审案件❸审理过程中，最高人民法院认定，上述公证取证是在原告提供的场所进行且公证所用的电脑及移动硬盘亦由其提供，公证书内也没有记载是否对该电脑及移动硬盘进行清洁性检查。此外，目前在技术上确实存在预先在本地电

---

❶　参见（2016）闽 05 民初 725 号。

❷　（2016）闽 05 民初 725 号。判决书来源：知产力微信公众号，截至 2017 年 10 月，该案判决书暂未于中国裁判文书网公布。

❸　参见（2008）民申字第 926 号。

脑中设置虚拟目标网页的可能性。因此，原审法院认定该公证书记载的内容存在瑕疵，缺乏真实性和客观性并无不当。

通过上文分析可知，虽然目前我国专利侵权损害赔偿的确存在举证难、赔偿低的现实困境，但如果权利人能够充分了解导致出现这一困境的根本原因，通过适当选择损害赔偿计算标准确定取证范围及取证内容，并利用多种取证途径、及时采取合法有效的取证方式进行全面取证，这一难题也并非无法破解。

专利侵权赔偿证据的收集是一项高度专业化的工作，具体到实务操作中，仍然有众多关键细节需要特别予以关注。因此，对于权利人来说，前期科学梳理必要的证据，思考证据获取方式和有效性，委托专业的律师、调查公司或其他专业人员进行前述策划，以及具体的搜证、取证十分必要。全面、高效的证据收集，不仅能为权利人节省大量的时间和经济成本，还能在相当程度上保证证据的证明力，从而为权利人的损害赔偿主张提供充分的支持，从根本上解决专利侵权案件赔偿低的现实困境。

第五节　侵权抗辩及无效

一、专利侵权抗辩

专利法设立的目的是促进科技进步。发明人通过申请专利，把自己的技术向社会公开，为了奖励、鼓励发明人，国家赋予其专利权，专利权人可以在一定的期限内排除他人未经授权实施其专利的权利。在赋予专利权人该权利的同时，在考虑公共利益的基础上，会对这种该权利附加各种限制，包括侵权诉讼中被告的各种抗辩理由如现有技术抗辩、合法来源抗辩、

在先使用抗辩、非生产经营目的，以及权利用尽抗辩等。❶

随着商品流通速度及频率的加快，专利产品会很快流转到下游的产业链的不同买家或者消费者，也会随着后续加工、组装、处理变得面部全非。如何保护专利权人的合法权益、如何应对专利侵权抗辩，如何平衡专利权人和社会公共利益，是值得思考的问题。笔者将从专利法及相关法条的规定出发，结合司法实践中的典型案例，对专利侵权除不侵权抗辩外的其他常见抗辩事由进行讨论。

（一）非生产经营目的

《专利法》第 11 条规定："发明和实用新型专利权被授予后，除本法另有规定的以外，任何单位或者个人未经专利权人许可，都不得实施其专利，即不得为生产经营目的制造、使用、许诺销售、销售、进口其专利产品，或者使用其专利方法以及使用、许诺销售、销售、进口依照该专利方法直接获得的产品。外观设计专利权被授予后，任何单位或者个人未经专利权人许可，都不得实施其专利，即不得为生产经营目的制造、许诺销售、销售、进口其外观设计专利产品。"根据《专利法》第 11 条的规定，未经专利权人许可，不得为生产经营目的实施专利技术。被控侵权人可以根据

---

❶ 《专利法》第 62 条　在专利侵权纠纷中，被控侵权人有证据证明其实施的技术或者设计属于现有技术或者现有设计的，不构成侵犯专利权。

第 69 条　有下列情形之一的，不视为侵犯专利权：

（一）专利产品或者依照专利方法直接获得的产品，由专利权人或者经其许可的单位、个人售出后，使用、许诺销售、销售、进口该产品的；

（二）在专利申请日前已经制造相同产品、使用相同方法或者已经作好制造、使用的必要准备，并且仅在原有范围内继续制造、使用的；

（三）临时通过中国领陆、领水、领空的外国运输工具，依照其所属国同中国签订的协议或者共同参加的国际条约，或者依照互惠原则，为运输工具自身需要而在其装置和设备中使用有关专利的；

（四）专为科学研究和实验而使用有关专利的；

（五）为提供行政审批所需要的信息，制造、使用、进口专利药品或者专利医疗器械的，以及专门为其制造、进口专利药品或者专利医疗器械的。

第 70 条　为生产经营目的使用、许诺销售或者销售不知道是未经专利权人许可而制造并售出的专利侵权产品，能证明该产品合法来源的，不承担赔偿责任。

案件具体情况以其实施专利技术是"非生产经营目的"进行抗辩，主张其实施专利技术的行为不构成专利侵权。

目前，专利法及其司法解释并未对"非生产经营目的"作出明确定义。在实践中，对于"非生产经营目的"的概念和范围通常会有不同的理解，下文将区分个人和单位分别展开介绍。

1. 个人非商业目的的实施行为

目前基本接受的观点，认为个人非商业目的的实施行为属于"非生产经营目的"，不构成专利侵权。

最高人民法院在2014年的《关于审理侵犯专利权纠纷案件应用法律若干问题的解释（二）》（公开征求意见稿）第28条规定：被诉侵权人为私人消费目的实施发明创造的，人民法院应当认定不属于专利法第十一条、第七十条所称的为生产经营目的。其中对"非生产经营目的"给出了列举性的规定，"私人消费目的"，例如个人为自己或家庭生活的需要而实施的行为，属于"非生产经营目的"，不构成专利侵权。

北京市高级人民法院在2001年的《专利侵权判定若干问题的意见（试行）》第94条规定：个人非经营目的的制造、使用行为，不构成侵犯专利权。

2. 单位非商业目的的实施行为

法人和其他组织是否可以就非生产经营目的进行抗辩，以及具体的构成要件及裁判标准，现行的法律法规、司法解释并未给出明确规定，在司法实践中也一直存在较大争议。

北京市高级人民法院在2001年的《专利侵权判定若干问题的意见（试行）》第94条规定：个人非经营目的的制造、使用行为，不构成侵犯专利权。但是，单位未经许可制造、使用他人的专利产品，则不能以"非经营目的"进行侵权抗辩，而应当承担侵权责任。该条款认为只有个人的行为才可能构成非生产经营目的，而明确了单位不能以"非生产经营目的"作为不侵权抗辩的理由。

而北京市高级人民法院在《专利侵权判定指南（2013）》第118条规

定：任何单位或个人非生产经营目的制造、使用、进口专利产品的，不构成侵犯专利权。该条款认为单位也可以进行"非生产经营目的"抗辩。

《专利侵权判定指南（2017）》中的相关条款却被进一步修改，第130条规定：为私人利用等非生产经营目的实施他人专利的，不构成侵犯专利权。该条款虽然没有明确否定单位所实施的行为构成非生产经营目的的可能性，但仍然未给出单位的何种实施行为可视为"为私人利用"，需要在司法实践中给出明确的规定和指引。

如上所述，个人的非商业目的的实施行为属于"非生产经营目的"，而单位所实施的行为是否构成非生产经营目的仍存在很大争议。在专利侵权的司法实践中，为了规避侵权责任，作为行为主体的单位往往实施方法专利的大部分步骤，或者仅制造、销售专利产品的核心部件，而将其余的方法步骤或者专利产品的辅助性部件留给其他主体，例如用户。这种情况在涉及软件、互联网领域，通信方法、处理方法的专利案件中尤为普遍。这种规避侵权责任的行为导致专利权在行使时面临极大的挑战，专利权人的市场被侵占、合法权益受到侵害，从客观上产生损害结果，应当予以规制。

在珠海格力电器股份有限公司（以下简称格力公司）诉广东美的制冷设备有限公司（以下简称美的公司）、珠海市泰锋电业有限公司（以下简称泰锋公司）专利侵权案❶中，格力公司为专利号为 ZL200710097263.9，名称为"控制空调器按照自定义曲线运行的方法"的专利权人，主张美的公司生产、泰锋公司以及国美电器朝外店销售的梦静星系列空调产品在"舒睡模式3"运行方式下的技术方案落入涉案发明专利权的保护范围，侵犯了格力公司的专利权。一审法院认为美的公司生产的型号为 KFR-23GW/DY-V2（E2）、KFR-26GW/DY-V2（E2）、KFR-32GW/DY-V2（E2）、KFR-35GW/DY-V2（E2）的空调器产品在"舒睡模式3"运行方式下的技术方案落入涉案发明专利权的保护范围，判决美的公司停止使用

---

❶ 参见（2011）粤高法民三终字第326号。

格力公司享有专利权的"控制空调器按照自定义曲线运行的方法"，停止销售、许诺销售上述型号的空调器产品。美的公司不服原审判决，提起上诉，声称涉案专利是空调器的使用方法，而非空调器的生产方法，无法直接获得产品，专利权的保护不能延及产品；只有空调器的用户才会使用涉案专利，美的公司不是使用者。二审法院认为"制造具有'舒睡模式3'功能的空调器的行为，包含使用被诉侵权方法的行为。'舒睡模式3'是一种控制空调器按照自定义曲线运行的方法，美的公司制造的空调器要实现这一功能，就要通过相应的设置、调配步骤，使空调器具备实现按照自定义曲线运行的条件，从而无可避免地使用到控制空调器按照自定义曲线运行的方法，因此美的公司是使用者。原审判令美的公司停止使用格力公司的方法专利，包含对制造具备'舒睡模式3'功能的空调器的行为的禁止。美的公司认为自己不是'舒睡模式3'的使用者的主张和理由不成立，本院不予支持"。

由上述案例可知，由于美的公司并未直接实施使用专利方法的行为，由用户实施专利方法的全部步骤，而用户的行为不能满足"生产经营目的"的要件而不构成侵犯专利权。在上述困境的基础上，二审法院为维护专利权人的利益，认为美的公司制造的空调要实现舒睡模式的功能，就要通过相应的设置、调配步骤，是空调具备实现按照自定义曲线运行的条件。

另外，专利权人可以考虑追究单位与用户的共同侵权责任，主张行为主体对用户进行了控制或指使以至于可以将其他主体的实施行为统统归咎于进行控制或指使的那个主体，或者主体的行为构成帮助、教唆行为。然而，由于间接侵权以直接侵权为前提，在特定情形下，导致间接侵权的认定存在困难，例如如何认定由用户参与的实施行为是否构成直接侵权，如何处理用户行为与间接侵权的关系，仍然存在较大争议，希望立法机关能够及时制定相应法律适用的具体规定或解释。

另外，专利权人在进行专利布局时，应当合理预判可能出现的侵权行为，建议从单一实体的角度撰写方法权利要求，并且应避免将用户作为实施方法步骤的实施主体。有意识的专利撰写，为后续的维权会提供更多便利。

（二）现有技术抗辩

《专利法》第62条规定：在专利侵权纠纷中，被控侵权人有证据证明其实施的技术或者设计属于现有技术或者现有设计的，不构成侵犯专利权。关于现有技术抗辩，重要问题是界定现有技术的范围、现有技术抗辩的比对方式及比对标准。

1. 现有技术的范围

根据《最高人民法院关于审理侵犯专利权纠纷案件应用法律若干问题的解释（二）》第22条：对于被诉侵权人主张的现有技术抗辩或者现有设计抗辩，人民法院应当依照专利申请日时施行的专利法界定现有技术或者现有设计。

《专利法施行修改后的专利法的过渡办法》第2条规定："修改前的专利法的规定适用于申请日在2009年10月1日（不含该日，下同）的专利申请以及根据该专利申请授予的专利权；修改后的专利法的规定适用于申请日在2009年10月1日以后（含该日，下同）的专利申请以及根据该专利申请授予的专利权。"由此可知，对于申请日在2009年10月1日之前的授权专利，现有技术的范围适用2008年修订前的《专利法》，是指申请日（有优先权的，指优先权日）前在国内外出版物上公开发表、在国内公开使用或者以其他方式为公众所知的技术；对于申请日在2009年10月1日之后的授权专利，现有技术的范围适用2008年修订后的《专利法》，是指在申请日（有优先权的，指优先权日）以前在国内外出版物上公开发表、在国内外公开使用或者以其他方式为公众所知的技术。

2008年修订前的《专利法》中，现有技术是指申请日（有优先权的，指优先权日）前在国内外出版物上公开发表、在国内公开使用或者以其他方式为公众所知的技术，不包括在国外公开使用的技术。

2008年修订后的《专利法》第22条第5款规定"本法所称现有技术，是指申请日以前在国内外为公众所知的技术"。具体地，《专利审查指南2010》第二部分第三章第2.1节规定："根据专利法第二十二条第五款的规定，现有技术是指申请日以前在国内外为公众所知的技术。现有技术包括在申请日（有优先权的，指优先权日）以前在国内外出版物上公开发表、在国内外公开使用或者以其他方式为公众所知的技术。现有技术应当是在申请日以前公众能够得知的技术内容。换句话说，现有技术应当在申请日以前处于能够为公众获得的状态，并包含有能够使公众从中得知实质性技术知识的内容。应当注意，处于保密状态的技术内容不属于现有技术。所谓保密状态，不仅包括受保密规定或协议约束的情形，还包括社会观念或者商业习惯上被认为应当承担保密义务的情形，即默契保密的情形。然而，如果负有保密义务的人违反规定、协议或者默契泄露秘密，导致技术内容公开，使公众能够得知这些技术，这些技术也就构成了现有技术的一部分。"

另外，抵触申请不属于现有技术或现有设计，不能作为现有技术抗辩或现有设计抗辩的理由。

2. 现有技术抗辩的比对方式及比对标准

根据《专利侵权司法解释》第 14 条：被诉落入专利权保护范围的全部技术特征，与一项现有技术方案中的相应技术特征相同或者无实质性差异的，人民法院应当认定被诉侵权人实施的技术属于《专利法》第 62 条规定的现有技术。被诉侵权设计与一个现有设计相同或者无实质性差异的，人民法院应当认定被诉侵权人实施的设计属于《专利法》第 62 条规定的现有设计。

北京高级人民法院在《专利侵权判定指南（2017）》中有如下规定：

第 137 条：现有技术抗辩，是指被诉落入专利权保护范围的全部技术特征，与一项现有技术方案中的相应技术特征相同或者等同，或者所属技术领域的普通技术人员认为被诉侵权技术方案是一项现有技术与所属领域公知常识的简单组合的，应当认定被诉侵权人实施的技术属于现有技术，被诉侵权人的行为不构成侵犯专利权。

第 143 条：审查现有技术抗辩是否成立，应当判断被诉落入专利权保护范围的技术特征与现有技术方案中的相应技术特征是否相同或等同，而不应将涉案专利与现有技术进行比对。

由上可知，现有技术抗辩的比对方式及比对标准如下：

第一，应当将被诉侵权技术方案与现有技术进行对比，而不是将现有技术与专利技术方案进行对比。

第二，应当将被诉侵权技术方案与一项现有技术方案对比，而不能采用类似于创造性判断时与多项现有技术方案的组合进行对比。另外，被诉侵权技术方案是一项现有技术与所属领域公知常识的简单组合的情况，例如两者的组合仅仅是简单的叠加，组合之后的各技术特征之间在功能上无相互作用关系，总的技术效果是两者技术效果的总和，或者公知常识的应用仅仅是常规技术继续发展的必然结果，也应认定现有技术抗辩成立。

第三，被诉侵权技术方案与一项现有技术方案应当相同或者无实质性差异。其中"无实质性差异"可以参照等同原则的判定方法。

在盐城泽田机械有限公司与盐城市格瑞特机械有限公司侵犯实用新型专利权纠纷案❶中，最高人民法院经审理认为，在专利侵权诉讼中设立现有技术抗辩制度的根本原因，在于专利权的保护范围不应覆盖现有技术，以及相对于现有技术而言显而易见，构成等同的技术。除在无效程序中对专利权的法律效力进行审查外，通过在侵权诉讼中对被诉侵权人有关现有技术抗辩的主张进行审查，有利于及时化解纠纷，减少当事人诉累，实现公平与效率的统一。在审查现有技术抗辩时，比较方法应是将被诉侵权技术方案与现有技术进行对比，而不是将现有技术与专利技术方案进行对比。审查方式则是以专利权利要求为参照，确定被诉侵权技术方案中被指控落入专利权保护范围的技术特征，并判断现有技术中是否公开了相同或者等同的技术特征。现有技术抗辩的成立，并不要求

---

❶ 参见（2012）民申字第 18 号。

被诉侵权技术方案与现有技术完全相同，毫无区别，对于被诉侵权产品中与专利权保护范围无关的技术特征，在判断现有技术抗辩能否成立时应不予考虑。被诉侵权技术方案与专利技术方案是否相同或者等同，与现有技术抗辩能否成立亦无必然关联。因此，即使在被诉侵权技术方案与专利技术方案完全相同，但与现有技术有所差异的情况下，亦有可能认定现有技术抗辩成立……在无效程序中，系将专利技术方案与现有技术进行对比，审查现有技术是否公开了专利技术方案，即专利技术方案相对于现有技术是否具有新颖性、创造性。而在侵权诉讼中，现有技术抗辩的审查对象则在于被诉侵权技术方案与现有技术是否相同或等同，而不在于审查现有技术是否公开了专利技术方案。

由此可知，虽然现有技术抗辩的比对方式是将被诉侵权技术方案与现有技术进行对比，但不是要求两者必须在所有的对应技术特征都完全相同，而应当以专利权利要求为参照，来提取被诉侵权技术方案的相应技术特征，将其与现有技术方案中的对应特征比对。对于被诉侵权技术方案中与专利权保护范围无关的技术特征，在判断现有技术抗辩是否成立时应不予考虑。另外，被诉侵权技术方案与专利技术方案是否相同或者等同，与现有技术抗辩能否成立亦无必然关联；因此，即使在被诉侵权技术方案与专利技术方案完全相同，但与现有技术有所差异的情况下，亦有可能认定现有技术抗辩成立。

（三）合法来源

《专利法》第 70 条规定：为生产经营目的使用、许诺销售或者销售不知道是未经专利权人许可而制造并售出的专利侵权产品，能证明该产品合法来源的，不承担赔偿责任。

针对合理来源抗辩，应从以下几个方面进行理解：

（1）适用于合理来源抗辩的行为仅限于为生产经营目的的使用、许诺销售或销售专利侵权产品的行为，而制造或进口专利侵权产品的行为则不适用于合理来源抗辩。

在侵权产品的生产和流通过程中，处于上游的制造或进口行为通常具

205

有主动性，即使上游侵权人明知其提供的是侵权产品仍然可能提供给下游侵权人，而下游侵权人有可能不知其取得的是侵权产品且通过合法渠道获得了该侵权产品。然而在专利侵权诉讼中，由于流通渠道的复杂性，对于专利权人来说通常难以找到实施了制造或进口行为的侵权人，而只能通过状告处于下游的使用、许诺销售或者销售的行为人。这种情况下，对于善意的使用者在证明合法来源的情况下，应当免除相应的责任。根据《专利法》第70条规定，对于善意的使用、许诺销售或销售行为，在证明合法来源的情况下，行为人不承担赔偿责任。另外，根据《最高人民法院关于审理侵犯专利权纠纷案件应用法律若干问题的解释（二）》第25条规定，❶对于善意的使用行为，在证明合法来源且证明其已支付该产品的合理对价的，免除善意使用人停止侵权的责任。但是，如果行为人不能证明其已经支付合理对价的情况下，对于权利人请求停止使用、许诺销售、销售行为的主张，应予支持。❷

（2）举证责任的分配。

在认定构成侵犯专利权的前提下，如果实施了使用、许诺销售、销售行为的行为人主张免除赔偿责任，需要证明如下三点：①自己"不知道"是专利侵权产品，具体地，不知道是指实际不知道且不应当知道；②该产品是通过合法的销售渠道、通常的买卖合同等正常商业方式取得的，其应

---

❶ 《最高人民法院关于审理侵犯专利权纠纷案件应用法律若干问题的解释（二）》第25条 为生产经营目的的使用、许诺销售或者销售不知道是未经专利权人许可而制造并售出的专利侵权产品，且举证证明该产品合法来源的，对于权利人请求停止上述使用、许诺销售、销售行为的主张，人民法院应予支持，但被诉侵权产品的使用者举证证明其已支付该产品的合理对价的除外。本条第一款所称不知道，是指实际不知道且不应当知道。本条第一款所称合法来源，是指通过合法的销售渠道、通常的买卖合同等正常商业方式取得产品。对于合法来源，使用者、许诺销售者或者销售者应当提供符合交易习惯的相关证据。

❷ 北京市高级人民法院《专利侵权判定指南（2017）》第145条 为生产经营目的，使用、许诺销售或者销售不知道且不应知道是未经专利权人许可而制造并售出的专利侵权产品，且举证证明该产品合法来源的，不承担赔偿责任，对于权利人请求停止上述使用、许诺销售、销售行为的主张，应予支持。

当提供符合交易习惯的相关证据；③已支付该产品的合理对价，即与专利产品基本相当或略低于专利产品的交易价格或交易条件。❶

在格伦德福斯管理联合股份公司与合肥新沪屏蔽泵有限公司、北京安吉兴瑞商贸有限公司侵犯实用新型专利权纠纷案❷中，北京知识产权法院经审理认为，根据该条规定，合法来源抗辩至少需要同时满足两个要件：一是销售者主观"不知道"其销售的产品为侵权产品；二是涉案产品具有合法来源。对于第一个要件，通常应由权利人来证明销售者实际知道或者应当知道其所销售的系侵权产品，从而否定合法来源抗辩的成立；反之，则推定该使用者、许诺销售者或者销售者系善意。对于第二个要件，应当由销售者提供符合交易习惯的相关证据，证明涉案产品系通过合法的销售渠道、通常的买卖合同等正常的商业方式而取得。本案中，首先，北京安吉兴瑞公司提交了与合肥新沪公司之间的买卖合同和发票，以证明其销售的涉案产品是从后者处购买，合肥新沪公司对此也予以认可。因此，可以认定北京安吉兴瑞公司通过合法渠道取得涉案产品。其次，本案中，格伦德福斯公司并未提交北京安吉兴瑞公司明知或应知其销售的涉案产品系侵权产品的相关证据，故北京安吉兴瑞公司的合法来源抗辩成立，法院予以支持。北京安吉兴瑞公司不承担赔偿责任，但应承担停止销售涉案产品的法律责任。

由上述案例可知，在实务中，对于行为人来说，证明"不知道"这一否定的事实通常较困难，这种情况下，如果权利人不能提出反证证明销售者实际知道或应当知道其所销售的是侵权产品，则推定使用者、许诺销售者或销售者是善意的。

专利权人证明行为人实际知道或应当知道也并不容易，除非具有如下几种典型的情形。例如，专利权人曾经向行为人发出过警告函，或者行为人曾经受到过专利行政机关的查处，甚至行为人曾经就涉案专利提出过专

---

❶ 陶凯元、宋晓明：《最高人民法院知识产权司法解释的理解与适用（最新增订版）》，中国法制出版社 2016 年版，第 50 页。

❷ 参见（2015）京知民初字第 611 号。

利无效请求等。❶ 当然，如果原告能够证明使用者未支付对价或所支付的对价明显低于正常的交易价格或条件，可以推定购买者应当知道所购产品为未经专利权人许可而制造并售出的专利侵权产品。

（四）权利用尽

专利权人可以在一定的期限内排除他人未经授权实施其专利的权利。但是，如果专利产品在其专利权人或许可人售出后，已经获得合理的报酬，却仍然可以干预该产品的进一步流通，或者可以干预买受人对该产品的正常使用，不仅会造成市场的困惑，而且会影响正常的商业活动，造成妨碍市场竞争的严重后果。因此，在赋予专利权人权利的同时，在考虑公共利益的基础上，对该权利附加各种限制，权利用尽抗辩制度也是其中的一种限制。

《专利法》第69条第1款规定：专利产品或者依照专利方法直接获得的产品，由专利权人或者经其许可的单位、个人售出后，使用、许诺销售、销售、进口该产品的，不视为侵犯专利权。

1. 权利用尽的适用条件

（1）专利产品需经专利权人或其许可人合法售出，也就是说，专利产品需合法来源于专利权人或其许可人。此时，专利权人获得合理报酬，以奖励其创造性劳动对科技发展带来的贡献，其可以体现为专利权人从自己的直接销售中获得报酬，也可以体现为向被许可人收取许可费或提成费。另外，在免费发放专利产品或者赠予专利产品等过程中，专利权人自动放弃了其获得回报的权利，这种对权利的放弃，仍然应当视为权利人的利益已经得到回报。因此，免费发放专利产品、赠予专利产品、交换等应当视为销售，而导致专利权人或其许可人对于该特定专利产品的权利用尽。也就是说，权利用尽抗辩制度的适用以专利权人或其许可人得到实际的经济利益作为最终的评判标准，当然专利权人对于此种利益的自动放弃应当视

---

❶ 王明达、陈锦川：《北京市高级人民法院〈专利侵权判定指南（2013）〉》，中国法制出版社2014年版，第610页。

为专利权人或其许可人的经济利益已实际实现，❶ 因此，不应当继续干预专利产品的后续流通。

（2）根据《专利法》第 69 条规定，权利用尽制度所指向的行为包括使用、许诺销售、销售、进口等行为，但不包括制造行为。也就是说，未经专利权人授权的制造行为不适用权利用尽制度，而应当认定为侵犯专利权的行为。

在济源市王屋山黑加伦饮料有限公司与河南维雪啤酒集团有限公司侵犯外观设计专利权纠纷案❷中，河南省高级人民法院经审理认为，本案中维雪集团享有"啤酒瓶"的外观设计专利权，其将啤酒瓶灌装啤酒后，啤酒瓶与啤酒作为一个整体出售，啤酒瓶的功能在于作为啤酒的包装物，消费者饮用啤酒之后，啤酒瓶在流通领域的任务已经完成，黑加伦公司回收啤酒瓶，并灌装其生产的黑加伦饮料作为其产品出售，啤酒瓶与其生产的饮料作为一个整体又成为新的产品，黑加伦公司行为的实质是通过对啤酒瓶的回收利用产生新的产品，因此是一种变相的生产制造外观设计专利产品的行为。关于黑加伦公司的行为是否适用专利权用尽原则，专利权用尽是指专利产品首次合法投放市场后，任何人进行再销售或者使用，无须再经过专利权人同意，且不视为侵犯专利权的行为。因此，专利权用尽原则的适用仅限于专利产品流通领域，适用对象限于合法投放市场的专利产品。本案中，啤酒瓶与啤酒作为一个整体进行出售，啤酒被消费后，黑加伦公司回收利用啤酒瓶的行为实质是一种变相的生产制造行为，因此不适用专利权用尽原则，其行为侵犯了维雪啤酒的外观设计专利权，应承担停止侵权并赔偿损失的责任。

由上述案例可知，专利产品被合法售出后，对于买受人对其合理的使用，例如为了实现其正常功能而作出的修理和维护，专利权人在该产品上

---

❶ 王明达、陈锦川：《北京市高级人民法院〈专利侵权判定指南（2013）〉》，中国法制出版社 2014 年版，第 528 页。

❷ 参见（2010）豫法民三终字第 85 号。

的权利已经用尽，不应当认定为专利侵权行为。而对于再造行为，已经超出对于专利产品的合理使用，相当于制造了新的专利产品，不再使用权利用尽原则，应当认定为专利侵权行为。

2. 国内用尽原则与国际用尽原则

国内用尽原则是指专利产品合法地进入市场并被售出后，专利权人的专利权不再及于该特定的被售出的产品，但是该售出的产品的再使用或销售必须以该专利权有效的国家或地区为界，即权利用尽原则只适用于专利权存在的范围内。而国际用尽原则，将专利权的地域界限放到了整个世界范围，即只要买受人的专利产品合法地来源于专利权人或其许可人，买受人即可在世界其他各国对该专利产品自由地行使权利，而不受他国专利权人的约束。❶

从《专利法》第69条的字面含义来理解，我国采用国际用尽原则，即只要是专利权人或其许可人售出的专利产品，其他任何第三人合法取得以后，再将其进口到国内的行为，均不视为侵犯专利权的行为。此处的第三人可以包括中国的单位和个人，也可以包括外国的单位和个人。对专利产品或者依照专利方法直接获得的产品的售出范围，不但包括专利权人或其许可人在我国境内的销售行为，也包括专利人或其许可人在我国境外的销售行为。❷ 当然，国际权利用尽也需要满足以下一般性条件：在我国必须存在合法有效的专利权，专利产品需经专利权人或其许可人合法售出，且平行进口行为未经我国专利权人的许可。

在国家知识产权局回复世界知识产权组织的《关于权利例外和限制的调查问卷》中，明确了我国采用国际用尽原则。在北京市高级人民法院

---

❶ 王明达、陈锦川：《北京市高级人民法院〈专利侵权判定指南（2013）〉》，中国法制出版社2014年版，第529~530页。

❷ 国家知识产权局条法司编：《专利法第三次修改导读》，知识产权出版社2009年版，第88页。

2017 年发布的《专利侵权判定指南》第 131 条❶中也有明确规定。

3. 相对权利用尽和绝对权利用尽

相对权利用尽是指允许专利权人或其许可人在首次销售专利产品时附加限制条件，以便对专利产品后续的使用、许诺销售、销售或进口予以限制，以避免权利用尽原则的适用；如果买受者后续违反该限制条件，仍然可以认定为侵犯专利权的行为。而绝对权利用尽是指专利产品一经合法售出，专利权人或其许可人即丧失对该专利产品的控制权，不允许再继续干预该专利产品的后续流通。

在司法实践中，采取相对权利用尽还是绝对权利用尽是有争议的。一种观点认为，"只有在首次销售没有为后续使用或者出售行为设置明显的限制条件时，才会导致权利穷竭。当合同约定于权利穷竭学说相左时，应当从合同约定"。❷ 另一种观点认为，从维护正常的商品流通秩序的角度出发，应当采取绝对用尽原则更适宜。

笔者认为，从《专利法》第 69 条的字面含义来理解，我国应采用绝对权利用尽，即只要专利产品或者依照专利方法直接获得的产品由专利权人或经其许可售出后，使用、许诺销售、销售、进口该产品的行为就不视为侵犯专利权；此种例外的适用并不考虑专利权人或其许可人是否

---

❶ 北京市高级人民法院《专利侵权判定指南（2017）》第 131 条　专利产品或者依照专利方法直接获得的产品，由专利权人或者经其许可的单位、个人售出后，使用、许诺销售、销售、进口该产品的，不视为侵犯专利权，包括：

（1）专利权人或者其被许可人在中国境内售出其专利产品或者依照专利方法直接获得的产品后，购买者在中国境内使用、许诺销售、销售该产品；

（2）专利权人或者其被许可人在中国境外售出其专利产品或者依照专利方法直接获得的产品后，购买者将该产品进口到中国境内以及随后在中国境内使用、许诺销售、销售该产品；

（3）专利权人或者其被许可人售出其专利产品的专用部件后，使用、许诺销售、销售该部件或将其组装制造专利产品；

（4）方法专利的专利权人或者其被许可人售出专门用于实施其专利方法的设备后，使用该设备实施该方法专利。

❷ 崔国斌：《专利法：原理与案例》，北京大学出版社 2006 年第 2 版，第 675 页。

在专利产品或者依照专利方法直接获得的产品售出时附加任何限制条件。从专利制度设立的目的来看，最终是为了维护社会公共利益，促进科学技术进步和经济社会发展，而不仅仅为了维护专利权人的私权利。在专利权人首次售出专利产品并已经获得利益时，其已经就其发明创造而对社会做出的贡献获得奖励，如果允许专利权人可以通过设置限制条件来继续干预专利产品的后续流通、主张买受人的后续行为构成专利侵权行为而获得赔偿，那么，专利权人所获得的利益已超出合理的范畴，必然会损害社会公众的利益。

如果该限制条件没有损害社会公众利益，也没有违反其他竞争法律的相关规定，专利权人或其许可人可以针对买受人违反售后限制条件的行为提起违约之诉，但是不能主张专利侵权之诉。

在美国 Quanta Computer, Inc. v. LG Electronics, Inc. 专利侵权纠纷案❶中，LG 电子将其方法专利许可给英特尔，授权英特尔制造、销售和使用实施了电子方法专利的产品（以下简称专利产品），并在许可协议中附加限制条件，即不允许授权第三方将许可的专利产品与任何非英特尔生产的产品进行组装并要求英特尔通知其客户。广达公司从英特尔购买了专利产品并将该产品与非英特尔生产的其他产品进行组装。LG 电子起诉广达，认为广达侵犯其专利权。美国联邦最高法院认为，专利权人的授权销售行为即触发权利用尽，而在 LG 电子与英特尔之间的许可协议中，LG 电子许可英特尔销售专利产品而没有任何附加条件来限制英特尔销售专利产品的权利，因此，英特尔与广达之间的销售行为可以视为授权销售，其触发权利用尽，阻止 LG 电子对广达主张专利权，广达不承担专利侵权赔偿责任。另外，美国联邦最高法院还认为，"对广达的授权销售并不必然限制 LG 电子的其他合同权利。LG 电子并没有提起合同违约之诉，故不便对是否可以获得合同违约赔偿发表意见，即使权利用尽的认定排除了专利侵权赔偿责任"。

由此可见，美国的权利用尽制度也倾向于绝对权利用尽，而且并未排

---

❶ Quanta Computer, Inc., et al., Petitioners v. LG Electronics, Inc., 128 S. Ct. 2109; 170 L. Ed. 2d 996; 2008 U.S. LEXIS 4702 (2008).

除专利权人可以通过主张合同违约而获得赔偿的可能性。

4. 方法专利的权利用尽

根据《专利法》第 69 条规定，权利用尽适用于专利产品或者依照专利方法直接获得的产品的后续使用、许诺销售、销售、进口行为。此处的"专利方法"通常指可以直接获得产品的制造方法。

在西安西电捷通无线网络通信股份有限公司与索尼移动通信产品（中国）有限公司侵犯发明专利权纠纷案❶中，涉案专利 ZL02139508.X 号为"一种无线局域网移动设备安全接入及数据保密通信的方法"，属于使用方法。北京知识产权法院经审理认为，在我国现行法律框架下，方法专利的权利用尽仅适用于"依照专利方法直接获得的产品"的情形，即"制造方法专利"，单纯的"使用方法专利"不存在权利用尽的问题。此外，《专利法》第 11 条规定："发明和实用新型专利权被授予后，除本法另有规定的以外，任何单位或者个人未经专利权人许可，都不得实施其专利，即不得为生产经营目的制造、使用、许诺销售、销售、进口其专利产品，或者使用其专利方法以及使用、许诺销售、销售、进口依照该专利方法直接获得的产品。"可见，《专利法》第 11 条对于方法专利的权利范围明确规定为"使用其专利方法以及使用、许诺销售、销售、进口依照该专利方法直接获得的产品"，而"使用其专利方法"的表述未规定在《专利法》第 69 条第 1 款第（一）项中。这也进一步说明，在立法者看来，"使用方法专利"不存在权利用尽的问题或者没有规定权利用尽的必要，故"使用方法专利"不属于我国专利法规定的权利用尽的范畴。本案中，涉案专利为使用方法专利，而非制造方法专利，据此，被告主张的 IWN A2410 设备为实现涉案专利的专用设备、由原告合法销售进而原告专利权用尽等理由均缺乏适用的法律基础，故原告销售检测设备的行为并不会导致其权利用尽。

由该案例可知，在我国当前有限的司法判例中，权利用尽原则仅限于专利产品和依照专利方法直接获得的产品，而对于使用方法，例如涉及移

---

❶ 参见（2015）京知民初字第 1194 号。

动终端的通信、计算机程序的方法专利，目前并不适用权利用尽原则。笔者认为该案例的观点仍值得商榷，从专利权人处合法购买的产品，专利权人已获得合理报酬，如果购买者使用该产品时需要实施由专利权人享有的受专利权保护的方法，若专利权人仍有所保留，那么对于购买者来说，仍然存在侵权风险，这是超出购买者正常预期的，有显失公平之嫌。因此，对于使用方法专利权利用尽还有待更多司法探索，需要最终加以明确。

笔者更认同美国司法实践使用方法专利可以适用权利用尽原则的观点。

在 Quanta Computer, Inc. v. LG Electronics, Inc. 专利侵权纠纷案[1]中，LG 电子主张使用方法不适用权利用尽。按照 LG 电子公司的观点，虽然英特尔公司被授权许可销售实施 LG 电子公司专利的全套计算机系统，但任何该计算机系统下游购买商都要负有侵权责任。法院认为，"专利制度的设立初衷并不是为专利权人创造私人财富，而是为促进科学和使用技术的进步。根据专利法律的规定，对专利技术发明人的授权范围必须限定在合理的范围内"。一种专利方法的确不可能像一件产品或设备那样被售出，但方法可以包含在产品中，随着产品的售出而被用尽专利权，对于涉及包含专利方法或程序的设备或装置。专利权人通过售出产品已经得到合理报酬，方法专利包含在产品中，而被用尽专利权。对方法专利排除适用专利权利用尽原则将严重削弱该原则的作用。[2]

近年来，随着互联网、通信技术的蓬勃发展，涉及分布式网络、电子商务和大数据等各种新兴技术和商业模式不断涌现，而相关技术通常通过使用方法专利进行保护。在我国的司法实践中，对使用方法专利的权利用尽问题，尚未做出明确的规定，如果根据当前案例，则赋予专利权人额外的保护，使用方法专利的权利人在相关商品售出后，仍然可以干预商品的后续流通。如果该案例的观点成为主流观点，那么从这个角度看，通过方

---

[1] See Quanta Computer, Inc., et al., Petitioners v. LG Electronics, Inc., 128 S. Ct. 2109; 170 L. Ed. 2d 996; 2008 U. S. LEXIS 4702 (2008).

[2] 何艳霞："方法类权利要求是否使用专利权用尽原则——兼及合同约定于专利权用尽孰轻孰重问题"，载《中国发明与专利》2010 年第 6 期，第 98~102 页。

法专利来保护发明创造是有优势的。而使用方法专利的权利要求通常体现为能够实现某种技术效果或技术功能的流程或步骤，只有在实施者实际进行操作时方能体现，且涉及计算机程序的发明一般涉及数据流的传输和处理，只有借助专业的分析工具方能拦截和分析；因此，与产品专利相比，当发现可能存在侵权行为时，使用方法专利的专利权人进行举证是相当困难的。因此，产品权利要求和方法权利要求各有利弊，在专利布局时，对于同一发明，应当尽量采用两种形式同时进行保护。

二、专利无效在侵权诉讼中的运用

我国的专利无效宣告是指，如果申请人认为专利局对某项专利权的授予不符合专利法规定的条件，依法向专利复审委员会提出宣告该专利权无效的请求，由此而引起的一种法律程序。根据申请人提交的无效请求，专利复审委员会依法对该无效宣告请求进行审查后，如认为被请求宣告无效的专利权的授予确实不符合或部分不符合专利法规定的条件的，即作出决定宣告该专利无效或部分无效，反之则维持该专利权继续有效。

专利无效宣告是以目标专利被宣告无效为工作目标的法律程序，专利无效宣告是实现不同商业或者法律目的而采用的法律手段。在实践中，专利无效宣告的典型应用除了作为专利预警的风险预防措施❶和干扰竞争对手运营活动的法律手段❷外，最常见的应用还是遭遇专利侵权诉讼后的反制手段。请求宣告专利无效在专利侵权诉讼中出现尤为频繁，因为专利侵权纠纷产生的前提应是该专利权的有效性和合法性，一旦原告的专利被宣告无效，可以直接消除专利权人据以主张权利的基础，原告对被告提出的侵权诉讼则难以成立，当前人民法院可以根据专利复审委员会的上述决定

---

❶　专利预警的风险预防措施是指企业在对本企业的产品和技术进行专利风险评估后，对在未来可能威胁企业生存和发展的专利风险，采用主动出击的方式提起无效宣告，预先消除专利侵权隐患。

❷　干扰竞争对手运营活动的法律手段是指通过监控竞争对手的经营和研发活动，通过提起专利无效宣告，达到阻碍竞争对手上市、资产并购等资本市场活动，或者使竞争对手的无形资产丧失价值。

依法驳回专利权人的诉讼请求。

在专利无效程序中，虽然专利权人不是主动发起的一方，但是专利权人应当对专利无效有深入了解和充分认识，知悉相对方提起无效可能的思路，进而在提起专利民事侵权诉讼前或诉讼中评估用于提起诉讼的专利的稳定性，从而可以对专利侵权诉讼的结果有合理的预期，并提前进行适当、有效的策略安排。因此，下面将从专利无效运用的角度，阐述专利无效的作用、无效提出的应用策略，专利权人可以基于此标准反向评估自身专利的稳定性，做到知彼知己。

（一）专利侵权案件中专利无效宣告的运用

1. 提起无效宣告请求在专利侵权案件中的作用

专利无效宣告案件一般均与专利侵权案件紧密相关，在专利复审委员会审理的无效案件中，很大比例为专利侵权案件所附带。

我国现行的专利民事侵权程序和专利无效宣告程序是二元分立体制，即专利民事侵权程序和专利无效宣告程序是相对独立的。法院专利侵权民事程序审理的基础是专利权人拥有合法有效持续的专利权，而专利是否合法有效正是专利无效宣告程序的审理对象，各级法院均无权直接审查专利的有效性。

在实践中，虽然专利民事侵权程序和专利无效宣告程序的相对独立性导致专利复审委员会作出的决定和各级法院作出的判决有时会出现冲突，但在客观上也为被控专利侵权人寻求法律救济创造了更多的可能。

被控专利侵权人通过提起专利无效宣告而获得法律救济主要体现在程序和实体两个方面。

（1）专利无效宣告对专利侵权案件在程序上的作用。

针对涉案专利提起无效宣告请求，在程序上主要两个作用：①专利侵权案件中止审理；②专利侵权案件被裁定驳回起诉。

①专利侵权案件中止审理。根据《最高人民法院关于审理专利纠纷案

件适用法律问题的若干规定》第9~11条❶规定了人民法院在审理专利侵权案件中对当事人的中止请求的处理，从前述几个条文可见，最高人民法院将涉案专利被提起专利无效视为诉讼中止的理由之一，是否准许中止请求的裁量权由审理案件的法院行使。因此，在答辩、举证等期间，被控专利侵权人可以以对涉案专利提起无效宣告请求为中止理由，请求法院中止专利侵权诉讼的审理，法院结合涉案专利、侵权案件和无效请求的情况而决定是否对侵权案件适用中止审理。如果中止请求获得法院批准，被诉专利侵权人就能够争取到更多应诉准备和可能的和解谈判时间。

②专利侵权案件被裁定驳回起诉。根据《最高人民法院关于审理侵犯专利权纠纷案件应用法律若干问题的解释（二）》第2条第1款的规定，最高人民法院进一步明确了专利侵权诉讼的审判过程中，一旦涉案专利被专利复审委员会宣告无效，受理法院可以裁定驳回起诉，而非判决驳回诉讼请求。第2款规定了如果无效决定经司法审查被撤销的，则权利人可以另行起诉，为权利人保留了救济机会。第3款进一步明确了专利侵权诉讼的诉讼时效期间从行政判决书送达之日起计算，该行政判决书指的应是已生效判决。

专利复审委员会的审理周期自提交无效宣告请求起至作出无效决定一

---

❶　《最高人民法院关于审理专利纠纷案件适用法律问题的若干规定》第9条　人民法院受理的侵犯实用新型、外观设计专利权纠纷案件，被告在答辩期间内请求宣告该项专利权无效的，人民法院应当中止诉讼，但具备下列情形之一的，可以不中止诉讼：

（一）原告出具的检索报告或者专利权评价报告未发现导致实用新型或者外观设计专利权无效的事由的；

（二）被告提供的证据足以证明其使用的技术已经公知的；

（三）被告请求宣告该项专利权无效所提供的证据或者依据的理由明显不充分的；

（四）人民法院认为不应当中止诉讼的其他情形。

第10条　人民法院受理的侵犯实用新型、外观设计专利权纠纷案件，被告在答辩期间届满后请求宣告该项专利权无效的，人民法院不应当中止诉讼，但经审查认为有必要中止诉讼的除外。

第11条　人民法院受理的侵犯发明专利权纠纷案件或者经专利复审委员会审查维持专利权的侵犯实用新型、外观设计专利权纠纷案件，被告在答辩期间内请求宣告该项专利权无效的，人民法院可以不中止诉讼。

般在一年内。在此期间，专利侵权诉讼程序即使未中止，也很难完成一审以及作出终审的生效判决。被诉专利侵权人及时提起无效宣告请求的话，可以在侵权案件作出生效判决前获得涉案专利的无效决定，这样宣告涉案专利全部无效或者部分无效的无效决定就发挥作用，使得侵权案件被法院裁定驳回起诉。反之，如果被诉专利侵权人提起无效宣告请求较晚，则可能导致无效决定的作出时间在专利侵权案件终审生效判决作出时间之后；根据《专利法》第47条第1款❶的规定，如果专利侵权案件终审生效判决已经被执行，即使后作出的无效决定宣告涉案专利全部或者部分无效，该无效决定也不具有追溯力，执行造成的损失只能由被诉专利侵权人自行承担。

（2）专利无效宣告对专利侵权案件在实体上的作用。

在有些情况下，无效决定中对现有技术/设计和涉案专利的贡献等评述，也可能对后续侵权认定产生影响。下面以两个案例来具体说明。

2014~2015年，好孩子儿童用品有限公司（以下简称好孩子公司）发现昆山威凯儿童用品有限公司（以下简称威凯公司）所制造、销售的"i-baby"牌S400IB型婴儿推车（以下简称被诉产品1）；滕州市奥森家具有限公司（以下简称奥森公司）制造、销售的小英才"XYC-208A"多功能桌椅（以下简称被诉产品2），分别侵害了其所拥有的"儿童推车"（专利号ZL200530080993.X，以下简称原告专利1）和"儿童餐椅"（专利号ZL200930178371.9，以下简称原告专利2）的两项外观设计专利，故分别诉至南京市中级人民法院，请求判令威凯公司、奥森公司停止侵权，并分别向好孩子公司赔偿损失。在诉讼中，两案被告均认为其制造、销售的被诉产品外观与好孩子公司专利存在显著差异，且均声称被诉产品是按照自己所拥有的外观设计专利生产的。威凯公司拥有的外观设计专利名称为

---

❶ 《专利法》第47条第1款 宣告专利权无效的决定，对在宣告专利权无效前人民法院作出并已执行的专利侵权的判决、调解书，已经履行或者强制执行的专利侵权纠纷处理决定，以及已经履行的专利实施许可合同和专利权转让合同，不具有追溯力。但是因专利权人的恶意给他人造成的损失，应当给予赔偿。

"童车（S400）"，专利号 ZL201030509309.6（以下简称被告专利1）；奥森公司拥有的外观设计专利名称为"童椅"，专利号 ZL201330057652.5（以下简称被告专利2），两被告专利申请日均晚于好孩子公司的两项专利。一审法院在两案中均认为，虽然被诉产品分别与原告专利存在一定差异，但整体视觉效果并无实质性差异，从而认定构成专利侵权。威凯公司、奥森公司均不服一审判决，向江苏省高级人民法院提起上诉。在上诉过程中，两案被告各自提交分别以原告专利1、2为对比文件、针对被告专利1、2的无效审查决定。在上述两份无效审查决定中，专利复审委员会认为，原告专利1、2分别与被告专利1、2相比，存在若干区别点，并基于这些区别点维持被告专利1、2有效。而两案被告均认为，被诉产品1、2的外观分别与被告专利1、2相同，故依据上述两份无效审查决定，主张被诉产品与原告专利不构成近似。经综合评判两份无效宣告请求决定书和被告专利对现有设计贡献的因素，二审法院认为，案例1中无效审查决定虽认定被告专利1相对于原告专利1既不相同也不相近似，但该决定并未对被告专利1对现有设计的贡献作出评价，因此，未采信该无效决定的相关认定，最终认定被诉产品"婴儿推车"构成专利侵权；而案例2中无效审查决定对被告专利2对现有设计的贡献作出充分评述，应予采信，故二审认定被诉产品"多功能桌椅"不构成专利侵权。

在这两个案例中，虽然无效决定不是针对涉案专利作出，但涉及涉案专利与被告方持有专利的比较，在后续的侵权案件审理中，对于法官如何认定涉案外观设计对现有设计的贡献发挥了重要作用。专利复审委员会对专利及其现有技术/设计的内容、权利要求的解释等的认定具有权威性，无效决定中的意见也对于专利侵权案件的审理具有重要参考价值。

当然，更为常见的是，专利权人在专利无效过程中对于专利权利要求的解释会直接影响专利侵权民事纠纷案件中权利要求保护范围的认定。因此，无论是实体还是程序上，专利无效宣告请求对于专利侵权的审理结果均有影响。对于专利权人来说，如果提起专利侵权诉讼，专利无效宣告通常都是不可回避的法律程序，专利权人应当充分评估其专利本身、被告可能使用的现有技术，提前预估可能出现各种情况并制定应对方案。专利权人在专利保护中只有重视无效宣告请求的应对，并与专利侵权诉讼有机结合，才能取得好的效果。

2. 无效时机的选择

在法院受理专利权人的专利侵权起诉状后，审查合格后，会向被控专利侵权人发出应诉通知书等文件。被诉专利侵权人在确认己方为应诉通知书所记载案件的适格被告后，应考虑是否对涉案专利提起无效宣告请求。在实践中，专利权人在提起专利侵权诉讼时，一般仅列明和提交涉案专利的文本和法律状况文件、侵权产品的初步证据等，往往不会写明专利侵权的具体理由，尤其是不会提交特征对比表，而将上述材料留在后续的法律程序中提交。被诉专利侵权人决定是否提起无效宣告请求的依据并非专利权人的侵权主张能否成立，而是己方的被控侵权行为或产品与涉案专利是否具有相关性。如果被控侵权人发现己方所使用的技术与涉案专利具有相关性，应当及时准备和提交无效宣告请求。因为即使根据专利权人提交的起诉状和证据材料，一般并不能预测法院是否会认定侵权成立。在实践中，一些被诉专利侵权人缺乏专业知识，在遭遇专利侵权诉讼后，仅根据自身或委托的非专业律师对专利法的理解，不知道可以对涉案专利提起无效宣告请求或简单根据原告的诉状和证据认为己方不构成侵权，而选择不去无效对方专利，直到拿到判定己方侵权事实成立并需要承担法律责任的判决书后才匆忙提起无效宣告请求，导致在后续的法律程序和自身的生产经营活动中处于被动局面，付出更多的时间和金钱仍无法改变最终结果。

尽早提起无效宣告请求的目的在于争取在法院做出最终的侵权判决之前取得专利复审委员会作出的无效决定。一方面，如果专利权人主张的权利基础被宣告无效，就会导致专利权人的专利侵权主张被驳回；另一方面，即使专利权在无效宣告程序中被维持有效，如果专利权人所做的陈述内容被专利复审委员会采纳和认定，其也将适用专利侵权程序中的禁止反悔原则。

（二）专利无效宣告的具体应用策略

《专利法实施细则》第 65 条第 2 款规定了无效理由包括 13 个法律条款。❶ 由于发明专利申请要经过实质审查、实用新型和外观设计要经过形式审查，在实际的专利无效宣告案件中，这些无效条款中的《专利法》第 5 条规定的违反国家法律、社会公德或者妨害公共利益和第 6 条规定的不授予专利权的 6 种情形以及第 22 条第 4 款规定的实用性等无效理由被使用得较少。下面重点介绍在专利无效宣告经常被使用的无效理由。

1. 非新颖性和创造性的主要无效理由

（1）专利保护客体。

《专利法》第 2 条第 2~4 款分别对发明、实用新型和外观设计进行了定义。❷ 对于发明和实用新型，其规定二者均为新的技术方案，区别在于实用新型的保护对象已被发明所覆盖，而发明还保护方法专利，以及非产品形状、构造或者二者结合的产品专利，典型的情形为化学产品类的专利。也就是说，只有构成技术方案的发明创造才受专利法的保护。而关于技术方案，根据《审查指南》第一部分第二章第 6.3 节和第二部分第一章第 2 节的规定，"技术方案是指对要解决的技术问题所采取的利用了自然规律的技术手段的集合。技术手段通常由技术特征来体现。"在判断一项发明或者实用新型专利是否符合《专利法》第 2 条第 2 款的规定时，专利复审委员会将技术问题、技术手段和技术效果三个要素作为考量因素，如果权

---

❶ 《专利法实施细则》第 65 条第 2 款规定："前款所称无效宣告请求的理由，是指被授予专利的不符合专利法第二条、第二十条第一款、第二十二条、第二十三条、第二十六条第三款、第四款、第二十七条第二款、第三十三条或者本细则第二十条第二款、第四十三条第一款的规定，或者属于专利法第五条、第二十五条的规定，或者依照专利法第九条规定不能取得专利权。"

❷ 《专利法》第 2 条规定："本法所称的发明创造是指发明、实用新型和外观设计。

发明，是指对产品、方法或者其改进所提出的新的技术方案。

实用新型，是指对产品的形状、构造或者其结合所提出的适于实用的新的技术方案。

外观设计，是指对产品的形状、图案或者其结合以及色彩与形状、图案的结合所作出的富有美感并适于工业应用的新设计。"

利要求请求保护的方案未采用技术手段或者利用自然规律，也未解决技术问题和产生技术效果，则该方案不构成技术方案，那么就不属于专利法的保护客体，应予无效。在对专利保护客体的实际运用上，无论是专利复审委员会对无效宣告请求的审查，还是后续各级法院对专利复审委员会所作无效决定的司法审查，均采取一致的标准，即技术问题、技术手段和技术效果三要素是判断一项专利是否符合专利保护客体的基本方法。

在（2011）知行字第 68 号一案中，专利的权利要求请求保护一种手机付费服务系统，该系统包括付费方、移动运营商、收费方、银行四方，其特征在于移动运营商、收费方、付费方、银行四方合作：移动运营商建立收费方账户，并管理移动电话用户的手机卡账户，同时在银行中为移动运营商建立账户；移动电话用户通过在移动运营商银行账户内存款置换移动用户手机卡内的预存款，当移动电话用户消费时，向移动运营商申请支付，即从该用户手机卡内预存款部分划转到收费方，然后移动运营商通知银行将该移动运营商账户中划转相应金额给收费方账户号码，收费方通过移动信号接收装置或其他类似装置从移动运营商接收划转支付费用的信息，当移动电话用户需要存取现金或交纳本机费用时，通过无线通信方式与 ATM 机进行交互从而实现存取款或交纳本机费用。从权利要求请求保护的方案内容来看，实质上是在现有的移动通信网络、移动电话、收费方的电子装置和银行（包括 ATM 机）的基础上，采用现有的通信网络实现手机支付费用或者存取款或为本机充值，并未给系统本身的内部性能或构造带来任何技术性改造，不属于采用技术手段解决技术问题以获得符合自然规律的技术效果的技术方案。

上述案例属于不符合《专利法》第 2 条第 2~3 款的典型案例，该案例中权利要求并非没有采用技术手段，但其采用的均为现有公知设备，方案的内容仅为利用这些设备进行人为规则的设定。判断一个权利要求请求保护的方案是否属于专利法保护客体，不能以技术问题、技术手段和技术效果三者中的单一维度来衡量，完全没有采用技术手段而仅为人为规则设定，可能属于《专利法》第 25 条规定的智力活动的规则情形；而如果权利要求请求保护的方案采用了技术手段，则应将其作为一个整体来看，采用技术手段的目的在于要去解决技术问题并且能够取得技术效果。

如果拟提起无效所针对的专利涉及专利客体问题，在撰写无效宣告请求书时，无效理由应当围绕技术问题、技术手段和技术效果三要素展开：①权利要求限定的技术方案中是否具有技术手段；②技术手段是否是为了解决技术问题而采用；③技术手段的采用是否实现了技术效果。

（2）公开不充分。

根据《专利法》第26条第3款的规定，说明书应当对发明或者实用新型作出清楚、完整的说明，以所属技术领域的技术人员能够实现为准；必要的时候，应当有附图。

从该法条可以看出，判断说明书对于要求保护的发明创造是否充分公开，有两个必要条件：①"作出清楚、完整的说明"；②"达到所述领域技术人员能够实现的程度"。需要注意的是，公开充分的要求仅针对发明或者实用新型专利，不适用于外观设计专利。

判断一项授权发明或者实用新型专利是否符合《专利法》第26条第3款的规定，应以本领域技术人员的视角来判断。本领域技术人员应是判断说明书是否清楚、完整地公开了要求保护的技术方案的主体。本领域技术人员应熟读专利文件，并且应具备该技术领域的技术背景，能够根据本领域的公知常识补充专利文件所记载信息。对于具有上述知识水平和认知能力的本领域技术人员而言，如果说明书及其附图、权利要求没有具体、清楚地公开实施发明所必不可少的技术内容，使得本领域技术人员还需付出创造性劳动才能够实现发明或者实用新型专利请求保护的技术方案，解决发明的技术问题并产生预期的技术效果，就应当认为该授权发明或者实用新型不符合充分公开的要求。

以桥式盾构施工方案❶为例，无效请求人认为涉案专利的权利要求1中的技术特征"盾构爬升纠偏板"的技术未在说明书中充分公开，专利复

---

❶　专利号为200510100795.4的发明专利无效宣告请求案，无效决定号为19287。

审委员会以及法院在审理后认为，专利说明书给出了"盾构爬升纠偏板"的位置及其与其他部件的连接关系，根据无效宣告程序中提交的证据可知，顶进纠偏控制是盾构施工方法中的常见工艺，本领域技术人员在阅读说明书给出的信息后，应该能够轻易地补充关于盾构顶进纠偏的公知常识，进而理解"盾构爬升纠偏板"中的"爬升纠偏"是指高程方向上为防止地面下沉以及防止盾构悬臂结垢下垂而采取的向上纠偏措施，故"盾构爬升纠偏板"必然带有一定的向上倾角，本领域技术人员可以清楚地理解"盾构爬升纠偏板"的含义，同时实现本发明的技术方案，解决相应的技术问题并实现其技术效果。最终，无效决定中维持该专利有效。

在以公开不充分作为无效理由提起无效宣告请求时，应从下列顺序考虑无效理由撰写：①充分理解发明或者实用新型的技术方案，在补充足够的背景技术的基础上，理解技术方案本身是否能够实现。《专利审查指南2010》也给出了技术方案不能实现的几种典型情形。②如果技术方案本身就无法实现，在撰写无效理由时，应在专利文件中寻找或者归纳发明或者实用新型要解决的技术问题、解决技术问题所采取的技术手段以及技术手段所取得的实际效果。③围绕发明或者实用新型要解决的技术问题，撰写具体的无效理由，分析为何说明书中记载的技术手段无法解决其声称要解决的技术问题，也无法实现有益的效果。

公开不充分的无效理由是专利无效宣告程序中经常采用的，因为在实践中，很多申请人虽然将自身研发的技术申请为专利，但是出于保密等原因，并不愿意在专利文件中公开最关键的技术诀窍，专利所请求保护的范围往往大于其实际研发的技术，往往被控侵权人实际使用的技术虽然落入专利的保护范围，但在关键的技术部分未必就与专利权人保密的部分一致。被控侵权人针对相应部分提出无效宣告请求，一方面有可能使涉案专利被宣告无效；另一方面，可以迫使专利权人对被控侵权人所主张的公开不充分的质疑进行解释和说明，该等解释和说明属于专利审查文档的一部分，对涉案专利的权利要求保护范围起到界定作用，在专利侵权判定中可以适用禁止反悔原则。

（3）权利要求得不到说明书的支持。

《专利法》第 26 条第 4 款规定了"权利要求书应当以说明书为依据"，其内涵在于，权利要求的技术方案应当是本领域技术人员能够从说明书充分公开的内容中得到或者概括得出的技术方案，并且不得超出说明书公开的范围。

以权利要求得不到说明书的支持作为无效宣告理由，一般情况下是指相对于说明书中公开的实施例，权利要求保护范围明显过宽的情形。实践中，为了获得较大的保护范围，专利申请人往往在权利要求书中采用上位概念、功能性限定、较宽数值范围或用并列选择的方式限定保护范围，而不会局限于说明书中的具体实施例。如果这种概括或者列举包含申请人推测的内容，而其效果又难以预先确定和评价，则很有可能属于得不到说明书支持的情形。无效宣告请求人如果发现权利要求书中概括或者列举的技术特征以及功能性限定技术特征的部分下位概念、数值或者具体情形不能解决发明或者实用新型所要解决的技术问题，并达到相同的技术效果，则可以针对其提出权利要求得不到说明书支持的无效宣告理由。

以"使用微生物生产目的物质 L-氨基酸的方法"一案❶为例，涉案专利的说明书仅记载了导入含转氢酶基因质粒的大肠杆菌菌株 AJ1929、AJ12872 和 AJ12930 的实施例，同时验证了采用涉案专利的方法制备的大肠杆菌 B-3996 菌株、乳糖发酵短杆菌 AJ3990 菌株和大肠杆菌 AJ12604 的生产氨基酸的能力，而权利要求 1 中将所述微生物概括至埃希氏杆菌属或者棒状杆菌。专利复审委员会认为，在涉案专利说明书实施例仅使用特定菌株进行验证的情况下，根据说明书及现有技术，本领域技术人员不能预见并合理推知所有属于埃希氏杆菌属或者棒状杆菌都可以通过提高所述微生物细胞中转氢酶的活性而提高其 L-氨基酸的产量，因此认定权利要求没有得到说明书支持。

在以权利要求得不到说明书支持的无效宣告理由时，应从下列顺序考

❶　专利号为 94194707.6 的发明专利无效案，无效决定号为 13841。

虑无效理由撰写：①充分理解发明或者实用新型的技术方案，从本领域技术人员的角度阅读和分析权利要求的保护范围和说明书公开的内容。②针对权利要求中出现的上位概念、功能性限定、较宽数值范围或并列选择方式的技术特征，对照说明书的内容，寻找说明书中的实施例中未记载的下位概念、数值或具体方式。对于生物化学领域的专利，经常出现数值范围得不到说明书支持的情形，而对于非生物化学领域的专利，一般容易出现使用上位概念、并列选择方式和功能性限定的技术特征。③对于机电领域的专利，分析说明书记载的具体实施方式中的各技术特征的结构、工作环境和工作方式，以及能够解决的技术问题和达到的技术效果等；对生物化学领域的专利，分析不同实施例中化学物质或者方法和实验数据所体现出的化学性质、作用机理和效果特征等内容。④基于对专利文件的整体理解，检查权利要求中的部分下位概念、数值或者具体情形是否存在与③得到信息不兼容的情况，或者寻找说明书中是否有部分实施例达不到发明目的或者发明效果的情形，而这种实施例也被纳入权利要求的保护范围。⑤基于步骤④的结果，分析权利要求的技术方案无法从说明书得到或者概括得出的理由。

根据笔者的经验，在无效宣告请求中，权利要求得不到说明书支持是被采用较多的无效理由，该无效理由往往与权利要求不清楚、说明书公开不充分等非新创性无效理由同时使用。在大多数案件中，权利要求得不到说明书支持、权利要求不清楚、说明书公开不充分等无效理由的界限通常难以区分，在某些情况下，说明书公开不充分或者权利要求不清楚也会导致权利要求得不到说明书的支持。专利代理人和专利律师在实际操作中，在充分理解专利的基础上，可灵活运用这些无效理由，全方面、立体地阐述无效的主张。

（4）权利要求不清楚。

《专利法》第26条第4款不仅规定了权利要求书应当得到说明书的支持，还规定了权利要求书应当清楚、简要地限定专利要求保护的范围。权利要求书是专利权人对发明创造保护范围的界定，如果权利要求不清楚，那么对于社会公众而言，就无法获知权利要求书所公示、宣告的专利权利范围，在授权后的专利侵权程序中，法院也无法进行权利要求与被控侵权产品的特征比对，进而无法判断侵权是否成立。

根据《专利审查指南2010》的规定，权利要求清楚包括三层含义：①每项权利要求的类型应当清楚；②每项权利要求所确定的保护范围应当清楚；③构成权利要求书的所有权利要求作为一个整体应当清楚。违反第一层含义的情况，即权利要求的类型不清楚，出现在专利无效案件中的情况较少，无效宣告程序中较多出现的是第二、第三层含义。判断一项权利要求是否清楚时，其出发点应当基于说明书的描述以及相关领域技术人员所具备的对本领域的认知。下面将从第二、第三层含义的两种情形下，对权利要求不清楚的无效理由进行分析和阐述。

①权利要求所确定的保护范围不清楚。《专利审查指南2010》对权利要求特征表达的用语进行了非常详细的规定，明确列出在权利要求中不得使用的用语或者表达方式，若使用则成为权利要求不清楚的无效理由。

在"墨盒"发明专利无效案❶中，请求人认为涉案专利的独立权利要求1、21、40、59、60和62中的技术特征"所述通孔的宽度的端部的尺寸大于所述供墨口的尺寸"。专利权人认为，该技术特征存在两处打字错误，其正确含义应为"所述通孔的宽的端部的尺寸大于供墨针状体的尺寸"，这是对该技术特征唯一的合理解释。专利复审委员会在审理后认定：权利要求中的该技术特征存在明显错误并与权利要求中的其他技术特征相矛盾和抵触，在本专利的说明书和附图中存在多种可能的合理解释，而并不能唯一地推断出是"所述通孔的宽的端部"与"供墨针状体"进行比较并进而得出"所述通孔的宽的端部的尺寸大于供墨针状体的尺寸"的结论，独立权利要求1所界定的保护范围不清楚。

②权利要求书的所有权利要求作为一个整体不清楚。权利要求书整体清楚，是指权利要求书中的各项权利要求之间的引用关系清楚和准确。采

---

❶ 专利号为95117800.8，无效决定号为8296号。

用引用方式撰写权利要求可以使得整个权利要求书简洁明了，但不适当地引用可能导致权利要求之间的引用关系混乱或者逻辑不清，从而导致权利要求的保护范围不清楚。

在"单管塔"实用新型专利无效案❶中，无效请求人认为权利要求4~6的引用关系错误，导致权利要求的保护范围不清楚。专利权人在进行意见陈述时，修改了权利要求书。专利复审委员会接受了专利权人对权利要求书的修改，同时认定：修改后的权利要求书中，权利要求2引用独立权利要求1，权利要求4进一步引用了权利要求2，其附加技术特征对防雨机构作了进一步限定，然后其所引用的权利要求1和2中均未出现防雨机构这一特征，权利要求4的保护范围不清楚，权利要求6引用权利要求4，同样保护范围不清楚。

（5）修改超范围。

《专利法》第33条是针对专利申请文件修改的内容和范围的规定，其对申请人修改其专利文件的限制主要体现在两个方面：①修改的依据是原说明书（包括附图）和权利要求书；②修改的原则是不能超出修改所依据的文本范围，即修改的内容必须能够从修改所依据文本中直接、毫无疑义地确定。

在专利申请实践中，有些申请人在未对请求专利保护的技术方案充分思考和撰写的情况下就进行了申请，或者有些国外申请进入中国时翻译不当，导致申请文件中存在措辞不严谨、表达不准确或者概括范围不适当的缺陷。在后续审查中，为了更正申请时犯下的错误，申请人可能通过修改申请文件的方式加入不能从原始申请文件记载的范围中直接、毫无疑义地确定的内容，这样的修改方式无疑对一般公众是不公平的。因此，《专利法实施细则》第65条将《专利法》第33条规定的修改超范围列为无效理由之一。

以"密封滑动紧固件"发明专利无效案❷为例，涉案专利为 PCT 申

---

❶ 专利号为 00247957.5，无效决定号为 10681 号。

❷ 专利号为 00819415.7，无效决定号为 14078。

请，在进入国家阶段时，申请人将国际公开文本中"热塑性弹性体"（thermoplastic elastomer）和"热塑性弹性材料"（thermoplastic elastomeric material）两个词翻译为这两个词的上位概念"热塑性材料"。该无效的专利行政案件的判决❶认定：判断进入国家阶段的国际申请是否符合《专利法》第33条的规定时，应当以国际公开文本为基础，以本领域技术人员所掌握的现有技术为标准，确定修改的内容是否在国际公开文本中有明确记载或者可以在国际公开文本记载的内容中直接地、毫无疑义地确定。该处所指国际公开文本包括原始提交的国际申请的权利要求书、说明书及附图。就本专利权利要求1中出现的"热塑性材料"，相对于国际公开文本中的相应内容"热塑性弹性体"和"热塑性弹性材料"属于上位概念，超出了国际公开文本中记载的范围。虽然权利要求1同时记载了密封滑动紧固件包括"两条由弹性材料制成的带子"，但由于本专利的带子包括两侧外部层和一层加强层，而根据权利要求6~9的记载，加强层包括织物材料带、高抗弯和抗拉强度的材料线、塑料材料网格、塑料材料条，由此可知，并非构成带子的所有部分都为弹性材料，因此，即使权利要求中有"两条由弹性材料制成的带子"的记载，也无法得出权利要求1中出现的"热塑性材料"就是"热塑性弹性材料"的结论。虽然权利要求2明确限定外部层为"热塑性弹性材料"，但该限定相对于权利要求1中记载的技术方案而言是附加技术特征，并不必然排除外部层为"热塑性非弹性材料"的可能，故权利要求2的记载并不能将权利要求1中的"热塑性材料"限定为国际公开文本中的"热塑性弹性材料"。

选择修改超范围作为无效理由，根据笔者的经验，可以从下列角度寻找和阐述无效理由。

①确定对比文本。确定对比文本是首要步骤，需要对比的文本包括"现在"的文本和"过去"的文本。"现在"的文本，即无效宣告请求所针对的授权文本，包括专利授权公告和无效程序中专利权的修改文本；"过

---

❶ （2011）高行终字第829号。

去"的文本,即《专利法》第 33 条规定的"原说明书和权利要求书"。针对不同专利,"原说明书和权利要求书"指代的内容是不一样的,具体而言,有以下情形:

第一,一般情况下,专利的"原说明书和权利要求书"是该专利在申请日提交的权利要求书、说明书和说明书附图;

第二,对于 PCT 国际申请,专利的"原说明书和权利要求书"是该专利在国际申请日原始提交的国际申请的权利要求书、说明书和说明书附图;

第三,对于分案申请,专利的"原说明书和权利要求书"是该专利在原申请日提交的权利要求书、说明书和说明书附图。

②查找专利文件的修改之处。对比"现在"的文件和"过去"的文件,找出申请人对原说明书和权利要求书所作的修改。在国家知识产权局的"中国及多国专利审查信息查询系统"中,部分专利提供了审查过程中申请人提交文件,其中包括修改对照页,可以帮助快速确定申请人所作出的修改内容。

③判断修改是否超范围。判断修改是否超范围主要从两个方面去考虑:第一,修改之处在原说明书和权利要求书是否存在一致的或基本一致的记载,判断修改之处是否属于明确公开的内容;第二,如果修改之处与原说明书和权利要求记载的内容不一致或不基本一致,判断能否从说明书和权利要求书文字记载的内容和说明书附图中直接地、毫无疑义地确定出修改后的内容。

④分析和撰写修改超范围的理由。对于不符合上述①和②情形的情况,在分析"过去"的文件公开内容的基础上,阐述为何"现在"的文件无法从"过去"的文件得到,对于不同的修改情况,无论是数值范围的修改,还是增加或删减内容,均应论述这种修改如何导致公开或者要求保护的技术方案的实质内容发生变化。

总的来说,如果授权专利存在修改的情况下,修改超范围的无效理由是无效宣告中请求人应当考虑的,在提交无效理由时应同时提交"原说明书和权利要求"作为证据使用。

（6）缺少必要技术特征。

《专利法》第 20 条第 2 款是关于独立权利要求不得缺少必要技术特征的规定，其仅适用于发明或者实用新型专利，其有两层含义：①独立权利要求应当从整体上反映发明或实用新型的技术方案；②独立权利要求应当记载必要技术特征。根据《专利审查指南 2010》的相关规定，必要技术特征是指，发明或实用新型为解决其技术问题所不可缺少的技术特征，其总和足以构成发明或实用新型的技术方案，使之区别于背景技术中所述的其他技术方案。

判断一项独立权利要求是否缺少必要技术特征，在实践运用中，有两个原则：①独立权利要求是否能够解决发明或者实用新型提出的技术问题；②独立权利要求保护的技术方案是否区别于背景技术中所述的其他技术方案。

在"流延膜机自动断料收卷、换卷装置"❶ 无效案中，此案的焦点在于权利要求 2 是否缺少必要技术特征。无效宣告请求人认为，涉案专利涉及大型机械，本领域技术人员不可能仅仅通过了解部件名称即可直接实现技术方案，权利要求 2 所含部件之间的位置、动作、连接关系是实现其发明效果、解决其技术问题必不可少的技术特征。专利复审委员会在决定中认定：权利要求 2 要求保护一种自动断料收卷、换卷装置，该技术方案记载了换卷机构由汽缸以及与汽缸连接的收卷轴钩和固定在收卷轴钩收卷轴组成。其要解决的技术问题为提供一种自动化的换卷机构，从而提高安全性能和生产效率。根据说明书记载的内容可知（参见该专利说明书第 4 页第 7~8 行，第 5 页第 3~12 行），当需要换卷时，由断料机构将薄膜切断，然后收新的卷轴 24 从收卷轴钩 11 上放下，并将其带至原收卷轴 14 所在位置继续收卷，从而完成自动换卷过程。为了能够使从收卷轴钩 11 上放下的收卷轴 24 运动至原收卷轴 14 所在位置，本专利在断料机构 18 的一端设置有一槽，槽中可放置收卷轴 24，通过该槽可以使收卷轴 24 随着断料机构

---

❶ 专利号为 200720120561.0，无效决定号为 20022。

18 的运动而到达原收卷轴 14 的位置，从而继续收卷完成自动换卷的目的。由此可见，权利要求 2 仅限定了实现将收卷轴 24 自动放下的部件例如汽缸、收卷轴钩和固定在收卷轴钩上的收卷轴等，并未限定将新的收卷轴 24 运动至原收卷轴 14 所在位置的部件。在整个自动换卷过程中，断料机构 18 首先运行到断料位置，由汽缸 27 带动收卷轴钩 11 向下运动，并使得断料机构 18 的槽位于收卷轴钩 11 的附近，从而才能够使得新的收卷轴 24 进入到断料机构 18 的槽内，并由断料机构 18 将收卷轴 24 运动至原收卷位置，才能实现自动换卷，权利要求 2 也未限定上述部件之间的连接关系、位置关系以及动作关系。综上所述，权利要求 2 仅限定了换卷机构由汽缸以及与汽缸连接的收卷轴钩和固定在收卷轴钩收卷轴组成，缺少实现将新的收卷轴 24 运动至原收卷轴 14 所在位置的部件以及这些部件之间连接关系、位置关系以及动作关系的技术特征，依据本专利说明书的记载，相对于背景技术而言，这些技术特征是解决本专利所要解决的自动换卷问题不可缺少的。

选择缺少必要技术特征作为无效理由，可以从下列角度寻找和阐述无效理由。

①充分理解专利的技术方案。从本领域技术人员的角度解读专利文件，寻找专利说明书中记载或者实际要解决的技术问题，为解决技术问题所采取的技术手段和所取得的技术效果。需要注意的是，对不同的技术问题应当寻找相应的技术手段，逻辑上应当梳理清楚。

②分析独立权利要求。分析独立权利要求中的技术特征，比对其中的技术特征是否已涵盖步骤①归纳的解决技术问题所需的全部技术手段。典型缺少的技术手段的情形包括缺少产品关键组件、组分或配比等，缺少方法中的关键步骤、工艺条件或参数等。

③阐述缺少的技术手段是必要技术特征的理由。从发明或者实用新型要解决的技术问题出发，阐述和论证为何缺少该技术手段就无法解决相应的技术问题，主张独立权利要求缺少必要技术特征，不符合专利法的规定。

2. 新颖性和创造性的无效理由

（1）现有技术。

提到新颖性和创造性，很有必要对现有技术做简单介绍。根据《专利法》第 22 条第 5 款的规定，现有技术是指申请日以前在国内外为公众所知的技术。《专利审查指南 2010》对现有技术的范围规定为包括在申请日（有优先权的，指优先权日）以前在国内外出版物上公开发表、在国内外公开使用或者以其他方式为公众所知的技术。现有技术在专利无效宣告中的作用为证明技术事实和使用事实，具体表现为证明涉案专利的背景技术、公知常识和使用公开事实等。载有现有技术的证据在专利无效宣告中最重要的用途是用于服务新颖性和创造性的无效理由。

现有技术是有明确时间界限要求的。无论现有技术的证据形式多么完善，如果公开时间在申请日（有优先权的，指优先权日）之后，这样的证据所体现的内容也不能被认定为现有技术。无效请求人在准备现有技术时，首先应严格检查时间界限。对公开时间在优先权日和申请日之间的证据，无效请求人可以核查无效宣告请求所针对专利的优先权文件，找出不能享有优先权的权利要求，从而判断该现有技术证据能否被采用。

现有技术的证据形式，在《专利审查指南 2010》中通过公开方式对现有技术证据形式进行了分类，而在实践中，无效请求人难以依据公开方式去寻找证据，根据笔者多年的工作经验，在无效宣告请求中，证据形式主要包括书证、物证、证人证言和电子数据等形式，证据形式以及运用的注意事项简要介绍如下。

①书证。书证是指以其内容来证明待证事实的有关情况的文字材料。无效程序中的书证通常包括专利文献、非专利文献（图书、杂志、期刊、报纸等）、各种票据和单据、合同、图纸、产品宣传册、公证文书等。对于专利文献，一般提交复印件即可，不需要履行公证认证手续。对于非中文的专利文献，应当提交中文翻译件。对于图书和学术论文等非专利文献证据，如果没有原件，可以去图书馆办理文献复印证明，具有与原件同等效力。

②物证。物证是指以外部特征、物质属性、所处位置以及状态证明案件情况的实物或痕迹。在专利无效宣告中，常见的物证包括在先生产、使用或销售的产品。这类物证一般不能被单独采信，在使用中还需结合一定的书证、证人证言等其他形式证据构成完整的证据链才能被接受为现有技术证据。

③证人证言。证人证言是证人对自己通过感知器官所了解得到的事实进行的陈述。在专利无效宣告中，一般不会单独使用证人证言证据，其往往是证据链中的一环。

④电子证据。电子证据又称为计算机证据，是指借助电子技术或电子设备而形成的一切证据，属于数据电文的一种形式。电子证据基于其本身的易篡改和流失的性质，在专利无效宣告中，一般应当履行公证手续，通过公证的方式固定证据形式。但是，并不意味着经过公证的电子证据就一定会被接受，专利复审委员会从内容、来源和形式等方面审查电子证据，以形成对证据是否接受的内心确认。

（2）新颖性。

不具备新颖性是专利无效宣告常见的无效理由，《专利法》第22条第2款是关于新颖性的规定，其规定了不具备新颖性的两种情况：发明或者实用新型属于现有技术；发明或者实用新型存在抵触申请。抵触申请是指在申请日以前已经有同样的发明或者实用新型提出过申请，并记载在申请日以后公布的专利申请文件或者公告的专利文件中。

①不具备新颖性的无效理由的注意事项。无效请求人在检索现有技术和撰写发明或实用新型属于现有技术而不具备新颖性的无效理由时，应从下列方面出发：

第一，从本领域技术人员的角度去理解无效目标专利和现有技术，现有技术公开的内容应当以证据公开的内容为准，证据公开的全部内容均可以使用，但不能将证据公开的内容随意扩大或缩小。在新颖性特征比对时，特别需要注意的是现有技术证据隐含公开的内容，例如即使现有技术证据中未明确说明其记载的自行车带有轮子，但根据本领域技术人员的一般理解，自行车均是带有轮子的，那么自行车带有轮子的就属于隐含公开的内容，是现有技术证据公开内容的一部分。

第二，"同样的发明或者实用新型"对比的对象为发明或者实用新型的权利要求和现有技术，比较时应从技术方案、技术领域、要解决的技术问题和技术效果等多方面比对，只有达到实质相同的标准，才属于同样的发明或者实用新型。

第三，单独比对原则是新颖性无效理由必须遵守的。单独比对原则是指各项权利要求与对比文件的每一项技术方案进行对比，即一对一的对比，而不能把一个对比文件中的多个技术方案同时与一项权利要求进行对比。

②不具备新颖性的无效理由的撰写。在撰写不具备新颖性的无效理由时，在说理层次上一般分为三个步骤。

第一，分析现有技术公开的内容，说明其与权利要求限定的技术方案相同：确认权利要求中的技术方案；分解成技术特征；识别对比文件技术方案所有对应的技术特征；全部技术特征逐一比对。根据对比结果确认技术方案是否相同。

第二，确定现有技术与目标专利适用于相同技术领域、解决相同的技术问题，具有相同的预期效果。

第三，综合上述分析得出权利要求限定的技术方案属于现有技术的结论。

（3）创造性。

不具备创造性是专利无效宣告中最常用的无效理由，从专利复审委员会已经作出的无效决定的情况来看，不具备新颖性或者创造性相对于非该类理由的成功的概率更高。根据《专利法》第22条第3款的规定，创造性，是指与现有技术相比，该发明具有突出的实质性特点和显著的进步，该实用新型具有实质性特点和进步。其中，"突出的实质性特点"是指对所属领域的技术人员来说，发明相对于现有技术是非显而易见的，如果发明是所属领域技术人员在现有技术的基础上仅仅通过合乎逻辑的分析、推理或者有限的试验可以得到的，则该发明是显而易见的。"显著的进步"

是指发明与现有技术相比能够产生有益的技术效果。

①不具备创造性的无效理由的注意事项。无效请求人在进行现有技术检索取得现有技术证据后，首先进行的是新颖性判断，然后再判断根据现有技术证据能否提出不具备创造性的无效理由。在撰写不具备创造性的无效理由时，以下几点是需要注意的：

第一，虽然比对时是单个技术特征进行，但仍应当将权利要求限定的技术方案作为一个整体来看，综合考虑技术方案、技术领域、要解决的技术问题和产生的技术效果，不能孤立地看每个技术特征，不能仅采用字面比对的方式。

第二，判断是否有技术启示应当站在所属技术领域技术人员的角度，所属技术领域技术人员应当具备：其一，知晓申请日（优先权日）之前的普通技术知识；其二，能够获知该领域中所有的现有技术；其三，具有常规实验的手段和能力，但不具备创造能力；其四，根据解决问题的需要，可以获知相关领域的相关现有技术、普通技术知识和常规实验手段的能力。

②不具备创造性的无效理由的撰写。根据《专利审查指南 2010》的规定，不具备创造性的无效理由一般采用"三步法"进行撰写，可总结为下列步骤：

第一，在理解权利要求的技术方案和现有技术公开内容的基础上，确定最接近的现有技术，最接近的现有技术可能是公开技术特征最多的证据，也可能是技术领域最接近的证据。

第二，确定区别技术特征和实际要解决的技术问题。

第三，判断要求保护的技术方案对于本领域的技术人员来说是否是显而易见的。对于区别技术特征，有可能该区别技术特征是本领域的公知常识，也有可能该区别技术特征被最接近的现有技术公开的其他技术方案或者其他证据所公开。

绝大多数的发明或者实用新型专利均可以利用"三步法"来提出无效宣告理由，但有时也可以采取其他方法评价创造性，例如组合发明、要素省略发明和选择发明等，这类专利的具体无效理由的撰写可以参见《专利审查指南 2010》的规定。

综上，充分认识包括专利无效宣告在内的专利法律制度并有效采取应对措施，对于创新主体充分地利用专利资源来保护自身创新成果和实现更多的经济价值具有重大的意义。对于专利权人而言，建议在提起法律保护行动之前预先进行专利稳定性评估，在预先有合理判断前提下采取法律行动。

第四章　专利司法保护的热点问题

第一节　共同侵权的认定、主张及抗辩

一、概　述

专利法中的共同侵权责任，是指两人以上实施侵害专利权的行为时产生的侵权责任，其是以我国《民法通则》第 130 条❶和《中华人民共和国侵权责任法》第 8~11 条❷的相关规定为基础的。

《侵权责任法》对共同侵权责任的构成要件（如两人以上实施侵权行为、损害后果、行为与后果之间的因果关系等）和责任承担方式（如连带责任或按份责任）均做出了原则性规定。与单人侵权责任相比，共同侵权责任通常表现为多因一果或多因多果，每个侵权人的行为对损害结果的作用和范围是不同的。受害人需要逐一证明每个侵权人的行为与损害后果之

---

❶ 《中华人民共和国民法通则》第 130 条　二人以上共同侵权造成他人损害的，应当承担连带责任。

❷ 《侵权责任法》第 8 条　二人以上共同实施侵权行为，造成他人损害的，应当承担连带责任。

第 9 条　教唆、帮助他人实施侵权行为的，应当与行为人承担连带责任。

第 10 条　二人以上实施危及他人人身、财产安全的行为，其中一人或者数人的行为造成他人损害，能够确定具体侵权人的，由侵权人承担责任；不能确定具体侵权人的，行为人承担连带责任。

第 11 条　二人以上分别实施侵权行为造成同一损害，每个人的侵权行为都足以造成全部损害的，行为人承担连带责任。

间的因果关系从而认定每个侵权人的侵权行为,这通常是相当困难的。为了减轻受害人的举证责任,保护其合法权益,《侵权责任法》将多个主体整体化为一个主体,或者将多个侵权行为整体化为一个行为,使得受害人无须对每个主体的侵权行为、损害后果及其因果关系进行举证。

专利侵权的司法实践并未从立法层面对共同侵权责任作出系统的规定,而仅在《最高人民法院关于审理侵犯专利权纠纷案件应用法律若干问题的解释(二)》(法释〔2016〕1号)第21条❶以及北京市高级人民法院《专利侵权判定指南2013》第105~109条的规范性文件❷中对共同侵权责任中的特定问题作出了规定。

---

❶ 《最高人民法院关于审理侵犯专利权纠纷案件应用法律若干问题的解释(二)》第21条 明知有关产品系专门用于实施专利的材料、设备、零部件、中间物等,未经专利权人许可,为生产经营目的将该产品提供给他人实施了侵犯专利权的行为,权利人主张该提供者的行为属于侵权责任法第9条规定的帮助他人实施侵权行为的,人民法院应予支持。明知有关产品、方法被授予专利权,未经专利权人许可,为生产经营目的积极诱导他人实施了侵犯专利权的行为,权利人主张该诱导者的行为属于侵权责任法第9条规定的教唆他人实施侵权行为的,人民法院应予支持。

《最高人民法院关于审理侵犯专利权纠纷案件应用法律若干问题的解释》第12条 将侵犯发明或者实用新型专利权的产品作为零部件,制造另一产品的,人民法院应当认定属于专利法第11条规定的使用行为;销售该另一产品的,人民法院应当认定属于专利法第11条规定的销售行为。将侵犯外观设计专利权的产品作为零部件,制造另一产品并销售的,人民法院应当认定属于专利法第11条规定的销售行为,但侵犯外观设计专利权的产品在该另一产品中仅具有技术功能的除外。对于前两款规定的情形,被诉侵权人之间存在分工合作的,人民法院应当认定为共同侵权。

❷ 北京市高级人民法院《专利侵权判定指南(2013)》第105条 两人以上共同实施专利法第11条规定的行为,或者两人以上相互分工协作,共同实施专利法第11条规定的行为的,构成共同侵权。

第106条 教唆、帮助他人实施专利法第11条规定的行为的,与实施人为共同侵权人。

第107条 将侵犯专利权的产品作为零部件,制造另一产品并出售的,如果被诉侵权人存在分工合作,构成共同侵权。

第108条 提供、出售或者进口专门用于实施他人产品专利的材料、专用设备或者零部件的,或者提供、出售或者进口专门用于实施他人方法专利的材料、器件或者专用设备的,上述行为人与实施人构成共同侵权。

第109条 为他人实施专利法第11条规定的行为提供场所、仓储、运输等便利条件的,与实施人构成共同侵权。

对于产品专利来说，专利法规定的侵害专利权的行为包括未经许可为生产经营目的制造、使用、许诺销售、销售、进口其专利产品，对于方法专利来说，专利法规定的侵害专利权的行为包括使用其专利方法以及使用、许诺销售、销售、进口依照该专利方法直接获得的产品。[1] 在专利侵权案件中，可能涉及原料提供者、制造者、销售者、使用者等多方主体，侵权行为可能体现于商品生产、流通的一个或多个环节，可以是两人以上存在意思联络或进行分工协作、共同制造专利产品（如狭义的共同侵权），也可以是由一方主体直接实施侵权行为，而另一方主体间接参与侵权行为（如帮助侵权、教唆侵权）。由于互联网技术的飞速发展以及新兴商业模式的不断涌现，这些主体之间的关系越来越复杂，对侵权类型认定、侵权要件构成以及责任承担方式判断带来挑战，不仅理论层面有很大的争论，实务中各个法院之间的裁判标准也不统一。

因此，本书将共同侵权作为热点话题之一进行探讨，并分享笔者的思考。笔者将从《侵权责任法》及相关法条的规定出发，结合司法实践中的典型案例，对专利法中的共同侵权构成要件、责任承担方式等进行讨论。

二、直接侵权构成的共同侵权

商品在流通过程中通常涉及多个环节，包括处于产业链上游的制造、进口，处于中游的许诺销售、销售，以及处于下游的使用。对于同一种商品来说，可能有多个主体分别参与多个环节，甚至由多个主体共同参与同一环节，例如在制造环节中，可能由甲提供图纸、设计方案，并由乙实际实施制造行为。如果该多个主体未经专利权人许可，为生产经营目的而实施了侵权行为，且每个主体的实施行为均落入权利要求的保护范围，则构

---

[1] 《专利法》第11条 发明和实用新型专利权被授予后，除本法另有规定的以外，任何单位或者个人未经专利权人许可，都不得实施其专利，即不得为生产经营目的制造、使用、许诺销售、销售、进口其专利产品，或者使用其专利方法以及使用、许诺销售、销售、进口依照该专利方法直接获得的产品。外观设计专利权被授予后，任何单位或者个人未经专利权人许可，都不得实施其专利，即不得为生产经营目的制造、许诺销售、销售、进口其外观设计专利产品。

成直接侵权，应当追究每个主体的直接侵权责任。然而，在生产经营活动中，这些主体之间可能是相互联系的，其在主观上有着共同的目标，并在客观上为了达到该目标而进行协作分工。多个主体在主观上的同一性，使其在客观上的侵权行为被整体化为共同侵权行为，应当承担共同侵权责任。如果多个主体之间没有共同的意思联络，但其分别实施的数个行为间接结合发生同一损害后果的，不应认定为共同侵权，而应当根据过失大小或者原因力比例各自承担相应的赔偿责任。

本部分讨论的共同侵权行为是指多个主体存在意思联络，共同实施侵权专利权的行为或者多个主体进行分工协作、共同实施侵犯专利权的行为。此处的"实施侵犯专利权的行为"是指每个参与主体所实施的行为均落入专利权的保护范围并构成直接侵权，因为多个主体之间存在共同的意思联络而构成共同侵权行为，可以追究其共同侵权责任。

（一）构成要件

1. 共同过错

在司法实践中，对于共同侵权责任的认定，倾向于采纳共同侵权主观说，即要求多个侵权人有共同过错。共同过错通常包括共同故意和共同过失。❶ 共同故意是指实施侵权行为的多个主体具有共同的追求目标，其相互意识到彼此的存在，且客观上为达致此目的而协力，付出共同的努力，各自承担了有一定数量的、相互之间有一定联系的行为部分，❷ 例如多个主体共同实施制造行为，或者在制造过程中进行分工协作，例如一方提供图纸、另一方负责制造。共同过失是指各行为人对其行为所造成的共同损害后果应该预见或认识，而因为疏忽大意和不注意致使损害后果发生。在司法实践中，由于疏忽大意而产生侵害专利权的后果并不多见。

另外，共同过错的举证责任应由专利权人来承担。专利权人通过证明多个主体之间存在共同的过错，而将多个主体的行为整体化为一个行为，

---

❶　王明达、陈锦川：《北京市高级人民法院〈专利侵权判定指南（2013）〉》，中国法制出版社 2014 年版，第 466 页。

❷　程啸：《侵权责任法》，法律出版社 2016 年第 2 版，第 348 页。

因此，专利权人只需证明任意一个主体的行为与损害后果之间存在因果关系，并不需要证明每个侵权人的行为与损害后果之间均存在因果关系，这实际上减轻了专利权人的证明责任。如果专利权人无法证明多个主体在主观上存在共同过错，则不能认定多个主体的行为构成共同侵权，也不能要求其承担连带责任。

在浙江栋梁新材股份有限公司与胡某某、浙江米皇铝业股份有限公司侵害外观设计专利权纠纷案❶中，原告浙江栋梁新材股份有限公司（以下简称栋梁公司）是外观设计专利（ZL20053010××××.9）的专利权人，指控被告浙江米皇铝业股份有限公司（以下简称米皇公司）制造、销售了其专利产品，被告胡某某销售其专利产品，并承担连带赔偿责任。

法院经审理认为，被诉侵权产品系由米皇公司制造、销售，再由胡某某销售给消费者。《侵权责任法》第 8 条规定的共同侵权行为，限于意思关联共同的主观共同侵权，应以行为人之间有意思联络为必要要件。而二人以上没有共同故意或者共同过失，但其分别实施的数个行为间接结合发生同一损害后果的，应当根据过失大小或者原因力比例各自承担相应的赔偿责任。该案中，栋梁公司未举证证明米皇公司与胡某某系意思关联共同的主观共同侵权，故米皇公司与胡某某依法应按各自过失大小承担相应的赔偿责任。根据查明的事实，胡某某是销售者，而非制造者，在未与制造者构成共同侵权、需要承担连带责任时，胡某某应仅就其销售行为承担相应的责任，而不一并承担制造者应当承担的责任。栋梁公司要求胡某某和米皇公司承担连带赔偿责任，没有法律依据，法院未予支持。

在后续的二审程序❷中，二审法院维持了一审判决。

由上述案例可知，追究多个主体的共同侵权的连带赔偿责任，必须证明该多个主体之间存在共同过错，而对于共同过错的证明责任应当由专利权人来承担。如果专利权人不能证明多个主体之间存在共同过错，则不能追究多个主体的共同侵权责任，而应当根据过失大小或者原因力比例追究

---

❶❷　参见（2014）浙知终字第 237 号。

每个主体各自相应的责任。实务中,证明多个主体之间的共同过错容易被专利权人忽视,因此建议,当专利权人希望追究共同侵权责任,要求多个被告主体连带赔偿责任时,应该对此给予关注,并加强证据收集和运用。

2. 实施了专利侵权行为

《专利法》第11条规定了专利侵权行为的具体类型:对于发明和实用新型专利权,侵权行为包括未经许可为生产经营目的制造、使用、许诺销售、销售、进口其专利产品,或者使用其专利方法以及使用、许诺销售、销售、进口依照该专利方法直接获得的产品;对于外观设计专利,侵权行为包括未经许可为生产经营目的制造、许诺销售、销售、进口其外观设计专利产品。

现在所讨论的共同侵权行为是指每个主体各自的行为均落入专利权的保护范围,因为共同过错的存在而构成共同侵权,应当承担共同侵权责任。通过共同过错,使多个主体整体化为一个主体,且多个主体的行为被整体化为共同侵权行为,并不要求多个主体实施的必须是同一种侵权行为。也就是说,在共同过错存在的情况下,多个主体实施同一种侵权行为,或者分别实施不同类型的侵权行为,均可认定为共同侵权。以下将对司法实践中较常见的共同侵权行为的几种形式分别进行说明。

(1)多个主体实施同一侵权行为。

多个主体共同实施同一侵权行为表现为,该多个主体相互意识到彼此的存在且该多个主体之间存在共同的意思联络,具有共同的追求目标,即共同实施同一侵权行为,例如甲、乙共同实施了制造行为;或者多个主体之间存在分工协作,客观上为了实施同一侵权行为而付出共同的努力,各自承担了有一定数量的、相互之间有一定联系的行为部分,例如甲提供设计图纸或技术支持,乙负责制造专利产品,属于共同实施了制造行为。

在达昌电子科技(苏州)有限公司与瀚洋电子(苏州)有限公司、(台湾)拓洋实业股份有限公司、东莞长安乌沙广洋电子厂侵犯专利权纠纷案❶中，原告达昌电子科技（苏州）有限公司（以下简称达昌公司）从被控侵权人瀚洋电子（苏州）有限公司（以下简称瀚洋公司）、东莞长安乌沙广洋电子厂（以下简称广洋厂）取得五合一连接器样品，又从瀚洋公司处取得产品说明书目录一本，该说明书目录登载有产品的图片和文字介绍，封底上同时载有（台湾）拓洋实业股份有限公司（以下简称拓洋公司）和广洋厂的名称和地址、联系方式。法院认为从瀚洋公司处获取的产品说明书上的"五合一连接器产品照片与达昌公司涉案专利对比，该照片反映的技术特征完全覆盖该专利的独立权项保护范围……因该说明书系从瀚洋公司经公证取得，且该说明书由拓洋公司和广洋厂署名，故应认定系其共同行为，从而认定瀚洋公司、拓洋公司、广洋厂实施了共同的许诺销售行为，其应承担停止侵权的民事责任。但该许诺销售行为未给达昌公司造成实际的经济损失，就此不应由瀚洋公司、拓洋公司、广洋厂承担经济赔偿责任"。

（2）多个主体实施不同的侵权行为。

多个主体实施不同的侵权行为是指多个行为人实施《专利法》第11条规定的不同类型的侵权行为，且共同之间有共同的主观过错，进而使其所实施的不同类型的侵权行为被联系在一起，构成共同侵权。例如，甲实施了制造行为，乙实施了销售行为，丙实施了使用行为，且三者之间有共同过错，则可认定为共同侵权。

在实践中，对于是否应当将多个主体实施不同类型的侵权行为涵盖至专利共同侵权的范围，是有争议的。笔者认为，专利共同侵权不应当仅局限于多个主体实施了同一个行为，而应当包括多个主体在存在共同过错的情况下实施不同类型的行为的情形。

《专利法》第11条所规定的多种侵权行为之间存在一定的关联性和层次性，例如处于产业链上游的制造、进口行为，处于中游的许诺销售、销售行为，以及处于下游的使用行为。一般来说，制造或进口就是为了

---

❶ 参见（2004）苏民三终字第103号。

后续的许诺销售、销售和使用。在实践中，虽然处于上游的制造、进口行为属于源头性侵权行为，但与处于下游的销售或使用行为相比，销售或使用等侵权行为更容易被发现。对于专利权人来说，较容易证明销售或使用行为与损害结果的因果关系，而对于制造、进口行为的举证却相对困难。通过将多个主体实施不同类型的侵权行为涵盖至专利共同侵权的范围中，如果权利人可以证明多个主体之间存在主观过错，则可以证明任一主体的行为与损害结果存在因果关系，而无须证明每个主体的行为均与损害结果存在因果关系，从而显著减轻权利人的举证责任，有效保护权利人的合法利益。这与《侵权责任法》中设立共同侵权理论的目的也是一致的。

另外，目前的专利司法实践中采取的是共同侵权主观说，即只要多个行为人之间存在共同过错，则构成共同侵权，而并不要求多个行为人实施了同一个行为。如果将专利共同侵权仅局限于多个行为人实施了同一个行为，而将多个行为人在共同过错下实施了不同类型的行为排除在外，这也是与共同侵权主观说相矛盾的。

在东莞钜鼎照明有限公司与深圳市莎普旺斯灯饰有限公司、孙连凤、江门市蓬江区凯鸿灯饰厂、龙九森专利侵权纠纷案❶中，原告东莞钜鼎照明有限公司（以下简称钜鼎公司）是专利号 ZL201330059886.3 的"风扇灯（K901305）"外观设计专利权人，其认为被告深圳市莎普旺斯灯饰有限公司（以下简称莎普旺斯公司）及其投资人、法定代表人孙连凤、江门市蓬江区凯鸿灯饰厂（以下简称凯鸿灯饰厂）及其投资人龙九森制造、销售、许诺销售专利产品的行为侵犯其专利权。法院认为："被诉侵权产品是被告莎普旺斯公司销售给原告，却是由被告凯鸿灯饰厂向原告送货。被诉侵权产品外包装上印制信息指明被告凯鸿灯饰厂为被诉侵权产品的制造商，同时也印有与被告莎普旺斯公司企业字号一致的莎普旺斯字样，被诉侵权产品上所粘贴的标识也与被告莎普旺斯公司在其网店上宣传使用的标识一

---

❶ 参见（2016）粤 73 民初 332 号。截至 2017 年 10 月，尚未在公开数据库查询到该案件是否进入二审程序。

致。包装内所附的信封袋及内装的保修服务卡、合格证、售后服务手册上也印制有莎普旺斯、莎普旺斯灯饰有限公司标识或字样。基于上述情况，本院认定，被告莎普旺斯公司和被告凯鸿灯饰厂有共同制造、销售、许诺销售被诉侵权产品的意思联络，其行为构成共同侵权。"

在上述案例中，被告凯鸿灯饰厂实施了处于产业链上游的制造行为，被告莎普旺斯公司实施了处于中游的销售、许诺销售行为，因两被告是相对独立的，且之间存在共同的意思联络，从而构成共同侵权，两个被告均需对制造、销售、许诺销售承担共同侵权责任。也就是说，"数个行为人合意实施了具有上下游关系的数种侵权行为，也可构成共同侵犯专利权的行为。例如，行为人之间具有明确的分工合作，由部分侵权人制造侵犯他人发明专利权的产品后，部分侵权人销售该侵权产品，甚至划定了制造者与销售之间的利润分成模式。此时虽然制造者从事的是侵权产品的制造行为，销售者从事的侵权产品的销售行为，且无论是制造行为还是销售行为均可独立构成侵犯专利权的行为，但由于制造者与销售者之间具有共同侵权过错，故其构成共同侵权"。❶

3. 共同损害

专利共同侵权的损害后果是对同一专利权的损害，体现为专利权人的市场空间被侵占，而使专利权人因其创造而获得的利益难以得到保障。由于相关研究充分，在此不做展开。

（二）责任承担方式

根据《民法通则》和《侵权责任法》的相关规定，共同侵权人应承担连带责任。专利法中的侵权责任通常包括停止侵权和赔偿损失。对于专利共同侵权来说，连带责任通常指的是连带的赔偿责任。

在涉及上下游行为的共同侵权中，不能想当然地认为上游侵权人与下游侵权人应承担连带责任，应当根据共同侵权的构成要件，例如上游

---

❶　闫宏宇、刘晓军："共同侵犯专利权的认定及责任"，载《知识产权》2013 年第 5 期，第 33~39 页。

侵权人与下游侵权人之间是否有共同过错，来判断两者是否构成共同侵权、是否应当承担连带责任。事实上，在侵权产品的生产和流通过程中，处于上游的侵权行为通常具有主动性，即使上游侵权人明知其提供的是侵权产品仍然可能提供给下游侵权人，而下游侵权人有可能不知其取得的是侵权产品且通过合法渠道获得该侵权产品。这种情况下，上游侵权人与下游侵权人之间并不存在共同过错，如果仍然要求上游侵权人和下游侵权人承担连带责任，那么，对下游侵权人来说是不公平的，将导致专利权人权利范围的不合理扩张，侵占善意使用人的合理空间、妨碍交易安全。

这种情况下，专利法及司法解释作出了相应规定，对于善意的使用者在证明合法来源的情况下，应当免除相应的责任。根据《专利法》第70条，❶ 对于善意的使用、许诺销售或销售行为，在证明合法来源的情况下，行为人不承担赔偿责任。另外，根据《最高人民法院关于审理侵犯专利权纠纷案件应用法律若干问题的解释（二）》第25条规定，❷ 对于善意的使用行为，在证明合法来源且证明其已支付该产品的合理对价的，免除善意使用人停止侵权的责任。

三、间接侵权

间接侵权是知识产权学术中的理论性概念，在专利侵权的司法实践中，并未从立法层面对间接侵权的概念作出明确定义。《最高人民法院关于审

---

❶ 《专利法》第70条　为生产经营目的的使用、许诺销售或者销售不知道是未经专利权人许可而制造并售出的专利侵权产品，能证明该产品合法来源的，不承担赔偿责任。

❷ 《最高人民法院关于审理侵犯专利权纠纷案件应用法律若干问题的解释（二）》第25条　为生产经营目的的使用、许诺销售或者销售不知道是未经专利权人许可而制造并售出的专利侵权产品，且举证证明该产品合法来源的，对于权利人请求停止上述使用、许诺销售、销售行为的主张，人民法院应予支持，但被诉侵权产品的使用者举证证明其已支付该产品的合理对价的除外。

理侵犯专利权纠纷案件应用法律若干问题的解释（二）》第 21 条❶仅针对间接侵权的两种特定形式，帮助侵权和教唆侵权，作出相关规定。北京市高级人民法院于 2001 年发布的关于《专利侵权判定若干问题的意见（试行）》第 73 条给出了间接侵权的定义，❷ 然而在 2013 年正式颁布的《专利侵权判定指南》中，删除了上述定义。

本部分所讨论的间接侵权，是指行为主体实施的行为并不构成直接侵犯专利权，却对直接侵权行为的发生有帮助和促进作用，行为主体在主观上帮助他人实施直接侵权行为的故意，客观上为他人直接侵权行为的发生提供了必要的条件。

间接侵权主要包括两种形式，帮助侵权和教唆侵权。帮助侵权表现为在客观上为侵权者实施专利侵权行为提供实质性帮助，例如为生产经营目的提供专门用于实施专利的材料、设备、零部件、中间物，提供实施专利行为的场所、仓储、运输、网络服务等便利条件等。教唆侵权表现为在主观上引诱、教唆侵权者实施专利侵权行为，例如销售非专利产品时诱使购买者利用该产品制造专利产品或实施专利方法，按照专利技术的方案为他人设计产品等。

在专利侵权的司法实践中，专利权人需要举证证明行为主体实施的行为所涉及的产品或方法覆盖权利要求中的全部技术特征，方能认定侵权行为成立并产生损害后果。而为了规避侵权责任，行为主体往往仅实施方法

---

❶ 《最高人民法院关于审理侵犯专利权纠纷案件应用法律若干问题的解释（二）》第 21 条 规定了间接侵权的两种形式：明知有关产品系专门用于实施专利的材料、设备、零部件、中间物等，未经专利权人许可，为生产经营目的将该产品提供给他人实施了侵犯专利权的行为，权利人主张该提供者的行为属于《侵权责任法》第 9 条规定的帮助他人实施侵权行为的，人民法院应予支持。明知有关产品、方法被授予专利权，未经专利权人许可，为生产经营目的积极诱导他人实施了侵犯专利权的行为，权利人主张该诱导者的行为属于《侵权责任法》第 9 条规定的教唆他人实施侵权行为的，人民法院应予支持。

❷ 《北京市高级人民法院关于专利侵权判定若干问题的意见（试行）的通知》第 73 条 间接侵权，是指行为人实施的行为并不构成直接侵犯他人专利权，但却故意诱导、怂恿、教唆别人实施他人专利，发生直接的侵权行为，行为人在主观上有诱导或唆使别人侵犯他人专利权的故意，客观上为别人直接侵权行为的发生提供了必要的条件。

专利的大部分步骤，或者仅制造、销售专利产品的核心部件，而将其余的方法步骤或者专利产品的辅助性部件留给其他主体，例如用户。如果按照全面覆盖原则，则难以追究行为主体的侵权责任。但是，行为主体的间接侵权行为的确为直接侵权的发生起到了帮助和促进作用，导致专利权人的市场被侵占、合法权益受到侵害，从客观上产生损害结果，应当予以规制。为了应对这种规避策略，有效保护专利权人的合法权益，专利法设立了间接侵权制度。

（一）构成要件

1. 间接侵权应当以直接侵权为前提

间接侵权是否必须以直接侵权为基础，在我国的司法实践中一直存在争议。北京市高级人民法院在 2001 年的《专利侵权判定若干问题的意见（试行）》中曾经对间接侵权制度的构建作出尝试，认为在特定情况下，即使直接侵权行为不成立，仍然可以追究间接侵权人的侵权责任，例如个人非经营目的的制造、使用专利产品或使用专利方法的行为，以及依照我国法律认定的直接侵权行为发生在境外的，可以直接追究间接侵权人的侵权责任。然而在 2013 年正式颁布的《专利侵权判定指南》中，删除了上述规定。

2016 年最高人民法院颁布的司法解释正式确立了专利法间接侵权的法律依据，其条文表述为"他人实施了侵犯专利权的行为"，意味着间接侵权是以直接侵权为前提的。在《最高人民法院关于审理专利权纠纷案件应用法律若干问题的解释（二）》的理解与适用中，明确说明了"间接侵权应当以直接侵权为前提"。

笔者同样支持间接侵权应当以直接侵权为前提的观点，理由如下。

第一，教唆或帮助行为人的行为并未直接侵犯专利权，例如《最高人民法院关于审理专利纠纷案件应用法律若干问题的解释（二）》中的帮助行为人仅提供了专用设备或零部件，而并未参与制造专利产品的直接侵权行为。如无直接侵权行为的存在，直接认定间接侵权成立是缺乏基础的。

第二，由于教唆或帮助行为人并未直接侵犯专利权，专利权人难以举证证明教唆或帮助行为与损害后果之间的因果关系，因此，为了减轻专利权人的举证责任，设立间接侵权理论。也就是说，间接侵权理论，已经为专利权人提供了延伸的保护，即使教唆或帮助行为人制造、销售等行为涉及的产品并未落入涉案专利的保护范围，仍然可以追究其侵权责任，如果不以直接侵权的存在为前提，则会导致专利权人权利范围的不当扩大，损害社会公众的利益。

第三，专利法中的共同侵权理论是以《侵权责任法》为基础的，专利法中间接侵权以直接侵权为前提，是与侵权责任法中共同侵权的立法精神相一致的。

然而，由于间接侵权以直接侵权为前提，在特定情形下，导致间接侵权的认定存在困难。在实务中可能有这样的情形，行为主体销售用于专利产品的部件，用户购买该部件后自行组装成专利产品，或者行为主体执行方法的绝大部分步骤，将剩余的一两个步骤留给用户执行，由于用户不具有生产经营目的，直接侵权并不成立，根据共同侵权理论将无法追究间接侵权人的责任。然而，对于专利权人而言，此类行为导致其很大的市场空间被侵占，而使专利权人因其创造而获得的利益难以得到保障，从而与专利制度的价值背道而驰。尤其是在软件、互联网领域，通信方法、处理方法的专利权在行使时面临极大的挑战。以一件涉及商业方法的专利为例，其专利方法包括多个步骤，由多个实体分别实施其中的若干步骤，没有任何一个单独的实体能够履行该方法的全部步骤。也就是说，对该专利方法的使用涉及多方实体的行为，这些实体可能完全相关，也可能仅仅是表面相关但非常疏离。从全过程来看，任何单独一方都没有实施专利方法的全部步骤，尤其在非生产经营目的的用户实施了若干步骤的情况下，如何认定是否存在直接侵权行为，如何处理用户行为与间接侵权的关系，仍然存在较大争议。

在我国的司法实践中，虽然已普遍接受间接侵权以直接侵权为前提，但对于直接侵权的认定也存在争议。一种观点认为，间接侵权的认定应有严格的标准，要求专利权人证明有法律上存在的直接侵权，即要求专利权人在侵权诉讼中举证证明司法或行政机关已经作出生效的直接侵权判决或认定。❶ 另一种观点认为，在坚持间接侵权以直接侵权为前提的情况下，可以在程序上适当放宽专利权人证明直接侵权行为的证明要求，证明直接侵权很可能发生即可，不需要必须直接侵权行为已经发生。❷

在《最高人民法院关于审理专利权纠纷案件应用法律若干问题的解释（二）的理解与适用》中，指出"需要强调的是，间接侵权以直接侵权为前提，故条文表述为'实施了'侵犯专利权的行为。但并不意味着，在提起间接侵权诉讼之前必须存在认定直接侵权成立的裁判"，这似乎倾向于证明直接侵权很可能发生即可，不要求直接侵权行为已经发生。

在施特里克斯有限公司与国美电器有限公司、国美电器有限公司北京北太平庄商城、浙江家泰电器制造有限公司侵犯发明专利权纠纷案❸一案中，原告施特里克斯有限公司（以下简称施特里克斯公司）是名称为"用于煮沸水器皿的整体无线电气连接器和热敏控制器组件"的第95194418.5号发明专利的专利权人，专利权利要求3~4、6、9~11、14~16保护"一种整体的无线电气连接器和热敏控制器组件"，权利要求19~21、23~34保护"一种液体加热器皿"。浙江家泰电器制造有限公司（以下简称家泰公司）制造、销售、许诺销售的型号为 KSD368-B 的温控器，在国内市场销售，同时向国外出口。北太平庄商城销售一种型号为 NK-780 的电热水壶，该电热水壶使用了家泰公司制造的型号为 KSD368-B 的温控器。

法院认为，家泰公司制造、销售的控温器落入专利权利要求3~4、6、9~11、14~16的保护范围，构成对权利要求3~4、6、9~11、14~16的直接侵权；而涉案专利的权利要求19~21、23~34的保护对象为电热水壶，而家泰公司该案中仅制造、销售了涉案温控器，该涉案温控器并未覆盖上

---

❶ 尹新天：《专利权的保护》，知识产权出版社 2005 年第 2 版，第 529 页。

❷ 崔国斌：《专利法：原理与案例》，北京大学出版社 2016 年第 2 版，第 753 页。

❸ 参见（2011）一中民初字第 14 号。

述权利要求的全部附加技术特征；其亦未直接实施制造、销售等型号为NK-750的"龙的"牌电热水壶的行为，因此，无论该涉案电热水壶是否构成对涉案专利权权利要求19～21、23～34的侵犯，家泰公司制造、销售涉案温控器的行为并未构成对涉案专利权利要求19～21、23～34直接侵犯。

而关于家泰公司制造、销售涉案温控器是否构成对涉案专利权权利要求19～21、23～34的间接侵权，法院认为，涉案侵权的电热水壶完全包含涉案专利权权利要求19～21、23～34的全部附加技术特征，落入上述权利要求的保护范围，合理认定制造涉案电热水壶的行为构成对上述权利要求的直接侵犯，北太平庄商城销售涉案电热水壶的行为亦构成对上述权利要求的直接侵犯。此外，法院认定家泰公司提供的涉案温控器产品为受涉案专权利要求19～21、23～34所保护产品的"专用"产品，且家泰公司明确知晓他人购买上述"产品"后会实施相应的直接侵权行为。综上，家泰公司制造、销售上述涉案温控器的行为亦构成对涉案专利权权利要求19～21、23～34的间接侵权，应当承当相应的连带责任。

上述案件中，在认定家泰公司制造、销售控温器的行为是否构成间接侵权时，法院首先判断是否存在直接侵权行为，并且对于直接侵权的认定采用了较为严格的标准，认为"涉案的直接侵权行为应当已为发生，而非具有发生直接侵权行为的危险，原因在于：首先，如上所述，无直接侵权行为的存在，将缺乏要求教唆或帮助行为人承担共同侵权责任的事实基础；其次，教唆或帮助行为人的行为并未直接侵犯专利权，即教唆或帮助行为人制造、销售等行为涉及的产品并未落入涉案专利的保护范围，若无直接侵权行为的存在，将可能导致专利权人权利范围的不当扩大，使相关公众实施相关行为缺乏合理的法律预期，从而影响公众的利益"。

而在西安西电捷通无线网络通信股份有限公司诉索尼移动通信产品（中国）有限公司侵害发明专利权纠纷案❶中，北京知识产权法院对于直

---

❶　参见（2015）京知民初字第1194号。

接侵权的认定则采用了较为宽松的标准，认为"一般而言，间接侵权行为应以直接侵权行为的存在为前提。但是，这并不意味着专利权人应该证明有另一主体实际实施了直接侵权行为，而仅需证明被控侵权产品的用户按照产品的预设方式使用产品将全面覆盖专利权的技术特征即可，至于该用户是否要承担侵权责任，与间接侵权行为的成立无关"。该案件提出的标准，对于判定间接侵权有重要影响，因此备受关注。当然，该案件目前是一审，最终该标准是否在二审以及可能的再审中获得支持，仍需观察。

美国的司法实践也采取了间接侵权是以直接侵权为前提的观点。在代表案例 Akamai Tech v. Limelight Network 中，涉案专利要求保护一种对网站信息提供内容传递的方法，被告 Limelight Network 实施了该专利方法的部分步骤，而将其中部分步骤交给其客户网站实施，被告完成的步骤加上客户网站完成的步骤涵盖专利方法的全部步骤。该案分别在美国地方法院、联邦巡回上诉法院（CAFC）及最高法院进行多次审理。CAFC 最初认为诱导侵权无须以直接侵权为前提，而最高法院认为当不存在直接侵权时，不应认定存在诱导侵权，并发回 CAFC 重审；CAFC 重审认为，当多个主体分别实施使用方法中的若干步骤时，可以追究共同侵权专利的多个主体的侵权责任，但必须满足非常严格的条件，即证明多个主体中是否存在这样一方，他控制或指使了其他主体的实施行为，以至于可以将其他主体的实施行为统统归咎于进行控制或指使的那个主体。其中"归咎于某主体"是最实质性的要求，这一条件决定论并非只有多个主体之间存在任何方式的控制或者指导关系就可以认定共同侵权成立，只有在多个主体之间的关系能够达到能够归咎于某主体的程度时才能得出这样的结论。CAFC 认为 Limelight 为客户网站的行动确立了明确的方式和时间点，使得客户网站必须执行这些步骤才能够获得服务，因此，Limelight 控制和指使了其客户网站的行为，并且有充分证据证明客户网站所执行的步骤归于 Limelight，其行为构成直接侵权。可见，该案例中美国 CAFC 重审后提出的观点是在对间接侵权应以直接侵权为前提基础上，对于即使不存在直接侵权但符合"归咎于某主体"的严格条件时，可以认定成立共同侵权。相比西安西电捷通案例，笔者更赞同 Akamai Tech v. Limelight Network 案例所作出的合理的、谨慎的突破。

2. 主观过错

帮助、教唆行为人主观上应当有帮助和促使他人直接侵犯他人专利权的故意，体现为：（1）对于专利权的存在是明知的；（2）明知实施者将要实施侵犯专利权的行为；（3）明知其提供的帮助、教唆行为是为了促成专利实施者的侵权行为。对于教唆侵权，除了"明知"，还应当"积极诱导"。

教唆、帮助行为不以共同过错为构成要件。帮助者明知其提供的材料、设备、零部件等是专门且只能用于实施专利的，而仍然提供给他人实施专利侵权行为，教唆者明知专利权的存在仍然积极诱导他人实施专利侵权行为，主观恶意明显，因此，即使帮助者或教唆者与专利实施者之间没有意思联络，也可以追究帮助者或教唆者的间接侵权责任。

3. 间接侵权行为

帮助侵权行为表现为在客观上为侵权者实施专利侵权行为提供实质性帮助，包括为生产经营目的提供专门用于实施专利的材料、设备、零部件、中间物，提供实施专利行为的场所、仓储、运输、网络服务等便利条件等。教唆侵权表现为在主观上引诱、教唆侵权者实施专利侵权行为，包括销售非专利产品时诱使购买者利用该产品制造专利产品或实施专利方法，按照专利技术的方案为他人设计产品等。

（1）提供用于实施专利的专用品。

《最高人民法院关于审理专利权纠纷案件应用法律若干问题的解释（二）》第 21 条第 1 款规定的帮助侵权要求其提供的是"专门用于实施专利的材料、设备、零部件、中间物"的"专用品"。对于"专用品"的认定，应当以其是否具有"实质性非侵权用途"为判断标准，即若该产品除了用于涉案专利所保护的产品或方法而无其他"实质性非侵权用途"。由此可见，该条款的适用标准是严格的，其目的在于将专利权人的权利范围限制在合理的范围内。该条第二款针对的教唆侵权，其所称产品不要求必须是"专用品"。

在上述施特里克斯有限公司与国美电器有限公司、国美电器有限公司北京北太平庄商城、浙江家泰电器制造有限公司侵犯发明专利权纠纷案中，在认定家泰公司制造、销售涉案温控器是否构成对涉案专利权权利要求19～21、23～34的间接侵权时，法院认为，制造、销售涉案电热水壶的行为构成对上述权利要求的直接侵犯，此外，法院认定家泰公司提供的涉案温控器产品为受涉案专权利要求19～21、23～34所保护产品的"专用"产品，且家泰公司明确知晓他人购买上述"产品"后会实施相应的直接侵权行为，"对于'专用'产品的认定，应当以其是否具有'实质性非侵权用途'为判断标准，即若该产品除了用于涉案专利所保护的产品或方法而无其他'实质性非侵权用途'，一般应当认定该产品为'专用'产品。之所以采用该标准的目的在于通过合理地界定专利权的保护范围，以实现专利权人利益与社会公众的利益的平衡"。综上，家泰公司制造、销售上述涉案温控器的行为亦构成对涉案专利权利要求19～21、23～34的间接侵权，亦应当承当相应的连带责任。

（2）提供便利条件。

提供便利条件表现为实施专利侵权行为提供场所、仓储、运输等。

随着互联网技术的发展，越来越多的专利侵权案件中涉及网络平台提供商。网络平台提供商一般不参与网上商品交易，且网络交易数量巨大，要求网络服务提供商对每种商品均进行审核是不现实的。为此，网络服务提供商通常设立知识产权侵权举报系统，从而为权利人提供投诉渠道。网络用户和网络平台提供方各自的义务如何界定，是判定网络平台提供商是否构成间接侵权行为的关键。

《侵权责任法》第36条是网络服务提供商作为第三方平台承担法律责任的法律依据，《专利法修改草案（征求意见稿）》第71条对网络服务提供者的义务也作出了类似规定：

网络服务提供者知道或者应当知道网络用户利用其提供的网络服务侵犯专利权，但未及时采取删除、屏蔽、断开侵权产品链接等必要措施予以制止的，应当与该网络用户承担连带责任。

专利权人或者利害关系人有证据证明网络用户利用网络服务侵犯其专利权的，可以通知网络服务提供者采取前款所述必要措施予以制止。网络服务提供者接到合格有效的通知后未及时采取必要措施的，对损害的扩大部分与该网络用户承担连带责任。

在本书第一章提到的威海嘉易烤生活家电有限公司诉永康市金仕德工贸有限公司、浙江天猫网络有限公司侵害发明专利权纠纷案中，法院认为，该案中被侵权人依据侵权责任法向网络服务提供者所发出的要求其采取必要措施的通知属有效通知，网络服务提供者接到通知后所应采取的必要措施，将有效的投诉通知材料转达被投诉人并通知被投诉人申辩当属天猫公司应当采取的必要措施之一，而天猫公司未履行上述基本义务的结果导致被投诉人未收到任何警示从而造成损害后果的扩大，因此，天猫公司对损害的扩大部分应与被投诉人承担连带责任。

由此可知，专利权人应当向网络服务提供商提供有效通知，网络服务提供商接到通知后应当采取必要措施，删除、屏蔽、断开链接，若网络服务提供商基于合理判断未直接进行上述处理，至少应将有效的投诉通知材料转达被投诉人。如果网络服务提供商未履行基本义务而导致损害后果的扩大，则应当与侵权人承担连带责任。如果专利权人没有就侵权事实进行举报或者所提供的通知不是有效通知，或者网络服务提供商在接到专利权人的有效通知后已经采取满足履行基本义务的措施，那么网络服务提供商则不具有过错，不构成帮助侵权。

（二）责任承担方式

《侵权责任法》第9条规定，教唆、帮助他人实施侵权行为的，应当与行为人承担连带责任。

在专利侵权案件中，侵权行为可能体现于商品流通的一个或多个环节，可能涉及原料提供商、制造者、销售者、使用者等多方主体，导致在认定侵权类型、侵权要件的构成以及责任承担方式等方面，均面临越来越多的困难和挑战。随着科技的发展，尤其是软件、互联网技术的飞速发展，越来越多的发明创造均需要通过软件、互联网来实施，或者由网络服务提供商参与。软件、互联网技术的抽象性、复杂性不仅将使目前的司法实践中所面临的问题更加突出，也会增加新的难度。为了维护公平竞争的市场秩序，适应经济发展新常态要求，制定和完善相关法律法规刻不容缓。

第二节　标准必要专利相关诉讼

近年来标准必要专利相关诉讼引起业界的强烈关注，包括产业界、学术界、司法实务界都在探讨其中的难点和重点问题，因此，将标准必要专利相关诉讼作为本章的热点问题之一进行介绍。

本节将从标准的定义和分类、标准必要专利的定义、标准组织知识产权政策、标准必要专利的认定等基本知识入手，然后逐步介绍各类诉讼的法律依据、主要问题和典型案例，帮助读者较为全面和清晰地了解标准必要专利相关诉讼和实务。

一、概　述

(一) 标准的定义和分类

国际标准化组织（ISO）在官方网站上对标准作出如下定义：标准是由权威机构起草并公布的，对社会成员的行为或行为结果的属性、特征或规则进行限定，以供社会反复使用的文件，该文件的制定目的是实现在预定领域内的最佳秩序和效益。该定义当前已经在全球范围内广为认可，因此，笔者不再赘述其他形式有差异但实质相同的有关标准的定义。

根据标准化的对象分，标准可分为技术标准、管理标准、工作标准和服务标准四大类。与本节标准必要专利诉讼主题相关的是技术标准。ISO对技术标准的定义为：技术标准是指相关产品或服务达到一定的安全要求或市场准入要求的技术具体实施方式或细节性技术方案的规定文件，技术标准中的规定可以通过技术指导辅助实施，具有一定的强制性和指导性功能。

标准根据级别和适用范围还可以分为国际标准、区域标准、国家标准、行业标准、团体标准、地方标准和企业标准。在我国，依据《标准化法》第7条规定，国家标准、行业标准根据约束力可分为强制性标准和推荐性标准。"保障人体健康，人身、财产安全的标准和法律、行政法规规定强制执行的标准是强制标准，其他标准是推荐性标准。"此外，我国标准实践中还有第三种约束力的标准——指导性技术文件，这是一种推荐性标准化文件。一项标准的约束力影响该标准技术方案的实施，也进而影响写入该标准的标准必要专利的实施。

（二）标准必要专利的定义

目前，标准必要专利尚无统一明确的定义，国内外标准组织分别给出一些相近的定义。比如，国际电信联盟（ITU）将其定义为"任何可能完全或部分覆盖标准草案的专利或专利申请"，美国电器及电子工程师学会（IEEE）将其解释为，所谓"必要专利权利要求"是指在实施技术标准所规定的技术方案（强制性或者非强制性条款）时，必须使用专利权利要求所覆盖的技术特征，而且该专利权利要求所覆盖的技术特征在该技术标准草案制定完成之前，没有其他商业上或者技术上可替代的方案存在。在我国，很少有标准组织对标准必要专利作出定义，可以参考的是我国的 AVS 标准制定组织对必要专利权利要求的定义："生产符合 AVS 标准的产品或提供的技术服务，根据授权或公布专利的所在国法律，不可避免地侵犯到某一项专利权利要求所要求保护的技术方案。"

笔者理解，如果技术标准的实施不可避免地侵犯某一专利权利要求，则该专利对相关技术标准而言就是必要的专利，无论该标准是强制性的还是非强制性的。从定义可以了解到，标准必要专利因为标准化而被更大范围地实施，标准必要专利的地位也就显著加强。不可否认，顶着光环的标准必要专利在价值上具有先天的优越性。当然，也要注意：标准必要专利对应强制性标准还是非强制性标准，其地位和价值是有区别的。

（三）标准组织的知识产权政策

专利的标准化可以促进创新，提高效率，减少消费者的适应成本，甚至消除贸易障碍，但是也会带来一定弊端，如果不能有效地平衡标准必要专利权利人和标准实施者的利益，那么，标准必要专利权利人可能会在专利许可中滥用其有利地位，影响标准正常、健康地推广和实施，侵犯标准实施者的合法权益，乃至影响公共利益。出于寻求技术标准化和专利权保护之间的平衡，国际标准化组织通常制定知识产权政策，政策有较多内容，为解决平衡问题，一般会要求在标准制定过程中要求标准参与者及时向标准化组织披露其拥有或者实际控制的专利，而且要求其承诺以公平、合理和非歧视条件许可所有标准实施者利用其专利。这就是标准组织的"披露+声明"程序要求以及标准必要专利许可应遵守的"FRAND"原则。如果标准参与者不向标准化组织针对某项专利作出 FRAND 许可的承诺，在标准制定阶段标准组织将不会采纳包含该专利技术方案的标准提案，如果标准已经制定并颁布，情况则会复杂和棘手，目前标准组织并无明确处理方式。此外，有些标准组织对于 FRAND 原则的内涵和考量因素也给出了更细化的规定。

我国的标准组织整体在知识产权政策制定方面起步较晚，但是鉴于该政策的必要性，我国的标准组织越来越多地在考虑制定知识产权政策，其中比较早的是中国通信标准化协议（CCSA），且已经制定基本的披露、声明规则。2014 年 1 月 1 日《国家标准涉及专利的管理规定（暂行）》实施后，国家标准则有了比较详尽的法律规范依据，该规定明确要求标准参与者应当对专利情况进行披露，若不披露将承担违反诚实信用的法律责任；❶ 同时规定专利权人或专利申请人应当作出许可声明；❷ 除强制性国家标准外，未获得专利权人或者专利申请人公平、合理、无歧视基础上的专利实施许可声明的，国家标准不得包括基于该专利的条款。❸

需要注意的是，对于法律规范空白的非国家标准，即使我国很多标准组织没有这样的政策，标准参与者不能根据政策进行披露和声明，这也并不否认该标准对应的标准必要专利的存在。至于没有被要求提供声明的情况下，标准必要专利权利人是否需要遵循 FRAND 原则进行许可，仍有争议。笔者认为虽然该种情况下标准必要专利权利人无须向标准组织履行约定义务，但是在许可时通常认为仍应遵守 FRAND 原则。

（四）标准必要专利的认定

标准必要专利有这样的重要性，那么标准必要专利如何认定，由谁认定，认定后有怎样的法律效力呢？如前文提到，已经制定知识产权政策的标准组织通常会要求标准参与者及时向标准化组织披露其拥有或实

---

❶　第 5 条　在国家标准制修订的任何阶段，参与标准制修订的组织或者个人应当尽早向相关全国专业标准化技术委员会或者归口单位披露其拥有和知悉的必要专利，同时提供有关专利信息及相应证明材料，并对所提供证明材料的真实性负责。参与标准制修定的组织或者个人未按要求披露其拥有的专利，违反诚实信用原则的，应当承担相应的法律责任。

第 6 条　鼓励没有参与国家标准制修订的组织或者个人在标准制修订的任何阶段披露其拥有和知悉的必要专利，同时将有关专利信息及相应证明材料提交给相关全国专业标准化技术委员会或者归口单位，并对所提供证明材料的真实性负责。

❷　第 9 条　国家标准在制修订过程中涉及专利的，全国专业标准化技术委员会或者归口单位应当及时要求专利权人或者专利申请人作出专利实施许可声明。该声明应当由专利权人或者专利申请人在以下三项内容中选择一项：

（一）专利权人或者专利申请人同意在公平、合理、无歧视基础上，免费许可任何组织或者个人在实施该国家标准时实施其专利；

（二）专利权人或者专利申请人同意在公平、合理、无歧视基础上，收费许可任何组织或者个人在实施该国家标准时实施其专利；

（三）专利权人或者专利申请人不同意按照以上两种方式进行专利实施许可。

❸　第 10 条　除强制性国家标准外，未获得专利权人或者专利申请人根据第 9 条第一项或者第二项规定作出的专利实施许可声明的，国家标准不得包括基于该专利的条款。

际控制的专利，同时提供许可声明。但是该过程是单方的披露和声明。标准必要专利的认定很复杂、很困难，因此，通常标准组织不对披露专利是否符合标准必要专利进行审核或评估。个别标准组织会组建专家审核小组进行评估，但是并不对评估结论做保证，该评估意见也不具有法律约束力。一项专利最终是否构成标准必要专利，在专利许可谈判中需要双方认可，在专利侵权诉讼中应当事人请求法院可能会作出判断。因此，这必然导致标准参与者自认为的、披露的标准必要专利最终可能并不是一项标准必要专利。

（五）我国标准必要专利的现行法律规范

我国现有法律框架内，在法律层面并没有对标准必要专利单独或特别提及，仅在国家知识产权局部门规章和最高人民法院司法解释层面对标准必要专利的部分事项有所规定。

《国家标准涉及专利的管理规定（暂行）》适用于在制修订和实施国家标准过程中对国家标准涉及专利问题的处置。第 15 条规定："强制性国家标准确有必要涉及专利，且专利权人或者专利申请人拒绝作出第九条第一项或者第二项规定的专利实施许可声明的，应当由国家标准化管理委员会、国家知识产权局及相关部门和专利权人或者专利申请人协商专利处置办法。"该规定所称的"专利权人或者专利申请人拒绝作出第九条第一项或者第二项规定的专利实施许可声明"，是指在 FRAND 原则上的"免费许可"和"收费许可"。可见，该暂行规定给出的是当标准必要专利权人或申请人在强制性标准制定过程中拒绝作出许可声明时的个案处理方法，个案协商的方式决定了操作性很低且很不明确。同时，该规定对于是否可以要求停止侵权、颁发禁令条件、专利许可条件之诉的受理等关键问题并没有规定。因此，该规定的适用范围、解决问题都非常有限，也没有得到业界的广泛关注。

相比之下，2016 年年初通过的《最高人民法院关于审理侵犯专利权纠纷案件应用法律若干问题的解释（二）》第 24 条受到广泛关注，该条对标准必要专利领域关注的部分问题作了较详细的规定，包括标准必要专利侵权的民事责任以及许可条件考量因素等。该司法解释规范在标准必要专利规范基本空白的背景下出台，具有其积极意义，当然由于其内容有限，还有一些问题仍然没有解决。

《最高人民法院关于审理侵犯专利纠纷案件应用法律若干问题的解释（二）》第 24 条规定：

> 推荐性国家、行业或者地方标准明示所涉必要专利的信息，被诉侵权人以实施该标准无须专利权人许可为由抗辩不侵犯该专利权的，人民法院一般不予支持。
>
> 推荐性国家、行业或者地方标准明示所涉必要专利的信息，专利权人、被诉侵权人协商该专利的实施许可条件时，专利权人故意违反其在标准制定中承诺的公平、合理、无歧视的许可义务，导致无法达成专利实施许可合同，且被诉侵权人在协商中无明显过错的，对于权利人请求停止标准实施行为的主张，人民法院一般不予支持。
>
> 本条第二款所称实施许可条件，应当由专利权人、被诉侵权人协商确定。经充分协商，仍无法达成一致的，可以请求人民法院确定。人民法院在确定上述实施许可条件时，应当根据公平、合理、无歧视的原则，综合考虑专利的创新程度及其在标准中的作用、标准所属的技术领域、标准的性质、标准实施的范围和相关的许可条件等因素。
>
> 法律、行政法规对实施标准中的专利另有规定的，从其规定。

需要再次提示的是，该条的规定适用的是推荐性国家、行业或者地方标准，不适用强制性标准。因此，强制性标准的标准必要专利的相关问题，仍存在大量需要解决的问题。强制性标准因为无法适用《最高人民法院关于审理侵犯专利纠纷案件应用法律若干问题的解释（二）》，导致在实践中很多标准必要专利诉讼只能按照一般专利纠纷审理，对于强制性标准广泛存在的行业，比如药品（特别是仿制药）行业，在某些方面具有不利影响。例如，即使标准必要专利权人没有在仿制药强制标准制定过程中明示标准必要专利的信息，当判定标准实施者侵权成立时，法院将按照一般专利纠纷案件标准支持权利人的停止侵权的主张，不适用《最高人民法院关于审理侵犯专利纠纷案件应用法律若干问题的解释（二）》第 24 条第 1 款的规定，对于标准实施者而言这是致命的打击。

（六）涉及标准必要专利的诉讼类型

标准必要专利近几年越来越频繁地出现在民事侵权诉讼中。我国的法律却并未因标准必要专利的标准化属性而在专利民事侵权诉讼中给予其更强的保护。当然，不只是在民事侵权诉讼中，在行政执法中、海关知识产权保护中，都是同等对待标准必要专利，不能因标准必要专利的身份而给予特殊保护。不过，这不妨碍因为标准必要专利的专利标准化属性使得在禁令、赔偿等方面增加一些特定的考量细节因素。

与标准必要专利相关的另一类诉讼就是确定标准必要专利权人在进行专利许可时是否遵守 FRAND 原则，以及标准实施者可能针对标准必要专利权利人提出的反垄断之诉。在该类案件中，需要充分、深入、全面地考虑标准必要专利的专利标准化属性，因为这个属性是此类案件的前提，也是此类案件裁判时必须考量的因素。

下面将分别对两类涉及标准必要专利的诉讼进行详细介绍。

二、标准必要专利侵权诉讼

标准必要专利的民事侵权诉讼与普通专利侵权诉讼总体在程序和侵权认定实体两个方面都是相同的，笔者认为，二者在侵权举证、颁布禁令以及损害赔偿计算方面因标准必要专利的标准属性而有所区别，有时也会因标准的引入而对权利要求解释有所影响。

（一）标准必要专利侵权的举证方式

目前查询到的我国涉及标准必要专利的侵权诉讼总数并不多，而且所谓的涉及也往往是专利权人主张被诉侵权人侵犯的专利是标准必要专利，并没有发现在诉讼过程中证明所涉专利是标准必要专利的案例。笔者认为这种现象是有原因的，因为首先标准必要专利很难证明，其次证明是标准必要专利也不能必然证明侵权。

　　专利侵权诉讼中，专利权人需要证明被诉侵权人侵犯其专利，核心是需要证明涉案侵权产品或方法实施了涉案专利的技术方案，也就是对比的对象是涉案侵权产品或方法的技术方案与涉案专利的技术方案。有时涉案侵权产品和方法的技术方案是个"黑盒子"，不进行鉴定很难进行侵权比对，如果涉案专利为标准必要专利，是否可以绕开这个问题？因此，在标准必要专利诉讼中，有些专利权人想到一种证明逻辑：在这两个直接对比的对象之间，增加一个标准的桥梁，通过专利的技术方案和标准的技术方案对应，标准的技术方案和产品的技术方案对应，实现专利技术方案与产品的技术方案一致的证明目的。具体来说，专利权人往往从如下两个层面来证明：（1）专利权人主张的专利是标准必要专利，那么标准实施者在实施标准时必然使用了该标准必要专利；（2）被诉侵权人应当遵守标准，因此实施了标准中的技术方案。基于以上两点，专利权人推定被诉侵权人实施了标准必要专利。这种证明方式，可以省去深入分析涉案侵权产品或方法的技术方案。以上逻辑貌似很清晰，而且某种程度上不需要对于产品实施的具体技术方案进行深入的证明，往往是通过提交一些较容易获得的初步证据来证明以上两点，比如专利权人在标准组织已经作出标准必要专利的声明，被诉侵权人的产品上注明遵守某标准等。但是，笔者认为上述逻辑存在很多问题，还远未做到充分证明。对于第一点，如前文已经解释，专利权人的标准必要专利声明不足以证明专利写入标准，确实属于标准必要专利。更有说服力的证明方式是专利权人可以做一份专利和标准的对照表。制作一份专利与标准的对照表，难度不亚于甚至高于证明被诉侵权产品技术方案与专利技术方案的对照。原因在于，标准和专利的描述语言和方式是不同的，权利要求中的多个技术特征很可能散落在标准中不同部分，更困难的是有些技术特征在标准中并没有直接描述，可能是在标准引用的其他标准中描述，或者需要进行解释后才能认为标准的描述和专利技术特征的描述是实质相同或等同的。因此，虽然证明一项专利是标准必要专利理论可行，但实际操作性很低。对于第二点，需要从如下几个层次审视：（1）所涉及的标准是强制性标准还是推荐性标准，若是推荐性标准，被诉侵权人有权不使用推荐性标准的技术方案，因此，不能必然得出被诉侵权人实施该标准。（2）即使被诉侵权人承认使用某标准，也并不意味着实施了标准中所有方案，专利权人需要证明被诉侵权人实施了与其主张专利对应的标准中的技术方案。比如，一种情形，推荐性标准，本身不是强制使用，被诉侵权人可能仅选择性地使用标准的部分方案，那么被诉侵权人承认使用标准也无法毫无异议直接推断使用了具体某项技术方案。当然，这一点的理解和支持取决于法官对举证责任的分配，如果认为被诉侵权人承认使用标准可以推断其使用标准所有方案，那么需要被诉侵权人证明没有使用某项具体技术方案。另一种情形，即使是强制性标准，那么专利所涉的方案在强制性标准中是唯一的，还是有其他并列选择？若有其他并列选择，被诉侵权人并不必然使用了该专利方案。可见，证明被诉侵权人采用某项标准与证明其使用了特定的标准必要专利，还有不小的距离。

在宁波奥克斯空调有限公司应诉广东新岸线计算机系统芯片有限公司提出的专利侵权案件❶中，原告曾试图通过上述逻辑举证。在该案中，原告的举证更为间接，因此也就平添了更多的不确定性。原告主张涉案专利ZL201210276479.2已经纳入3GPP TS 25.321 V6.16.0（即第6版）媒体介入控制（MAC）协议规范（3GPP R6，又称 WCDMA［R6 版本］），成为该标准的必要专利。原告又主张中国工业和信息化部发布的通信行业标准YD/T 2217-2011《2GHz WCDMA 数字蜂窝移动通信网中断设备技术要求（第四阶段）高速分组接入（HSPA）》，明确该标准引用了 3GPP R6 标准，因此，通过标准的引用涉案专利成为上述国内通信行业标准的必要专利。在代理案件过程中，笔者发现：（1）并非涉案专利 ZL201210276479.2纳入3GPP R6 标准，而是涉案专利的一项美国同族专利在 3GPP 标准中被声明为标准必要专利；（2）原告证明被告实施标准的证据是在被诉侵权手机的电信管理局许可证上注明"支持 WCDMA（R6 版本，支持 HSDPA/

---

❶ 参见（2014）京知民初字第 152 号。

HSUPA）/GSM（GPRS）制式"。因此，该案件中笔者作为被诉侵权人代理律师提出质疑，指出原告举证的缺陷：美国专利与涉案中国专利的保护范围不确定是否一致，美国专利是否是 3GPP 的标准必要专利不确定，中国标准引入 3GPP 标准的哪些内容不确定，中国标准作为推荐性标准，奥克斯使用标准哪些方案不确定。最终，因原告举证以及专利无效等各项因素，该案以原告撤诉告终。

因此，通常来说，不建议在通信领域标准必要专利民事侵权诉讼中采用此种举证方式，如果在其他标准领域很容易证明标准和专利的对应性，以及被诉侵权人的产品或方法确定使用了标准的与专利相关的内容，可以考虑此种证明方式。当然，具备该等条件时，此种间接举证是否比通常举证有便利性，还是需要考虑的另一个问题。

（二）禁令

关于标准必要专利权人申请行为保全或者要求停止侵权，法院是否应当支持，一直存在争议。有观点认为，标准必要专利也是专利，不应因为其标准化属性而使其诉讼权利有所贬损；有观点认为标准必要专利恰恰因为其标准属性，如果支持行为保全或停止侵权，则会对标准实施和社会公众产生不利影响，导致利益失衡。

对于以上争论，《最高人民法院关于审理侵犯专利权纠纷案件应用法律若干问题的解释（二）》第 24 条在推荐性国家、行业或者地方标准的范围内加以明确，该条第 1 款明确标准必要专利是否可以判令停止侵权的问题，第 2 款规定了人民法院不予颁发禁令的条件。

关于标准必要专利是否可以判令停止侵权，有观点认为标准必要专利权人在标准中对标准实施者进行默示许可，不能判定停止侵权。该解释第 24 条第 1 款规定否定了标准必要专利明示情形下默示许可的存在，确定了权利人明确对外披露标准必要专利的，被诉侵权人实施了所述标准必要专利，则权利人可以要求人民法院判令专利实施人承担停止侵权的民事责任。对于明示的判断标准，应根据民法和标准组织的实际操作确定，笔者认为具体指标准必要专利权利人通过书面方式直接、明确公示所涉标准必要专利，常见的是在具体标准中明示标准必要专利的信息，进而使得标准实施人在阅读标准后可以清楚知悉标准涉及标准必要专利及权利人。在张某某诉衡水子牙河建筑工程有限公司侵害发明专利权纠纷再审案❶中，河北省建设厅于 2008 年 6 月 14 日批准的《CL 结构构造图集》的"前言"中载明："本规程所涉及的专利技术为石家庄晶达建筑体系有限公司所有，使用授权许可，应与之联系"。因此，最高人民法院认定，"张某某履行了专利披露义务，在被诉侵权施工方法所依据的 2006 年规程前言部分，明确记载有识别的专利技术和专利权人的联系方式。该规程的实施者不能从中推断出，2006 年规程不包含专利技术或者专利权人向公众开放了免费的专利使用许可的意图。实施该标准，应当取得专利权人的许可，根据公平合理无歧视的原则，支付许可费。在未经专利权人许可使用，拒绝支付许可费的情况下，原则上，专利侵权救济不应当受到限制。本案不存在专利权人有意隐瞒专利权的行为导致标准的实施者产生该技术为无须付费的公知技术的信赖。"

该解释第 24 条第 2 款规定了人民法院不予颁发禁令的条件，这也可以在推荐性标准范围内终结长期以来的标准必要专利权人是否可以获得禁令的争论。该款明确规定不颁发禁令需要同时具备两个条件：在专利实施许可条件谈判中，标准必要专利的专利权人存在明显过错，标准实施人（被控侵权人）无明显过错，两者缺一不可。从该款来看，至少可以得出如下两个结论：

（1）如果标准必要专利权人未经专利实施许可条件谈判即申请针对标准实施人的禁令，法院不予支持。

（2）进行许可谈判，但只要不满足其中任一条件，标准必要专利权人的禁令都有理由获得支持，如标准必要专利权人在专利许可谈判中履行 FRAND 义务时，可以对抗标准实施人提出的不能颁发禁令的主张。

可见，该款的规定对标准必要专利权人和标准实施者都给出很好的指

---

❶ 参见最高人民法院（2012）民提字第 125 号。

引和导向：首先鼓励标准必要专利权人通过双方协商方式解决标准必要专利纠纷；其次在专利许可谈判中双方应当善意推进，标准必要专利权人提出不符合 FRAND 原则的许可条件，抑或标准实施者作为被许可方恶意拖延，那么，都会在司法程序中承担一定不利后果。

对于第 24 条没有规定的强制性标准所涉及的禁令问题，笔者认为同样可以参照上述标准执行，即对于强制性标准的标准必要专利权人能否主张禁令的问题，仍需要个案分析，不应有统一的标准。在个案中，需要确定标准必要专利权人和潜在的被许可人的过错情况，或者说"恶意"，这需要从谈判过程、延迟理由、争议焦点、具体许可条件等综合判定，双方应将这些作为证据完整地呈现给法官，由法官基于此作出公正判断。

目前，我国还没有标准必要专利禁令的司法案例，需要关注未来司法实践的把握标准和尺度。从欧美近年的司法趋势说明，标准必要专利的权利人遵守 FRAND 原则，并不代表不能申请并获得禁令，专利持有人是可以申请禁令的保护的。比如，欧盟法院过去的立场是：标准必要专利所有方不能提起禁令诉讼，而最近欧盟国家的国内法院，尤其是德国法院，近年来倾向于认为若标准实施方对标准专利持有人的许可有意拖延或不够认真，标准必要专利持有人采取的相应法律行动不会构成对市场支配地位的滥用，包括禁令申请和执行。再如，美国联邦巡回上诉法院 CAFC 在 Apple v. Motorola 案❶中提出，其并不认同原审法院提出的标准必要专利当然无法获得禁令救济的原则，认为应采用美国最高院在 eBay 案❷判决中建立的专利侵权禁令核发原则，即专利权人应证明受到不可恢复的损害。因此，如果标准必要专利的权利人可以证明受到此类损害，是可以获得禁令的。

（三）侵权损害赔偿

标准必要专利诉讼中，在侵权损害赔偿方面更有利于被诉侵权人，因为被诉侵权人会有更多的降低赔偿额的争辩空间。在一般专利诉讼中，计

---

❶ 参见 Apple, Inc. v. Motorola, Inc., Nos. 12-1548, -1549 (Fed. Cir. Apr. 25, 2014)。

❷ 参见 eBay Inc. v. MercExchange, L. L. C., 547 U. S. 388 (2006)。

算损害赔偿时，虽然可能了解侵权产品的利润并非都来源于涉案专利，但是被诉侵权人很难量化技术来源和比例，只能法院自由裁量。但是在标准必要专利诉讼中，如果被诉侵权人可以举证在涉案标准中声明了多少标准必要专利，提供量化的依据，进而判断涉案标准必要专利占标准涉及的专利数，那么可以有依据地主张折算专利权人可以主张的损害赔偿金额。当然，该计算方式能否被法官接受，还需要被诉侵权人提供充实的证据和合理的说明来支撑。

三、FRAND 许可费率诉讼

标准必要专利涉及的另一类诉讼就是标准必要专利权人或者标准实施者请求法院认定许可条件是否满足 FRAND 原则，该类诉讼可能是专利实施许可合同纠纷，也可能是反垄断诉讼。

FRAND 原则虽然得到广泛认可，但由于其模糊和不确定性，适用受到很大的限制。无论是标准组织，还是许可谈判中许可人和被许可人，抑或法院，都一直在探寻何谓公平的、合理的、无歧视的许可，虽然至今仍未实现足够清晰、无歧义和可操作，但是标准组织和各国的司法实践都在努力使其日趋完善。

2015 年 2 月 IEEE 生效的知识产权政策受到广泛关注，该政策对于合理许可费作出进一步解释，其认为合理许可费率是对权利人持有的标准必要专利权利的合理补偿，不包括由于专利纳入 IEEE 标准而产生的价值。同时 IEEE 给出判断合理许可费率时的三个考虑因素：（1）必要专利的发明或发明特征的功能的价值对实施该必要专利的最小可销售的合标产品的功能的价值的贡献；（2）结合最小可销售的合标产品使用所实施的同一 IEEE 标准上的所有必要专利所贡献的价值，必要专利对实施该专利的最小可销售的合标产品所贡献的价值；（3）使用必要专利的现存许可，当该等许可不是在明示或暗示的禁止令威胁下取得的，且其情况和许可结果足以和拟议许可的情况相提并论。当然 IEEE 的新政策中也明确表明，在确定合理费率时"不必只限于"该等因素。IEEE 的新政策为 FRAND 原则的细化做出很多贡献，其中第一个因素"最小可销售的合标产品"（或称"最小可销售单元"❶）更为合理地界定了许可费计费基础的对象；第二个因素充分考虑了专利费累积的问题；第三个因素则对无歧视做了参照条件细化：无禁令威胁，许可条件具有可比性。

我国对标准必要专利许可的法律依据首次在《最高人民法院关于审理侵犯专利权纠纷案件应用法律若干问题的解释（二）》第24条第3款出现，其中规定了人民法院可以受理标准必要专利许可条件之诉，以及适用FRAND原则时应考量的具体因素。该款的规定，无论是对于标准必要专利谈判的双方，还是对于标准必要专利许可费纠纷，都很有参考价值，可以从这些考量因素判断是否符合FRAND原则。我国司法实践已经有标准必要专利许可费纠纷的案例，如广为知悉的"华为诉IDC案"。❷

在"华为诉IDC案"案中，广东省高级人民法院认可了一审法院对许可费合理性的判断因素：（1）许可使用费数额的高低应当考虑实施该专利或类似专利所获利润，以及该利润在被许可人相关产品销售利润或销售收入中所占比例。技术、资本、被许可人的经营劳动等因素共同创造了一项产品的最后利润，专利许可使用费只能是产品利润中的一部分而不应是全部，且单一专利权人并未提供产品全部技术，故该专利权人仅有权收取与其专利比例相对应的利润部分。（2）专利权人所作出的贡献是其创新的技术，专利权人仅能够就其专利权而不能因标准而获得额外利益。（3）许可使用费的数额高低应当考虑专利权人在技术标准中有效专利的多少，在标准必要专利许可中要求标准实施者就非标准必要专利支付许可使用费是不合理的。（4）专利许可使用费不应超过产品利润一定比例范围，应考虑专利许可使用费在专利权人之间的合理分配。

虽然没有明确提及以上因素，但已经有避免专利劫持和专利费堆积的考虑。不过，遗憾的是"华为诉IDC案"最终没有依据以上4个因素详细

❶　在 In re Innovation IP Ventures, L. L. C. 案中建议许可费的计算基础采用最小可销售专利实施单元（smallest salable patent-practicing unit），简称"最小可销售单元"。

❷　参见（2011）深中法知民初字第857号、（2013）粤高法民三终字第305号。

分析许可的费率，当然这与华为和交互数字技术公司都没有提出具体的符合 FRAND 原则的许可费计算方法有关。法院最终主要依据"无歧视"原则来进行裁判，即在交易条件基本相同的情况下，应当收取基本相同的许可费或者采用基本相同的许可使用费率，采用和已有的专利许可进行对照比较的方法，来确定交互数字给华为的许可费是否合适。当然，对于参照的已有许可是否可以认定为基本相同的交易条件，该案件判决中也没有详细论述。

尽管有一些遗憾，但"华为诉 IDC 案"作为中国涉及标准必要专利为数不多的案例，在许可费合理性的考虑因素方面作了积极探索，对我国的司法实践具有一定的意义。

2016 年 7 月美国高通公司与魅族公司之间的标准必要专利纠纷颇受瞩目，在美国高通公司与魅族公司之间的 5.2 亿元索赔案中，美国高通公司请求法院确认其向魅族公司发送的专利许可协议中的许可条款不违反反垄断法，符合美国高通公司作出的相关 FRAND 承诺。遗憾的是，2016 年 12 月双方达成专利许可协议，业界人士无法看到一个 FRAND 许可及反垄断的典型案例。

2016 年，苹果公司与西安西电捷通无线网络通信股份有限公司就标准必要专利许可是否符合 FRAND 原则产生纠纷，❶ 成为我国又一值得期待的案例。原告苹果公司认为 2014 年年末其与被告西电捷通就后者持有的 WAPI 强制性标准必要专利许可费用进行二次谈判时，相比双方的《2010 年专利许可协议》的固定许可费用，被告提出的新要约构成不合理高价；与相类似情况的其他被许可人收取的许可费用相比，被告提出的新要约构成歧视性定价；被告于 2016 年 4 月针对原告向陕西省高级人民法院提起专利侵权诉讼，主张原告在执行 WAPI 标准时侵犯了被告第 02139508.X 标准必要专利权，并请求法院给予停止销售的禁令，也是对 FRAND 义务的违反。综上所述，被告违反了 FRAND 义务，原告诉至法院请求判令被告遵

---

❶ 参见（2016）京 73 民初 1034 号，至 2017 年 10 月笔者尚未获知该案件的进一步进展。

循公平、合理、无歧视原则向原告许可相关的标准必要专利及专利申请，并依据公平、合理、无歧视原则确定相关许可费。该案例中，笔者期待法院能在充分了解双方谈判过程、许可费变化原因、焦点问题等基础上判定许可条件是否符合 FRAND 原则，可以预期该案例对强制性标准必要专利的禁令颁布条件等，都将给出具有时代意义的参考性判例。

　　鉴于我国在标准必要专利许可费诉讼中认定 FRAND 原则方面还需要完善，因此不妨通过学习国外的一些典型案例，来了解可能的精细化认定方式。笔者对于 Microsoft Corp. v. Motorola, Inc. 案❶与 In re Innovation IP Ventures, L. L. C. 案❷较为关注，认为这两个案例的判断逻辑与 IEEE 的知识产权新政是一致的。从这两个案例可以看出，法官在审理标准必要专利的许可案件时，回归和关注到标准组织存在意义和需求这些最基本的问题。法官们意识到：标准组织的知识产权政策，作为标准组织存在和运行的政策之一，其应该与标准组织推广标准广泛使用的目的一致。为满足上述要求，标准组织的知识产权政策应当平衡标准必要专利相关当事人之间的利益，一方面为了促进有价值标准的创设，应保证专利持有人从技术创新中得到合理的、充分的回报；另一方面应避免专利持有人借助标准所形成的地位索取高额许可费或附加不合理条件，使相关标准实施者乃至公众利益受损。在这种需求下，具体确定何为符合 FRAND 原则的许可条件时，法官明确提出标准必要专利的许可应考虑如何避免专利劫持和专利费累积问题，这些关注因素和 IEEE 新知识产权政策中提到的考虑因素在内涵和出发点上是相同的。无论是 Microsoft v. Motorola 案中法官提出的两步法，还是 In re Innovation IP Ventures, L. L. C. 案中法官提出的三步法，为了确定合理许可费率，都要依据专利技术对标准技术能力的贡献、该标准技术能力对标准使用者及其使用标准的产品的贡献，也都考虑其他有可比性的许

---

❶　参见 Microsoft Corp. v. Motorola, Inc., No. C10-1823JLR, 2013 U.S. Dist.（W.D. Wash. Apr. 12, 2013）。

❷　参见 In re Innovatio IP Ventures, L. L. C., MDL Docket No. 2303, Case No. 11 C 9308, 2013 U.S. Dist.（N. D. Ill. Oct. 3, 2013）。

可协议或专利池的许可方式。这些考量因素，将专利权人能够获得的合理许可费限定为专利技术本身的价值，而不包括因为该专利技术与标准结合到一起而产生的价值，这可以避免专利劫持的风险。当然，一项对标准极为重要并且关键的必要专利，相比一项较不重要的必要专利，可以合理要求较高的权利金比率。同时，法官们认为 FRAND 许可不会发生在真空中，可以假设一个接近实际的协商环境，充分考虑到其他标准必要专利权人的存在，以及理论上所有专利持有人都会主张专利许可费，这可以提示标准实施者在起初的标准专利许可中提前考虑专利费堆积的问题，一定程度上避免无法承受最终整体专利费的问题。

无论是国内案例，还是美国案例，在该类诉讼案件中，标准必要专利权人和标准实施者都需做大量的、科学的、细致的工作，来证明许可条件是否公平、合理和无歧视。在标准必要专利的许可谈判中也是如此。笔者认为被许可人在许可谈判进程中避免明显过错后，在实质方面会有更多的动力和空间去质疑许可条件不满足 FRAND 原则。被许可人可以根据行业特点、企业自身因素、许可技术和产品特性、对许可的需求程度，以及许可中期待投入的资源等，来考虑侧重从哪些角度去寻找谈判机会。当然，所有的考虑因素是为了实现公平、合理、无歧视，而更根本的目的是作出符合公司健康持续发展的、具有商业合理性的许可安排。为了达到这样的目的，无论是标准必要专利许可谈判还是标准必要专利许可诉讼，在作出决策时都需要充分考虑这些因素，法务/专利人员需要与技术、市场和销售人员合作，共同为高层决策做好基础调研和分析工作，否则公司高层很难作出科学的决策。

第三节　GUI 外观设计专利保护难题与解决路径探索

一、GUI 外观设计专利概述

在知识产权界，很多人将著作权法戏称为"鬼学"，原因大概是其权利类型多、每项权利内涵丰富，不论是在理论界还是在实务界都涉及大量扑朔迷离，甚至可能永远无法解决的问题。而在专利法领域，近年来同样出现了一个令人棘手的"鬼（GUI）专利"——图形用户界面外观设计（Graphical User Interface，GUI）专利。

所谓图形用户界面，通常是指采用图形方式显示的计算机操作用户界面。从自身发展来看，GUI 的发展历程并不算长。自计算机可以通过屏幕显示信息之日起，人们就可以通过屏幕上显示的信息，与计算机进行"互动"，只不过那时显示的大多为字符或字符串。随着计算机软件技术的飞速发展，图形用户界面开始出现，并在手机、平板电脑、电视等载体上也得以应用，相比于字符，屏幕上显示的图形更能被用户所接受并方便用户获取信息。随着计算机软件技术和人机交互技术的进一步发展，GUI 的表现形式不断丰富，且越来越受到市场主体的重视，优秀的 GUI 设计不仅可以实现人机交互功能，还可以吸引用户使用，为承载该 GUI 的产品的经营者带来大量的用户群体和良好的口碑，甚至成为企业名片。例如苹果公司推出的 IOS 系统界面设计、小米公司基于安卓系统推出的界面设计，均带有鲜明的特点，并成功吸引了各自的消费者群体。

从制度发展来看，我国对 GUI 外观设计的保护程度随着人们对 GUI 外观设计理解的不断深入在不断发生变化。在 2008 年 12 月 27 日修正的《专利法》第 2 条第 4 款中，并未明确规定 GUI 外观设计是否属于外观设计专利保护的客体。❶ 但是，《专利审查指南 2010》第一部分第三章第 7.2 节第三段中则规定产品的图案应当是固定的、可见的，而不应是时有时无的或者需要在特定的条件下才能看见的，在第 7.4 节则以更加明确的方式将 GUI 排除在外观设计专利保护客体之外。❷

---

❶ 《专利法》第 2 条第 4 款　外观设计，是指对产品的形状、图案或者其结合以及色彩与形状、图案的结合所作出的富有美感并适于工业应用的新设计。

❷ 《专利审查指南 2010》第一部分第三章第 7.4 节　根据专利法第二条第四款的规定，以下属于不授予外观设计专利权的情形：……（11）产品通电后显示的图案。例如，电子表表盘显示的图案、手机屏幕显示的图案、软件界面等。

2014 年 5 月 1 日起施行的《国家知识产权局关于修改〈专利审查指南〉的决定》（第 68 号）（以下简称《第 68 号令》）被视为中国保护"包括图形用户界面的产品外观设计"的里程碑，《第 68 号令》明确规定了对包含形用户界面的产品外观设计（GUI 外观设计）的保护，删除了《专利审查指南 2010》第一部分第三章第 7.2 节第三段的最后一句"产品的图案应当是固定的、可见的，而不应是时有时无的或者需要在特定的条件下才能看见的"，并将《专利审查指南 2010》第一部分第三章第 7.4 节第一段第（11）项修改为："（11）游戏界面以及与人机交互无关或者与实现产品功能无关的产品显示装置所显示的图案，例如，电子屏幕壁纸、开关机画面、网站网页的图文排版。"

然而，当权利人在实践中拿起被授予的 GUI 外观设计专利权这一"武器"进行维权、保护其 GUI 外观设计时，却发现这个"武器"并不像想象中那么好用，有时甚至相当吃力。例如，下文将提到"产品"对 GUI 外观设计专利保护的全过程都会产生影响；在涉及 GUI 外观设计的专利侵权案件中，进行侵权比对不是一个简单的过程，尤其是动态 GUI 外观设计在侵权比对时同时涉及对动画和关键帧的比对，从而比通常的外观设计比对更复杂甚至令人困惑。

二、GUI 外观设计专利的保护范围

（一）关于 GUI 外观设计专利的保护范围是否包括"产品"

《专利法》第 59 条第 2 款规定：

> 外观设计专利权的保护范围以表示在图片或者照片中的该产品的外观设计为准，简要说明可以用于解释图片或者照片所表示的该产品的外观设计。

在我国现阶段，外观设计专利制度仅对产品的整体设计予以保护。《第 68 号令》第 1 点规定，"就包括图形用户界面的产品外观设计而言，

应当提交整体产品外观设计视图"，即专利申请人必须将 GUI 附着在"产品"上共同提交申请。在苹果公司 GUI 外观设计专利驳回复审案中，一审法院和二审法院也同样认为外观设计应以工业产品为载体，相关申请文件亦应完整揭露且充分显示该工业产品的整体外观设计，脱离了特定工业产品的通电后显示的图案并不属于我国外观设计专利权的客体范围。❶ 换句话说，我国目前尚不保护"部分外观设计"。

由于专利申请人在提交申请文件时，必须将 GUI 附着在"产品"上共同提交申请。因此，根据《专利法》第 59 条第 2 款的规定，最终授权的 GUI 外观设计专利权的保护范围必然包含"产品"。这也与《专利侵权司法解释》第 8 条❷等条款在侵权判定中对"产品"的强调相一致。

尽管主流观点认为，获得授权 GUI 外观设计专利保护范围同时包括"GUI+产品"，但实务界也出现了不同的声音。例如，有观点认为，GUI 专利保护范围仅包括 GUI（图形用户界面），而不包括"产品"。该观点的可能理由是：虽然 GUI 外观设计专利的名称往往落脚点是电脑、手机等，但申请人通常将设计要点明确为"图形用户面内容"，即专利权人主要创新点在于 GUI 界面，而不在于硬件产品，只是基于审查指南的规定而必须依附于硬件产品，因此，GUI 外观设计专利的保护范围实际上应当仅限于图形用户界面，产品名称和用途仅用于界定产品的类别。如果强调"产品"的限定作用，将使得 GUI 外观设计专利无法得到有效保护，进而失去价值和意义。

对于这一观点，目前并没有法律依据，亦未得到理论界和学术界的普遍支持，笔者同样认为该观点较为牵强。显然，如果保护范围仅考虑 GUI 界面而完全无视硬件产品，则将违背《专利法》第 59 条第 2 款的规定。既

---

❶　参见（2013）一中行初字第 3760 号行政判决书、（2014）高行（知）终字第 2815 号行政判决书。

❷　《最高人民法院关于审理侵犯专利权纠纷案件应用法律若干问题的解释》第 8 条在与外观设计专利产品相同或者相近种类产品上，采用与授权外观设计相同或者近似的外观设计的，人民法院应当认定被诉侵权设计落入专利法第五十九条第二款规定的外观设计专利权的保护范围。

然 GUI 外观设计专利权图片或者照片显示的是"GUI+产品",则保护范围也应当明确为"GUI+产品",这一点应没有太大争议。上述"小众"观点很大程度上是因 GUI 外观设计专利的专利权人有时在维权时较为困难引发的,"产品"的存在也确实给维权阶段保护 GUI 外观设计带来不小的难题。

（二）关于动态 GUI 外观设计专利的保护范围

相比静态 GUI 外观设计,动态 GUI 外观设计更能体现 GUI 本身的"交互性"等特点。根据《第 68 号令》第 1 点:

> 图形用户界面为动态图案的,申请人应当至少提交一个状态的上述整体产品外观设计视图,对其余状态可仅提交关键帧的视图,所提交的视图应当能唯一确定动态图案中动画的变化趋势。

北京市高级人民法院发布的《专利侵权判定指南（2017）》第 73 条指出:

> 图形用户界面外观设计的保护范围应结合设计要点由产品外观设计视图确定。
>
> 动态图形用户界面外观设计的保护范围需结合简要说明对动态变化过程的描述,由能确定动态变化过程的产品外观设计视图共同确定。

可见,动态 GUI 外观设计专利中的图片或者照片,不仅包括关键帧,还包括唯一确定的动态变化过程。与静态 GUI 外观设计专利相比,动态 GUI 外观设计专利的保护范围相对较窄,这是因为其保护范围受到"各关键帧的静态设计要点"+"动画的变化趋势"的双重限定。如果申请人不打算保护动画的变化趋势,将符合单一性的各关键帧作为单独的图形用户界面外观设计提交,则保护范围仅为该关键帧的静态设计;如果不符合单一性,则通常分别申请不同专利即可。

三、GUI 外观设计专利侵权判定

（一）判断产品种类是否相同或近似

2010 年 1 月 1 日起施行的《专利侵权司法解释》第 8 条确立了外观设计侵权判定的基本思路：

> 在与外观设计专利产品相同或者相近种类产品上，采用与授权外观设计相同或者近似的外观设计的，人民法院应当认定被诉侵权设计落入专利法第五十九条第二款规定的外观设计专利权的保护范围。

尽管现行《专利法》第 59 条第 2 款将 2000 年修正的《专利法》第 56 条第 2 款规定的"外观设计的保护范围以表示在图片或者照片中的该外观设计专利产品为准"改为"外观设计的保护范围以表示在图片或者照片中的该产品的外观设计为准"（无论是从概念上还是从立法趋势上，外观设计专利在本质上保护的是"新设计"），但确定被诉侵权产品与涉案外观设计专利产品是否属于相同或者相近的种类是判断被诉侵权设计是否落入外观设计专利权保护范围的前提。如果产品种类不构成相同或相近，则不构成侵权。而认定产品种类是否相同或者相近，根据《专利侵权司法解释》第 9 条的规定，则主要关注产品的"用途"，具体可参考外观设计的简要说明、国际外观设计分类表、产品的功能以及产品销售、实际使用的情况等因素予以确定。在弓箭国际与义乌市兰之韵玻璃工艺品厂、深圳市鑫辉达贸易有限公司侵犯外观设计专利权纠纷再审案❶中，最高人民法院明确指出："被诉侵权产品和涉案专利产品用途不同，不属于相同种类产品，也不属于相近种类产品。因此，被诉侵权产品的外观设计未落入涉案外观设计专利权的保护范围，弓箭国际的申请再审理由不成立。"

---

❶　参见（2012）民申字第 41 号民事裁定书。

北京市高级人民法院于《专利侵权判定指南（2017）》第 77 条第 1 款亦明确规定，判断被诉侵权设计的产品与外观设计专利产品是否属于相同或者相近种类产品，是判断被诉侵权设计与授权外观设计是否相同或近似的前提；第 2 款则初步规定了图形用户界面外观设计产品种类确定的标准：

> 进行外观设计侵权判定，应当首先审查被诉侵权产品与外观设计产品是否属于相同或者相近种类产品。
>
> 图形用户界面外观设计产品种类的确定应以使用该图形用户界面的产品为准。

从大多数已获得授权的 GUI 外观设计专利来看，"电脑""手机"等是 GUI 外观设计专利中的"产品"。以"电脑"为例，按照《专利侵权司法解释》第 9 条的规定，如果被诉侵权设计的产品的用途与"电脑"相同或相近，则具有进一步对两设计进行侵权比对的基础。例如，带有 GUI 的电脑在申请外观设计专利时，通常会被归于洛迦诺分类中的 14-04、14-02 两个类别，那么，如果被诉侵权设计产品也可被归于这两个类别，则有助于判定被诉侵权设计的产品与外观设计专利产品种类构成相同或相近。

对于 GUI 外观设计专利而言，目前在实践中面临的主要困境是：在大量的专利侵权案件中，那些仅提供 GUI 的被诉侵权人在一定程度上已经对专利权人的成果构成竞争，甚至造成专利权人的经济损失，但专利权人在寻求救济时，由于 GUI 外观设计专利权的侵权比对首先要考察产品种类是否相同或相近，被诉侵权人可以以"不生产硬件产品仅提供软件/图形用户界面设计""提供的硬件产品与专利设计附着的产品种类不同"等理由进行抗辩，进而否认侵权的成立。可见，由于 GUI 外观设计专利权中"产品"的存在，被告获得了较大的抗辩空间，如果法院认定上述抗辩成立，被告的行为将很难被认定构成《专利法》第 11 条第 2 款❶规定的侵权行为。实际上，GUI 外观设计专利申请人的主要成果是 GUI 部分，其将 GUI 附着在产品上提交申请更多是为了符合专利行政部门要求，其更希望保护的实际是 GUI 部分。如果希望保护产品，例如一种造型独特的电视，申请人没有必要申请 GUI 外观设计专利，因为在产品图片或照片中体现 GUI 将大大限缩其产品的保护范围。但是，被诉侵权人并不受到"产品"的"牵绊"，这种不对等的要求正是造成上述困境的原因。

（二）判断被诉产品设计与涉案专利外观设计是否相同或相近似

GUI 外观设计属于外观设计的一种，因此，判断被诉产品设计与涉案专利外观设计是否相同或相近似时，仍应坚持"整体观察、综合判断"的原则，常规外观设计侵权比对时需要考虑的因素，在这里同样适用。对于 GUI 外观设计而言，特别是动态外观设计专利而言，由于存在其附着的"产品"，且在判断相同或近似时要同时考虑到动画过程和关键帧，因此，仍存在不小的特殊性。同时，目前图形用户界面外观设计侵权案件及相关判决极少，这一现状给本来不够清晰的侵权判定标准"蒙上了一层面纱"。

尽管有不小的特殊性和难度，值得注意的是，北京市高级人民法院《专利侵权判定指南（2017）》第 86 条、第 87 条分别对静态图形用户界面外观设计和动态图形用户界面外观设计相同或相近似的判定作出了相当有益的探索。

1. 静态图形用户界面外观设计相同或相似的判断

北京市高级人民法院《专利侵权判定指南（2017）》第 86 条：

> 对于静态图形用户界面外观设计，应当主要考虑产品的图形用户界面部分，兼顾其与产品其余部分的关系，如位置、比例、分布关系，与被诉侵权设计中对应的内容进行综合判断。被诉侵权产品的图形用

---

❶ 《专利法》第 11 条第 2 款　外观设计专利权被授予后，任何单位或者个人未经专利权人许可，都不得实施其专利，即不得为生产经营目的制造、许诺销售、销售、进口其外观设计专利产品。

户界面外观设计与专利设计相同或相近似，且与产品其余部分的关系对整体视觉效果不产生显著影响的，应认定被诉侵权设计落入专利权的保护范围。

被诉侵权设计完整包含了静态图形用户界面外观设计，应认定被诉侵权设计落入专利权的保护范围。

根据该条，在比对静态图形用户界面外观设计是否构成相同或近似时，应把图形用户界面部分作为比对的关键。被诉侵权设计与专利设计在图形用户界面部分与产品其余部分的关系上存在差异的，则要进一步看该差异是否对整体视觉效果产生显著影响。"图形用户界面部分相同或相近似"和"与产品其余部分的关系对整体视觉效果不产生显著影响"是被诉侵权设计落入静态图形用户界面外观设计专利权的两个条件，缺一不可。

2. 动态图形用户界面外观设计相同或相似的判断

北京市高级人民法院《专利侵权判定指南（2017）》第87条：

对于动态的图形用户界面外观设计，被诉侵权设计与动态的图形用户界面外观设计各视图均相同或者相近似的，应当认定被诉侵权设计落入专利权的保护范围。具体判断时也要考虑到图形用户界面部分与产品其余部分位置、大小、分布的关系。

被诉侵权设计缺少部分状态的视图，导致无法体现出与专利设计一致的变化过程的，应当认定被诉侵权设计未落入专利权的保护范围，但仍能唯一确定与专利设计一致的变化过程的除外。

被诉侵权设计使用了部分动态的图形用户界面外观设计或其关键帧，如果该部分或该关键帧属于图形用户界面外观设计的设计要点，则被诉侵权设计落入专利权的保护范围。但被诉侵权设计整体视觉效果与动态的图形用户界面外观设计不相同且不相近似的除外。

根据该条，在对动态的图形用户界面外观设计进行"整体观察、综合判断"时，不仅要关注每个视图（关键帧），还要重点考察被诉侵权设计与专利设计是否有一致的动态变化过程。根据上述规定，如果被诉侵权设计与专利设计的每个关键帧均相同或者相近似，由于动态的图形用户界面外观设计专利申请人所提交的视图能唯一确定动态图案中动画的变化趋势，因此，被诉侵权设计与专利设计的动态变化过程通常也应当是一致的，故应当认定被诉侵权设计落入专利权的保护范围；即使被诉侵权设计缺少部分关键帧，如果仍能唯一确定与专利设计一致的变化过程，也可认定侵权成立，这一点使得动态的图形用户界面外观设计不同于变化状态产品的外观设计专利；❶ 如果被诉侵权设计仅使用了部分动态的图形用户界面外观设计或其关键帧，是否构成侵权还是要回归到经过"整体观察、综合判断"，考察二者的整体视觉效果是否相同或相近似。此外，在相关具体判断时，还要考虑图形用户界面部分与产品其余部分位置、大小、分布的关系。该条款未解决的一个潜在问题是，专利设计中的全部关键帧所体现的动画变化过程与简要说明中的描述容易对应，而做到"唯一确定"可能并非易事，这就导致在极端情况下，虽然被诉侵权设计中包含专利设计中的每个关键帧，但存在每一帧持续的时间长短不同、关键帧之间的切换方式不同、其中插入了其他关键帧等情况，导致被诉侵权设计和专利设计的整体视觉效果存在不同程度的差异。

　　由上可见，除了图形用户界面部分比对过程的复杂性，无论是静态图形用户界面外观设计和动态图形用户界面外观设计，在判定相同或相近似时都不能完全忽视"产品"的存在。换句话说，"产品"仍在一定程度上限定了图形用户界面外观设计的保护范围，影响侵权比对结果。根据《第68 号令》第 5 点，❷ 以及北京市高级人民法院《专利侵权判定指南

---

　　❶ 《最高人民法院关于审理侵犯专利权纠纷案件应用法律若干问题的解释（二）》第 17 条 ⋯⋯被诉侵权设计缺少其一种使用状态下的外观设计或者与之不相同也不近似的，人民法院应当认定被诉侵权设计未落入专利权的保护范围。

　　❷ 《第 68 号令》第 5 点 对于包括图形用户界面的产品外观设计，如果涉案专利其余部分的设计为惯常设计，其图形用户界面对整体视觉效果更具有显著的影响。

（2017）》第88条第2款❶等的规定，"产品"对于保护范围的限定程度，某种程度上取决于"产品"是否为惯常设计，经"整体观察、综合判断"确定是否会对产品整体视觉效果产生显著影响。在 GUI 外观设计侵权案件中，如果经举证现有设计状况或参考专利简要说明，当事人能够证明"产品"并非专利设计要点而只是惯常设计，可以弱化被诉侵权设计与专利设计在产品上的区别对整体视觉效果的影响。但是，反过来，如果被诉侵权人能够证明被诉侵权设计与专利设计在产品上的区别足以对整体视觉效果产生显著影响，认定侵权仍然非常困难。

四、现阶段有效保护 GUI 外观设计专利的可能路径

根据前文分析可以明显看出，GUI 外观设计专利从申请到授权再到维权，均绕不开"产品"这一因素。而如果 GUI 外观设计专利受产品的限制过大，则将在相当程度上违背 GUI 外观设计专利保护的初衷。因此，有必要探究有效保护 GUI 外观设计专利的可能路径。

（一）将"部分外观设计"纳入外观设计专利权保护的客体

所谓"部分外观设计"，是指对产品上的某一部分的形状、图案及位置关系进行的新设计，而不是指对组成该产品的零、部件进行的外部设计，对后者应作为独立申请获得保护。❷ 在国外，一些国家或地区例如美国、❸ 欧共体、❹ 日本等都建立了部分外观设计保护制度。

---

❶ 《专利侵权判定指南（2017）》第88条第2款 当非图形用户界面的设计特征为惯常设计时，则图形用户界面对整体视觉效果更具有显著影响。

❷ 刘桂荣："关于部分外观设计保护的探讨"，载《知识产权（双月刊）》2004 年第3 期，第50 页。

❸ 参见 35 U. S. C. 171 Patents for designs. "Whoever invents any new, original, and ornamental design for an article of manufacture may obtain a patent therefor, subject to the conditions and requirements of this title. "

❹ 参见 Council Regulation（EC）No 6/2002 of 12 December 2001 on Community design, Regulation Art. 3（a）. "'design' means the appearance of the whole of a part of a product resulting from the features of, in particular, the lines, contours, colours, shape, texture and/or materials of the product itself and/or its ornamentation. "

值得注意的是，北京市高级人民法院已经认识到保护部分外观设计的必要性，在《北京市高级人民法院〈专利侵权判定指南〉理解与适用》中有这样一段描述：

> 引入部分外观设计保护制度是必要的，产品和产品部分本来就是相对而言的，相对于某一产品来说是其组成部分，但相对于另一产品来说可能就是独立的产品。此外，一些产品的设计已比较成熟，其设计空间越来越小，引入部分外观设计保护制度有利于这类产品的推陈出新。❶

另外，国务院法制办公室于 2015 年 12 月 2 日公布的《专利法修订草案（送审稿）》第 2 条第 4 款规定了对"部分外观设计"的保护：

> 外观设计，是指对产品的整体或者局部的形状、图案或者其结合以及色彩与形状、图案的结合所作出的富有美感并适于工业应用的新设计。

可见，就立法层面而言，保护"部分外观设计"是大势所趋。但是，即使专利法修改后对部分外观设计予以保护，专利法修改之前获得授权的专利仍将在某种程度上受到"产品"的限制，因此，现阶段尚不能完全将问题的解决寄托在修法上。

（二）降低"产品"对 GUI 外观设计专利保护范围的限制

在专利法作出修改之前，或者说在我国建立部分外观设计保护制度之前，"产品"对 GUI 外观设计专利保护范围的影响是不能完全忽视的，但可以通过努力降低"产品"在确定 GUI 外观设计专利保护范围、侵权比对

---

❶　北京市高级人民法院知识产权审判庭：《北京市高级人民法院〈专利侵权判定指南〉理解与适用》，中国法制出版社 2014 年版，第 243~244 页。

等过程中对保护 GUI 外观设计的限制。研究发现在实践中已经出现这一可能性和趋势。

1. 对产品类别的新理解

（1）"软件"是否可以作为 GUI 外观设计的产品？

GUI 外观设计是显示在电子屏幕等媒介上的图形或界面，GUI 外观设计是否是其所附着的电脑、手机等产品的外观设计本身就是存在争议的，因为显示在电脑、手机等产品上的图形用户界面很可能并没有对电脑、手机等产品起到装饰作用。有学者指出，作为计算机图标的背后的工业产品载体应该是计算机软件本身。❶ 这无疑是一个非常具有创新性的观点，但目前来看似乎并未被广泛认可。从国外实践来看，软件/计算机程序通常也不能作为外观设计"产品"。例如，美国专利审查指南规定，外观设计专利的申请需要以图片进行展示。如果一个计算机图标没有显示在作为工业产品的计算机屏幕或者相关显示器上，该申请将会被拒绝。而通过图片的方式展示"计算机图标是某个软件产品的外观设计"几乎没有可能。❷ 再如，《欧共体外观设计保护条例》第 3 条 b 款对于外观设计的"产品"作出的定义❸为："产品"（product）是指任何工业或手工制品，其中包括将组合成复合型产品的包装、装订、图表符号以及印刷字体，但不包括计算机程序。

考虑到 GUI 只有通电以后才能显示出来，GUI 显示形式的背后实际是软件在发挥作用，电脑、手机等只是载体，将电脑、手机等作为 GUI 的产品似乎也较为牵强。众所周知，知识产权制度的发展与时代的发展息息相关，随着社会形态、技术发展水平和民众对于事物的认知水平的不断进步，

---

❶ LANCE L. VIETZKE. Software as the article of Manufacture in design Patents for Icons, 21 Am. Intell. Prop. L. Ass'n QJ. 138（1993）. 转引自：李小武、马云鹏、连冠：《电子产品图形用户界面（GUI）的外观设计保护》，知识产权出版社 2014 年版，第 41～42 页。

❷ 李小武、马云鹏、连冠：《电子产品图形用户界面（GUI）的外观设计保护》，知识产权出版社 2014 年版，第 41～42 页。

❸ Council Regulation（EC）No 6/2002 of 12 December 2001 on Community design, Regulation Art. 3（b）.

知识产权制度也会不断发生变化。目前，人类社会已经发展到信息时代、多媒体时代，与此同时，产品也从有形扩展到包括有形和无形，出现诸多新的产品形态，例如全息技术、虚拟现实技术等。随着人们对 GUI 外观设计理解的不断深入，未来仍有认可"软件"是 GUI 外观设计产品的可能性。

（2）如何认定 GUI 外观设计产品种类相同或相近？

如上文所述，《专利侵权司法解释》第 9 条指出了认定产品种类是否相同或者相近的方法。北京市高级人民法院《专利侵权判定指南（2017）》第 78 条规定，认定产品种类是否相同或者相近，应当以外观设计产品的功能、用途、使用环境为依据，即不仅依据外观设计产品的用途，还依据外观设计产品的功能和使用环境。

上述内容其实是针对一般外观设计专利进行的规定。在 GUI 外观设计专利的情况下，由于 GUI 外观设计专利主要保护 GUI 部分，产品仅起到"承载"的作用，换句话说，GUI 外观设计专利的"卖点"不在于产品而在于 GUI，在认定承载 GUI 的产品种类是否相同或近似时不应采用过于严格的标准，否则对 GUI 外观设计的权利人不够公平，亦难以实现其申请 GUI 外观设计专利的初衷。因此，不论产品本身的用途如何，只要被诉侵权产品与外观设计专利产品均能够实现相同或类似的人机交互功能，即可认定为相同或相近产品，进而具备进行"整体观察、综合判断"的前提。举例而言，如果同样的图形用户界面设计，一个用在电视产品上，另一个用在手机产品上，如果从电视和手机各自本身的用途来看，二者恐怕难以构成相同或相近种类的产品，但由于相同的 GUI 的存在，二者在部分功能上具有相同的人机交互功能。此时，产品不应该成为阻碍 GUI 图形用户界面专利权人维权的"第一道障碍"。第一，在产品仅起到呈现图形用户界面的作用的情况下，这种做法可以使 GUI 外观设计保护的对象聚焦在图形用户界面部分，符合 GUI 外观设计专利保护的初衷。第二，这种做法不违背司法解释关于确定该外观设计的产品种类是确定该外观设计专利保护范围的前提和基础的精神。第三，这种做法也不会过度保护 GUI 外观设计的权利人，因为如果被诉侵权外观设计的产品部分确实能够对整体视觉效果产生显著影响，则可以在"整体观察、综合判断"后认定不构成对涉案GUI外观设计专利的侵犯。

2. GUI外观设计申请审查实践中的变化

笔者曾对自2014年5月1日开放GUI外观设计申请（基于《第68号令》）以来至2017年5月1日获得授权的GUI外观设计专利进行了实证研究。具体方法为，以"图形用户界面"为关键词，在公开数据库中检索所有专利名称中包含"图形用户界面"的已授权的外观设计专利，共检索到15 000余件（不同数据库的结果可能存在不同）GUI外观设计专利。然后，将上述GUI外观设计专利按照申请日从旧到新排序，每个月随机挑选5~10件外观设计专利的专利文本进行分析。在这一过程中，笔者发现，在三年内，在授权阶段，GUI外观设计专利授权文本的内容形式已经发生明显的变化，具体体现在如下几点。

（1）专利名称的改变。

《第68号令》施行之初，典型的申请人使用的专利名称为"带图形用户界面的电脑""带图形用户界面的手机""带图形用户界面的电视"等，"手机""电脑"等体现了较具体的产品名称。而之后逐渐出现如"带图形用户界面的通信设备"（如CN201430501762.0）、"带图形用户界面的移动终端"（如CN201530044409.9）、"带图形用户界面的智能设备"（如CN201430561332.8）等专利名称，这些名称中的"产品"明显较手机、电脑等更为上位。随着手机、电脑、平板电脑、电视等的智能化发展，很多情况下相关产品在功能上可以互相取代，上述改变明显具有一定合理性。值得注意的是，后来甚至出现"用于计算机的图形用户界面"（如CN201530346515.2）、"用于手机的图形用户界面"（如CN201530455017.1）、"用于移动终端的图形用户界面"（如CN201730056608.0）等专利名称，落脚点明显转移到GUI上。

虽然专利名称对外观设计专利的保护范围通常没有限定作用（根据《专利法》第59条第2款，外观设计专利权的保护范围以表示在图片或者照片中的该产品的外观设计为准，简要说明可以用于解释图片或者照片所表示的该产品的外观设计），但在申请中专利名称的改变，无疑更加淡化了产品类别，突出了 GUI 的地位。在侵权案件中，产品类别的扩大或 GUI 地位的上升，均有利于对 GUI 外观设计专利权权利人的保护。

（2）带有产品的视图数量和顺序的变化。

《第 68 号令》施行之初，申请人通常严格按照相关要求提交六面视图（如 CN201430114508.5〔见图 4-1〕）。需要注意的是，从一开始，使用状态图中就可以不体现产品而仅体现 GUI（如 CN201430115701.0），极个别已授权的变化状态图也仅体现了 GUI（如 CN201430115248.3）。2014 年 5 月底 6 月初，出现一些省略部分视图（后视图、左视图、右视图、俯视图、仰视图）的专利申请，如果部分视图不涉及设计要点，可以省略（如 CN201430159433.2）。2015 年 8 月前后，虽然绝大部分申请人还是会提交六面视图，但似乎不要求必须提交体现产品的六面视图，仅提交体现产品的主视图即可，也不需要在简要说明中解释没有其他视图的原因（如 CN201530323266.5〔见图 4-2〕、CN201530342389.3），变化状态图可以体现产品和 GUI，也可以仅体现 GUI。之后，出现越来越多的申请人仅提交带产品的主视图，并最终获得授权的申请例（如 CN201630266538.7〔见图 4-3〕、CN201630265985.0）。

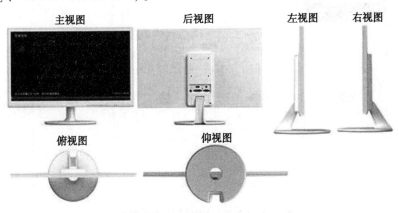

图 4-1　201430114508.5 号专利

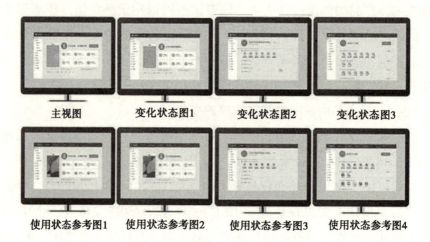

主视图　　　变化状态图1　　　变化状态图2　　　变化状态图3

使用状态参考图1　使用状态参考图2　使用状态参考图3　使用状态参考图4

图4-2　CN201530323266.5号专利

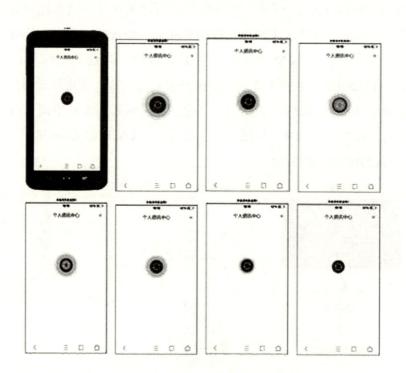

图4-3　CN201630266538.7号专利

同时，《第68号令》施行之初，如果一个申请中有多个设计，申请人通常针对各个设计均提交六面视图（如CN302953642S），但如果其他设计的主视图外其他视图与设计1相同，设计1提交完整的六面视图，其他设计仅提交主视图（在简要说明里写明其他设计省略除主视图外的其他视图）。越来越多的申请逐渐把GUI放到前面，六面视图放到后面。如果有多个设计，虽然似乎仍需要提交六面视图，但设计1可以仅提交主视图，之后的某一个设计体现完整的六面视图即可，以上顺序的变化在一定程度上也体现了对GUI的突出。

笔者认为，体现产品的视图的减少和纯GUI视图的突出，会降低硬件产品对整体视觉效果的影响、扩大硬件产品范围，进而减少硬件产品对GUI外观设计保护范围的限制。

（3）视图中产品的表现形式。

《第68号令》施行之初，申请人提交的六面视图绝大部分是照片，通过相关照片甚至能够定位到具体的产品型号或者产品的特点，即使是电子绘图，也能够还原和体现具体产品的外观和细节（如CN201430159433.2 ［见图4-4］、CN201430114437.9 ［见图4-5］）。

图4-4 CN201430159433.2号专利 **图4-5 CN201430114437.9号专利**

申请人逐渐倾向用实线勾勒出产品，而产品细节体现得越来越少（如

CN201630112074. 4［见图4-6］、CN201530346515. 2［见图4-7］），甚至几乎只剩下轮廓（如 CN201730056608. 0［见图4-8］）。这一变化背后可能的原因是申请人和审查部门均意识到 GUI 外观设计专利真正意欲保护的是 GUI，而准确还原产品硬件可能将使得 GUI 外观设计专利保护 GUI 的作用受限，故在不允许虚实结合描绘外观设计的前提下，降低对产品的描绘程度，进而降低硬件产品对侵权比对和整体视觉效果的影响。

图 4-6　CN201630112074. 4 号专利

图 4-7　CN201530346515. 2 号专利

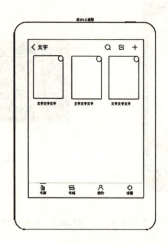

图 4-8　CN201730056608. 0 号专利

（4）简要说明中相应的表述变化。

与上述变化相呼应的是，申请人除了在视图上努力突出 GUI，也在简要说明中努力强调 GUI 并淡化产品。根据最近的申请实践，申请人往往将 GUI 外观设计产品的用途写为"用于运行程序""用于进行界面交互及内容展示"或类似表述。此外，一开始很多已授权专利的简要说明中可以看到"本外观设计产品的设计要点在于屏幕中的图形用户界面内容"或类似的表述。之后，申请人为了避免 GUI 外观设计专利权的权利范围过多受到产品的限制，在越来越多的已授权专利的简要说明中还看到了"产品是惯常设计"或类似的表述。

根据《专利侵权司法解释》第 9 条规定，"人民法院应当根据外观设计产品的用途，认定产品种类是否相同或者相近。确定产品的用途，可以参考外观设计的简要说明"，可见，产品种类是否相同或近似的判断依据主要是产品的用途，而用途往往体现在简要说明中。同时，根据《第 68 号令》第 5 条新增的规定"对于包括图形用户界面的产品外观设计，如果涉案专利其余部分的设计为惯常设计，其图形用户界面对整体视觉效果更具有显著的影响"，申请人的上述做法，无疑进一步明确和突出了自己的保护核心是 GUI，在现有制度框架下最大限度降低了产品对 GUI 保护的影响。

（三）通过帮助侵权模式保护 GUI 外观设计专利

如上文所提到的，在大量的专利侵权案件中，被诉侵权人仅提供 GUI，或者仅提供可以显示 GUI 的软件，而不提供硬件产品，专利权人在寻求救济时，被诉侵权人可以以"GUI 外观设计专利包括产品和 GUI，其不生产硬件产品，仅提供软件/图形用户界面设计"为理由进行抗辩，进而否认侵权的成立。实际上，在大量专利侵权案件中，被诉侵权人往往以其采用的技术方案未"全面覆盖"涉案专利要求保护的技术方案为由进行抗辩，但人民法院在符合一定情形时仍可以判定相关被诉侵权人应承担侵权责任（间接侵权责任）。那么，是否可以适用类似思路保护 GUI 外观设计专利呢？

在专利侵权案件中，所谓间接侵权，通常是指行为人的行为本身并不构成实施他人专利的直接侵权，却教唆、帮助、诱导他人实施他人专利（构成直接侵权），行为人在主观上有教唆、帮助或诱导他人侵犯专利的故意，客观上有为直接侵权行为的发生提供必要条件等行为。可见，间接侵权可以大体对应我国的帮助侵权和教唆侵权。在 GUI 外观设计侵权案件中，由于被诉侵权人往往以其仅提供了 GUI 作为不侵权的抗辩理由，与之更为相关的是帮助行为，而通常不是教唆或引诱行为（当然，也不能排除存在 GUI 的提供者为生产经营目的在提供 GUI 时积极诱导其下家实施 GUI 外观设计专利的情形），故下面仅对以帮助侵权的形式侵犯 GUI 外观设计专利权的可能性予以研究。

专利侵权案件帮助侵权的法律依据主要是《最高人民法院关于审理侵犯专利权纠纷案件应用法律若干问题的解释（二）》第 21 条第 1 款：

> 明知有关产品系专门用于实施专利的材料、设备、零部件、中间物等，未经专利权人许可，为生产经营目的将该产品提供给他人实施了侵犯专利权的行为，权利人主张该提供者的行为属于侵权责任法第九条规定的帮助他人实施侵权行为的，人民法院应予支持。

在认定对 GUI 外观设计专利权构成帮助侵权时，同样要考察认定帮助侵权成立的要件，通常包括行为人具有主观过错，行为人向他人提供的材料、设备、零部件、中间物等是"专门用于"实施涉案专利的，以及存在直接侵权等，对此不再赘述，下面仅结合 GUI 外观设计的特点重点说明两点。

1. "专门用于"实施涉案专利

认定帮助侵权，要求行为人向他人提供的材料、设备、零部件、中间物等是"专门用于"实施涉案专利的，即不属于非通用产品/不具有实质性非侵权用途。对于 GUI 外观设计专利而言，设计要点通常在于 GUI 部分，因此，行为人向他人提供该外观设计专利的 GUI 部分，某种程度上就可以被视为提供专门用于实施该 GUI 外观设计专利的"中间物"。当然，其中潜在的要求是，行为人提供的 GUI 与硬件结合后与 GUI 专利外观设计相同或相近似。

2. 存在直接侵权

如果仔细考察《最高人民法院关于审理侵犯专利权纠纷案件应用法律若干问题的解释（二）》第 21 条第 1 款的内容就会发现，该条的表述是"他人实施了侵犯专利权的行为"，其中的"了"是完成时态，即直接侵权已经发生。

一般而言，帮助侵权应以直接侵权行为（如某公司为生产经营目的将与涉案专利相同的 GUI 与产品结合并进行销售）的存在为前提，因此，在不存在实际发生的直接侵权行为，或者因不具有生产经营目的而不可能构成直接侵权（如实践中往往是终端用户将包含专利 GUI 的软件下载安装到自己的电脑上并打开运行，进而将 GUI 外观设计与产品结合起来，但终端用户因不具有"生产经营目的"而不构成侵权）的情况下，难以认定行为人仅提供 GUI 的行为构成帮助侵权，这可能是 GUI 外观设计专利侵权案件中认定帮助侵权成立的最大障碍。随着司法理论和实践的发展，这一情况在一些案件中已经有所突破。

在诺瓦提斯公司（Novartis AG）与重庆新原兴药业有限公司专利侵权纠纷案❶中，重庆市第一中级人民法院并没有要求直接侵权已经发生，而是认为必然导致直接侵权发生即可认定间接侵权成立。如果按照这个标准，在 GUI 外观设计专利侵权案中，如果原告能够证明被告提供 GUI 必然导致"下家/买受人"实施侵犯原告专利权的行为，则被告很可能将被认定构成间接侵权。

在西安西电捷通无线网络通信股份有限公司与索尼移动通信产品（中国）有限公司专利侵权纠纷案❷中，北京知识产权法院则不仅未要求直接侵权已经发生，而且认为即使不构成直接侵权，只要能够证明被控侵权产品的用户按照产品的预设方式使用产品将全面覆盖专利权的技术特征，即

---

❶　参见（2008）渝一中民初字第 133 号民事判决书。

❷　参见（2015）京知民初字第 1194 号民事判决书。

可成立被告间接侵权。虽然该判决并非终审判决，但北京知识产权法院的上述认定，不得不说是一种突破。因此，在 GUI 外观设计专利侵权纠纷案件中，即使最终实现专利设计的是终端用户，不具有生产经营目的，也存在认定提供 GUI 的行为人构成间接侵权的空间。

随着人们对图形用户界面（GUI）外观设计的认识和理解的不断深入，图形用户界面设外观计经历了一个由不属于外观设计专利权保护的客体到可被外观设计专利权保护的过程。虽然我国已经出现保护"部分外观设计"的趋势，但是在专利法修改之前，由于专利申请人在提交申请文件时，必须将图形用户界面附着在"产品"上共同提交申请，所获得的图形用户界面外观设计专利在确定保护范围、侵权比对等过程中均受到"产品"的影响，进一步增加了图形用户界面外观设计侵权判定的复杂性，甚至导致权利人维权时较为困难的情况出现。无论专利法未来如何修改，对于那些附着在产品上申请并获得授权的图形用户界面外观设计专利，应当在保护时努力淡化产品对图形用户界面外观设计侵权判定的限制，在一定条件下可以通过帮助侵权模式对图形用户界面外观设计专利权人予以保护。与此同时，图形用户界面外观设计相同或近似的判断标准，还需要继续在实践中不断摸索。